U0959966

职业教育汽车工程专业“十四五”规划教材

汽车服务企业管理

谭　敬　李庆敏　主编

天津大学出版社
TIANJIN UNIVERSITY PRESS

内容摘要

为适应高素质技术技能型人才培养需求，突出产教融合、校企合作等职业教育类型特色的高质量教材建设改革，高标准开发科学、先进、原创、适用的优秀教材，教材组根据汽车服务企业职业技能标准，融入 1 + X 汽车运用与维修职业技能等级标准，遵循“岗课赛证”融合育人理念，提取相关知识点、技能点，归类和整合序化教学内容，将教材内容概括为十个项目。

项目内容分别为汽车服务企业管理概述、汽车服务企业目标管理、汽车服务企业流程管理、汽车服务企业人力资源管理、汽车服务企业财务管理、汽车服务企业市场与客户管理、汽车服务企业车间管理与质量管理、汽车服务企业产品质量担保与索赔管理、汽车服务企业配件进存销管理、汽车服务企业文化建设。每个项目又分为数个工作任务，每个工作任务由任务导读、任务目标、情境导入、相关知识、任务实施、任务评价、在线测试等构成。

本书内容丰富，具有很强的实用性和应用性，可作为高等职业院校汽车制造装备类、汽车交通运输类的专业教材，也可作为汽车维修企业、汽车 4S 店、特约服务站等汽车服务企业培训参考教材。

图书在版编目（CIP）数据

汽车服务企业管理 / 谭敬，李庆敏主编. —天津：天津大学出版社，2024. 8

职业教育汽车工程专业“十四五”规划教材

ISBN 978 - 7 - 5618 - 7649 - 7

Ⅰ. ①汽… Ⅱ. ①谭… ②李… Ⅲ. ①汽车企业-工业企业管理-高等职业教育-教材 Ⅳ. ① F407. 471. 6

中国国家版本馆 CIP 数据核字（2024）第 004634 号

出版发行 天津大学出版社
地　　址 天津市卫津路 92 号天津大学内（邮编：300072）
电　　话 发行部：022 - 27403647
网　　址 www. tjupress. com. cn
印　　刷 河北鑫彩博图印刷有限公司
经　　销 全国各地新华书店
开　　本 787 mm × 1092 mm　1/16
印　　张 18
字　　数 384 千
版　　次 2024 年 8 月第 1 版
印　　次 2024 年 8 月第 1 次
定　　价 51. 00 元

《汽车服务企业管理》编委会

主　编　谭　敬　潍坊职业学院

李庆敏　潍坊职业学院

副主编　吕方军　潍坊职业学院

辛天佐　潍坊职业学院

张　仲　潍坊职业学院

张　磊　潍坊职业学院

编　委　申文雯　潍坊广宇汽车销售服务有限公司

冯小琛　潍坊乾悦宝汽车销售服务有限公司

米双全　潍坊润华汽车销售服务有限公司

吴　岩　潍坊市兆和汽车销售服务有限公司

前 言

为深入贯彻党的二十大精神、习近平总书记关于教材工作的重要指示批示精神，继续推进落实《职业院校教材管理办法》，推进职业院校新形态教材改革，教材组成员以当前最新法律法规为指导，与汽车服务企业紧密合作，在相关专家的指导下，完成了本教材的编写。本教材具有以下特点。

1. 强化学生职业素养养成和专业技术积累，融入课程思政元素

遵循技术技能人才成长规律，将习近平新时代中国特色社会主义思想、党的二十大精神、职业精神和工匠精神等融入教材内容。遵循教材建设规律和职业教育教学规律、技术技能人才成长规律，适应专业建设、课程建设、教学模式与方法改革创新等方面要求，充分融入课程思政元素。

2. 坚持职教特色，校企双元开发

坚持职教特色、强化行业指导、企业参与，校企“双元”合作开发教材，由学院从事专业教学的专业教师和多年从事汽车 4S 店售后服务站管理工作的站长、服务经理、资金部经理、配件经理以及相关的管理人员共同编写。

3. 将岗位技能要求、职业技能竞赛、职业技能等级证书标准有关内容有机融入教材

紧跟产业发展趋势和行业人才需求，及时将产业发展的新技术、新工艺、新规范纳入教材内容；以真实生产项目、典型工作任务、案例等为载体组织结构化教学单元，项目任务化专业课程教材，充分体现岗课证赛融通。

4. 理实结合，内容翔实，资源丰富

编写者在编写中注意了理论与实践相结合，穿插了实践中遇到的精彩案例，避免了枯燥的说教。所用案例具有时代性、针对性和代表性，案例和图表大多来自企业案例库，内容翔实，资源丰富。

本教材体现了混合式教学法的设计思路，自 2018 年 11 月起，本课程作为线上线下课程同时使用，其中线上课程设有基本信息、单元学习、课程活动、课程资源、话题讨论、学生风采、1 + X 职业技能证书等 11 个栏目，具有丰富的音频、视频和 PPT 演示文稿等资源，可供学习者随时下载使用。

5. 新形态数字化教材建设

本教材充分体现了信息技术的优势，配备了丰富的电子教学资源，每个任务附在线测试和知识拓展，可扫描相应二维码获取。

本教材除纸质文本外，还同步开发电子教案、思政电子案例库、教学资源库（在线测试、期末考试、在线课程）等数字化配套资源，满足师生学习需要。

本书由潍坊职业学院谭敬和李庆敏主编，谭敬主要负责项目三和项目四的编写、项目二与吕方军合编；李庆敏主要负责项目一和项目六的编写；吕方军主要负责项目五的编写；辛天佐主要负责项目八和项目九的编写；张仲主要负责项目十的编写；张仲、张磊共同负责项目七的编写；同时来自潍坊广宇汽车销售服务有限公司的申文雯、潍坊乾悦宝汽车销售服务有限公司的冯小琛、潍坊润华汽车销售服务有限公司的米双全及潍坊市兆和汽车销售服务有限公司的吴岩等企业专家，在教材编写中给予了大力支持和帮助。本书系校企合作开发教材，谭敬对全书进行统稿。

由于编者水平有限，教材中不免有疏漏之处，恳请读者批评指正，并提出宝贵意见。

编者

2024 年 8 月

目　录

项目一
汽车服务企业管理概述

任务1 汽车服务企业管理知识认知

任务导读

随着中国汽车产业的迅速发展，汽车服务企业的发展势头也越发强劲。目前汽车服务企业越来越多样化，其管理水平也越来越受到人们的重视。如何正确认识汽车服务企业的类型和功能、汽车服务企业管理的任务与职能及对企业管理者的素质要求，是汽车专业的学生需要了解的问题。

本任务通过案例、情境和任务工单等形式，帮助大家初步了解汽车服务企业管理的基本知识。

任务目标

学习目标	能力目标	素质目标
1. 了解汽车服务与汽车服务企业的定义； 2. 掌握汽车服务企业的主要类型； 3. 理解汽车服务企业管理的任务与职能	1. 能够把握汽车服务行业市场行情； 2. 能够运用学习理论进行实际运用和分析（初步确定合适的汽车服务企业类型）； 3. 能够具备管理者的基本素质和能力	1. 树立服务意识、规范意识； 2. 培养爱岗敬业的职业道德和严谨务实的工作作风

情境导入

王先生是某知名公司的老板，他善于分析环境，考虑问题比较长远。随着我国汽车产业的发展，王先生发现汽车服务行业特别是汽车售后服务行业存在非常大的商机，所以准备成立一家汽车服务企业来为自己的事业梦想助力。但现在汽车服务企业越来越多样化，他一时难以完全了解汽车服务行业市场行情，所以无法确定建立什么类型的汽车服务企业。因此，王先生急需汽车服务行业的有识之士来为他解决燃眉之急，并提供一定的构建企业的设想。

如果你是王先生需要的人，该怎么帮他处理这个问题呢？

相关知识

一、汽车服务与汽车服务企业

（一）汽车服务

一般认为汽车服务是汽车的售后服务，尤其是汽车的维修保养服务。其实，汽车服务的范围很广，不仅仅指售后服务，还包括汽车后市场服务和汽车生产前的相关服务。汽车服务的概念包括狭义概念和广义概念。

1. 狭义概念

汽车服务也被人们称为“汽车后市场服务”，是指汽车产品从出厂进入商品销售环节开始，直至其使用寿命终止后报废回收所涉及的全部过程中，为汽车使用或消费所提供的各类技术性和非技术性的服务活动，如汽车分销、物流配送、产品咨询、维修检测、美容装饰、配件经营、回收解体、金融保险、汽车租赁、二手车交易、驾驶培训、信息咨询、广告会展、证照代理、停车服务、故障救援、汽车运动、汽车文化及汽车俱乐部经营等。

2. 广义概念

汽车服务还可延伸到汽车生产领域的各种相关服务，如汽车设计、原料供应、工厂保洁、产品外包装设计、新产品的试验测试、产品质量认证及新产品研发前的市场调研和预测等。

综上所述，汽车服务所涵盖的内容非常广泛，而从汽车服务工作内容来看，其既包括技术性服务工作，也包括非技术性服务工作。技术性服务工作属于机械电子工程范畴，而非技术性服务工作属于管理范畴。汽车服务的各项内容相互联系，组成了一个有机的工程系统。汽车服务企业所涉及的工作都是服务性的工作，因此它属于第三产业范畴。

（二）汽车服务企业

1. 企业的定义

企业是指具有法人资格，以营利为目的，自主经营、自负盈亏，独立核算，从事生产、流通、服务等经济活动，以产品或服务满足社会需要的独立经济核算组织，是现代社会经济的基本单位。

按照产业标准，企业可分为工业企业、农业企业、交通运输企业、建筑企业、邮电企业、商业企业、金融企业、旅游企业以及服务企业等。

2. 汽车服务企业的定义

汽车服务企业就是为潜在和现实的汽车使用者及消费者提供服务的企业，主要是指从事汽车经销的企业和为汽车使用者及消费者提供备件、维修、保养服务以及其他服务的企业，它属于服务企业。

3. 汽车服务企业的类型

根据业务类型不同，现阶段我国汽车服务企业大致可分为整车销售企业、汽车配件销售企业、汽车维修企业、汽车租赁企业、汽车金融服务企业、汽车保险服务企业、汽车俱乐部等。其中，整车销售企业可分为新车销售企业和二手车交易企业，新车销售企业又可分为品牌专营店和多品牌经销店；汽车配件销售企业可分为汽车配件连锁经营企业和汽车配件独立经营企业，亦可分为单品种或少品种经营企业和多品种经营企业；汽车维修企业可分为综合性汽车维修企业、汽车特约维修站、连锁汽车维修服务企业、汽车快修店、汽车美容与装饰店等。

1）整车销售企业

（1）品牌专营店。品牌专营店是指与某一品牌汽车生产商签订特许专营合同，受许可合同制约，接受该品牌汽车生产商指导、监督、考核，只经销该品牌汽车，并为该品牌汽车的消费者提供技术服务的汽车经销商。它就是我们常说的汽车4S（即整车销售（Sale）、零配件供应（Spare part）、售后服务（Service）、信息反馈（Survey））店，一般采用前店后厂的形式，适合经营市场保有量较大的汽车品牌或单车价格较高的汽车品牌。

（2）多品牌经销店。多品牌经销店是指在同一卖场同时经销多个品牌汽车的汽车经销商。它适合经营市场保有量较小的汽车品牌或生产商技术服务网络建设较规范和完善的汽车品牌。

（3）二手车交易企业。二手车交易企业是指为二手车售卖者和二手车需求者提供交易方便，促进二手车交易的企业。二手车交易的业务内容主要有二手车收购、二手车售卖、二手车寄售、撮合交易、车辆评估、拟定合同、代办车辆过户手续，以及车况检测和必要的维修服务。按照我国相关法律法规规定，所有旧机动车交易行为必须在经合法审批后设立的旧机动车交易中心进行。

2）汽车配件销售企业

（1）汽车配件连锁经营企业。连锁经营是经营汽车配件的若干企业在核心企业或总部的领导下，通过规范化经营实现规模效益的经营形式和组织形态。

（2）汽车配件独立经营企业。汽车配件独立经营企业可分为两大类型：一是批发商或代理商，主要从事汽车配件及精品的批发业务，其服务对象是汽车配件零售商中各类汽车维修、美容、装饰企业；二是汽车配件零售商，主要从事汽车配件及精品的零售业务，其服务对象主要是私车车主。

3）汽车维修企业

（1）综合性汽车维修企业。综合性汽车维修企业通常由原来的集体或国营汽车维修企业发展而来，还包括一些较早进入汽车维修行业的个体企业。这样的汽车维修企业，不管是大修还是小修，也不论是什么品牌、什么类型的汽车，只要是汽车就可以维修。这种维修企业的优点是，维修车型覆盖面大，关系企业较多，以单位车辆维修为主，业务相对稳定，能为公用车提供一条龙维修服务。

（2）汽车特约维修站。汽车特约维修站与汽车生产商签署特约维修合同，负责某地区某品牌汽车的故障修理和质量保修工作。

（3）连锁汽车维修服务企业。连锁汽车维修服务企业是指在核心企业或总部的领导和技术支持下，通过统一规范化的维修作业、批量化的配件供应和销售，实现规模效益的经营形式或组织形式。在整个汽车售后服务市场中，连锁汽车维修服务企业收费水平属于中档，但连锁汽车维修服务企业凭借强大的维修服务网站，利用资本雄厚的特点大批量进货和销售配件，以规范化的维修作业形式、统一低廉的服务价格，赢得消费者信赖，占领了市场。

（4）汽车快修店。汽车快修店的主要业务是汽车生产商质量保修范围以外的故障维修工作，一般是汽车保养、换件修理等不需要专业诊断和作业设备的小修业务。

（5）汽车美容与装饰店。汽车美容与装饰店的主要业务是在不改变汽车基本使用性能的前提下，根据用户要求对汽车进行内部装饰（更换座椅面料、地板胶、内饰等）、外部装饰（太阳膜粘贴、表面光洁养护、婚庆车辆外部装饰等）和局部改装（改为中控门锁、电动车窗、电动后视镜，加装防盗装置，卡式录音机换 CD 机等）等。

4）其他类型

（1）汽车租赁企业。汽车租赁被称为朝阳产业，它拥有无须办理保险、无须年检维修、车型可随意更换等优点。以租车代替买车来控制企业成本，这种在外企中十分流行的管理方式，正慢慢受到国内企事业单位和个人用户的青睐，例如神州租车、一嗨租车等都是汽车租赁企业。

（2）汽车金融服务企业。汽车金融是消费者在购买汽车需要贷款时，可以直接向汽车金融公司申请优惠的支付方式，消费者也可以按照自身的个性化需求，来选择不同的车型和不同的支付方法。对比银行，汽车金融服务企业是一种购车新选择。这是经原中国银行保险监督管理委员会批准设立的，为中国境内的汽车购买者和销售者提供金融服务的非银行金融机构，例如大众汽车金融（中国）、丰田汽车金融（中国）、福特汽车金融（中国）等。

（3）汽车保险服务企业。伴随着汽车进入百姓的日常生活，汽车保险正逐步成为与人们生活密切相关的经济活动。买车需要买车险，现在市面上有很多开展汽车保险业务的公司，比如中国人寿、中国平安、中国太平洋等中国知名的保险公司，还有专门的汽车保险公司，如鑫安汽车保险、众诚汽车保险等。这些企业都在为客户使用车辆保驾护航。

（4）汽车俱乐部。汽车俱乐部可分为三种类型：经营型俱乐部，为会员有偿提供所需的汽车相关的服务；文化娱乐型俱乐部，为会员提供一个文化娱乐、交友谈心、交流信息、切磋技艺的场所；综合型俱乐部，集前述两种俱乐部于一体。

根据企业的经营状态和业务范畴，汽车服务企业往往以上述两种或数种类型的综合状态存在。

【案例 1-1】

二手车拍卖平台——小柠拍

小柠拍首席执行官（CEO）宗明认为，二手车业务是汽车流通的顶级业务，其运营难度比新车业务和售后业务都要大，不仅难量化，而且不易复制。更关键的一点是，二手车收售两端都要集客，尽管集客可以借助平台来完成，但是非标的特性又增大了运营难度。

不仅如此，中国的汽车品牌远多于拥有成熟汽车市场的欧美国家，每个品牌下面都有多款车型，每个车型又有多种配置，这就导致价格的多样化，如此复杂的市场形态在全世界都不多见。这些对于经营者和参与者来说是很大的考验。

但幸运的是，小柠拍成立的当年就实现了盈利。用宗明的话说，初创企业一定不能盲目扩张，要稳扎稳打，一步一个脚印。有业务的时候，再进行对应的展业，而不是说先跑马圈地之后再等业务。规模要随着业务的发展而壮大。

经过 3 年多的发展，小柠拍车源业务辐射近 300 个城市，拥有近 50 个提供全流程拍卖服务的拍卖中心，通过简单、高效、可信任的拍卖服务提高了二手车的流通效率与资源利用效率。

事实上，小柠拍能够用 3 年时间实现今天的业务版图，和团队对拍卖业务的深入理解是分不开的。据宗明介绍，从人们的认知角度看，拍卖有两类：一类是传统拍卖，人、车、拍卖场这几个要素都在一起，组成一种拍卖形式，这种形式受物理空间的局限比较大；另一类是互联网拍卖，打破了物理空间的局限，把所有的物理环境都尽可能变成一个信息环境，让所有人参与进来，这种形式的优势在于它的广泛性足够大。

但是对于二手车来说，其本身就有很强的不确定性，这种不确定性并不是来自信息描述得不够准确，而是来自人们对于信息与其对应的物体之间的关系的质疑，即便整个行业已经高度信息化了，相比于一份报告，车商还是更愿意看到实车。

只不过，如果每次交易都要看实车成本就太高了，车商才选择去看报告。所以，人们可以看到，不仅是机动车拍卖，甚至文物艺术品的拍卖也都采用了线上和线下充分结合的形式。

国外成熟市场的大型汽车拍卖公司，今天仍在拍卖前把车源集中在一个特别大的场地，但拍卖方式已经全部信息化了，除了少数传统的公司还有举牌的动作，其他大部分都采用线上竞价方式。

在宗明看来，就拍卖而言，纯粹的物理环境和纯粹的信息环境都有各自的局限性，市场越成熟，信息化这部分发挥的功能越大；市场越不成熟，现场部分发挥的功能就越大。无论是哪种形式，拍卖的本质都是帮卖家卖一个更高的价格。

二、汽车服务企业管理

（一）企业管理的任务与职能

1. 企业管理的任务

不同类型的企业在不同的时期、不同的环境条件下都会有各种不同的具体目标，如生产任务目标、产品质量目标、社会服务目标、经营利润目标、企业发展目标等。但是，企业最根本的目标只有两个：一是企业自身的经济效益目标；二是社会效益目标。企业是一个经济组织，其首要目标是实现利润最大化，即实现经济效益目标；企业又是一个社会组织，它要承担一定的社会责任，包括以产品或服务满足社会需求、为社会提供就业机会等，即实现社会效益目标。企业的其他各种具体目标，实际上都是这两个目标分解而成的子目标。

为了实现企业的目标，企业管理应该完成如下几项任务。

（1）合理地组织生产经营活动。生产经营活动是企业活动的中心，管理是为生产经营活动服务的。为保证生产经营活动的顺利进行，企业必须建立高效的组织结构，制定科学的管理制度，使上下级之间、各部门之间职责分明、责权一致、信息畅通、协调配合。

（2）有效地利用人力、物力、财力等各种资源。人、财、物是企业构成的基本要素，也是企业管理的基本对象，只有有效地利用这些资源，才能降低成本、节约费用，从而提高企业的经济效益。经济效益提高了，才能为社会提供价廉物美的产品和服务，才能更好地满足社会需求。

（3）促进技术进步，不断提高企业竞争实力。“科学技术是第一生产力”。企业管理应不断促进企业技术进步，尽快把科学技术发展的新成果转换成企业的直接生产力，开发新产品，发展新市场，不断提高企业的竞争实力。

（4）加强职工教育，开发人力资源。企业管理的核心是对人的管理。人的力量是无穷的，人力资源是企业财富的源泉。加强职工教育，不断提高职工的科技知识和业务技术水平，不仅是开发企业人力资源的有效途径，而且是企业发展的根本战略。

（5）协调内外关系，增强企业的环境适应性。企业是社会经济系统的一个子系统，政治、经济、社会、科学技术等外部环境因素都会对企业的生存和发展产生极大的影响。而且，企业是一个开放的动态系统，它与外部环境之间进行着广泛的物质、能量和信息的交换。在影响和交换的过程中，必然会产生各种各样的矛盾，这就需要通过企业的管理活动进行内外关系的协调，即不断调整内部结构，使企业适应外部环境的变化。

对服务企业而言，为实现良好的经济效益，必须不断提高企业产品（也就是服务）的市场占有率。所谓市场占有率，可用相对市场占有率和绝对市场占有率来表示，它是反映企业市场地位的一个指标。对汽车服务企业来说，这可能表现为企业汽车维修台次或维修收入占同期市场汽车总维修台次或总维修收入的比例，也可能表现为企业承揽的汽车保险费收入与同期市场的汽车总保险费收入之比，还有可能表现为汽车俱乐部拥有的会员数量占同期该区域汽车驾驶员数量的百分比等。

在产品同质化趋势日益明显的市场中，市场占有率的提高很大程度上取决于客户的满意度。所以，几乎所有服务企业都把提高客户满意度作为企业最重要的任务之一。汽车服务企业的管理必须与提高客户满意度相适应。

从某种意义上说，汽车服务企业管理的任务就是充分利用企业的内部和外部各种可利用的资源，对生产（服务）经营活动进行计划、组织、指挥、协调和控制，努力提高客户满意度、忠诚度，不断提高企业产品市场占有率，从而达到实现企业最佳经济效益的目的。

2. 企业管理的职能

不同企业之间的业务内容千差万别，但从管理的角度分析，企业管理的职能可以归纳为计划、组织、领导、激励、控制、协调和创新七项职能。

（1）计划职能。计划职能是企业管理的首要职能，是指把企业的各种生产经营活动按照实现企业目标的要求，纳入统一的计划，为企业未来活动确定途径与方法。

（2）组织职能。管理的组织职能是指按照制订的计划，把企业的劳动力、劳动资料和劳动对象，从生产分工协作的上下左右关系上、时间和空间的联结上合理地组织起来，组成一个协调一致的整体，使企业的人、财、物得到最合理、有效的使用。

（3）领导职能。为了保证企业的生产经营活动按计划、有组织地运转，企业的一切活动都必须服从统一的领导指挥，管理人员通过下达指示、命令和任务，使其下属明确干什么、怎么干，这是现代社会化大生产的客观要求。领导的内容主要包括指导下属顺利地完成本职工作、与下属顺利地沟通信息、发挥下属的潜力、提高下属的素质和能力等。

（4）激励职能。管理的激励职能是指激发和强化人们正确的动机，满足人们的合理需要，引导和改造人们的行为，使个人目标和企业目标趋向一致，从而使个人行为有利于企业目标的实现。

（5）控制职能。管理的控制职能是指根据经营目标、计划、标准以及经济原则，对企业的生产经营活动及其成果进行监督、检查，使之符合计划，以及消除实际和计划之间的差异。控制的目的在于把生产经营活动及其实际成果与计划、标准做比较，发现差异，找出问题并查明原因，及时采取纠正措施加以消除，防止再度发生。控制职能是一项规范性和政策性很强的职能。

（6）协调职能。管理的协调职能是指为完成企业计划任务而对企业内外各部门、各环节的活动加以统一调节。它的目的就是使各种活动不发生矛盾或重复，保证相互之间建立良好的配合关系，以实现共同的目标。

（7）创新职能。管理工作是一项创造性劳动。创新职能的基本点在于如何提高企业生产经营管理系统的效率。

（二）对企业管理者的素质要求

管理者较完整的定义为：管理者就是负责对人力、资金、物资和情报进行计划、组织、领导（指挥）和控制的人员。

要想成为一个管理者，只有头衔、大办公室和其他表示级别的外部标志是不够的，还必须有高超的能力和卓越的成就。

对企业管理者的素质要求具体体现在品德、知识、能力、身体与心理素质等几个方面。

1. 企业管理者的品德素质

企业管理者对事业应具有强烈的责任心和敬业精神；企业管理者必须正确对待环境保护、公共卫生、公共秩序等问题，必须对企业出资者、员工、消费者和社会负责；企业管理者必须具有良好的工作作风，尊重科学，重视民主，知人善任。

2. 企业管理者的知识素质

企业管理者的知识素质是其决策能力、创新能力和指挥能力的基础。现代企业对管理者提出了很高的知识素质要求。

（1）专业基础知识。这是指企业管理者所具备的与行业和专业有关的基础知识。例如一个汽车维修企业的管理者必须具备一定的汽车和机电知识，一个网络公司的管理者必须具备一定程度的网络专业知识。

（2）专业知识。企业管理者的专业知识主要有两部分：一是企业经营管理科学，包括生产管理、营销管理、财务管理、人力资源管理、会计、资本运营管理等方面的专业知识及全面质量管理、目标管理、价值管理、系统工程、网络技术等现代化管理方法；二是组织行为学，企业管理者应该掌握组织运行的一般规律和具体某一组织的特征，应具备一定的组织行为科学知识。

（3）经济学和法律学知识。掌握相关的经济学知识（主要包括投资、金融、税收、统计、对外贸易等方面的知识）是对企业管理者素质的基本要求。此外，企业管理者还应当掌握一定的法律学知识（包括经济法律知识和相关的法律知识）。经济法律知识主要包括公司法、税收法、合同法、证券法、银行法、会计法、统计法等方面的知识；相关的法律知识主要包括计量法、专利法、商标法、知识产权法、环境保护法、劳动法等方面的知识。

3. 企业管理者的能力素质

（1）决策能力。决策能力是企业管理者能力的核心部分。市场经济是充满风险的经济，要求企业管理者根据外部经营环境和内部经营实力的变化，适时、正确地做出各种战略性经营决策。决策能力是企业管理者观察能力、判断能力、分析能力以及决断能力的综合体现。企业管理者必须在平时的学习和工作过程中不断积累经验，提高决策能力。

（2）组织能力。组织能力是指企业管理者在一定的内外部环境和条件下，有效组织和配置企业现存的各个生产要素，使之服务于企业经营目标的能力。

（3）控制能力。控制能力是指企业管理者通过运用各种经济、行政、法律手段来保证企业经营目标如期实现的能力，包括差异发现能力和监控能力两个方面。

4. 企业管理者的身体与心理素质

（1）身体素质。身体素质主要包括体力、智力和精力。企业管理者的劳动是特殊性质的复杂劳动，需要支出比一般性劳动更多的体力、智力和精力。这就要求企业管理者身体健壮、智力高、精力充沛。

（2）心理素质。为了应对各种紧急突发事件、困难和挫折，企业管理者要意志坚强、冷静、临危不乱，具有良好的心理素质和心理承受能力。

任务实施

1. 任务工单描述

在掌握汽车服务企业类型及特性的前提下，形成对汽车服务行业的整体性认识，根据所学知识解决情境导入中王先生遇到的问题。

2. 任务实施记录表

详见附录1“任务实施记录表”。

任务评价

（1）以学习小组为单位，将“任务实施记录表”上传课程平台（或智慧课堂），各小组互评和教师点评。

（2）评价分值包含各小组对重要知识点的掌握程度（40%），任务完成及创新情况（40%），团队合作及职业素养（20%），详见附录2“任务评价表”。

可扫描二维码查看在线测试和知识拓展的相关内容。

在线测试　　知识拓展

任务2　汽车服务企业筹建与开业管理

任务导读

企业的筹建是所有企业包括汽车服务企业必经的一个阶段。在筹建汽车服务企业时，需要考虑其所在的经营环境、自身经营特色、投资及回报等，需要对筹建的汽车服务企业进行可行性分析，还要对汽车服务企业进行规划，确定组织结构，然后按照国家的有关规定，根据企业的具体情况准备汽车服务企业立项、开业申请所需要的材料。

本任务通过案例、情境和任务工单等形式，帮助大家初步了解筹建汽车服务企业的相关作业内容。

任务目标

学习目标	能力目标	素质目标
1. 熟悉汽车服务企业可行性分析的方法及内容； 2. 熟悉组织结构的类型、设置原则，企业组织结构； 3. 熟悉汽车维修业开业条件以及企业立项和开业审批程序	1. 能够把握筹建汽车服务企业的要点，对新建汽车服务企业进行规划； 2. 能够根据国家有关规定，完成筹建企业的申报材料	1. 树立服务意识、规范意识； 2. 培养爱岗敬业的职业道德和严谨务实的工作作风

情境导入

王先生在了解了汽车服务企业的基本类型之后，拟在某大学附近筹建一家汽车服务企业，但他对汽车服务行业的了解还不够，所以需要聘请专人为他进行新建汽车服务企业的可行性分析、组织结构设计以及整理出新建企业立项、开业的全部上报申请材料。

如果你是王先生聘请的人，该怎样完成上述作业内容呢?

相关知识

一、汽车服务企业的筹建

(一) 汽车服务企业可行性分析

技术、经济可行性分析（以下简称可行性分析）是筹建汽车服务企业（本书中主要指汽车维修企业）的重要决策依据。据报道，在全国汽车维修企业（特别是新成立的汽车维修企业）中，不少企业目前仍处于基本持平或亏损状态，究其原因是很多企业在投资建厂前没有做好可行性分析。

1. 汽车服务企业前期可行性分析的方法

可行性分析是确定是否投资建厂的重要依据，其目的是避免投资决策的盲目性，减少失误，合理地使用资金，从而获得最佳经济效益。

（1）收集和整理信息。首先要收集大量的市场信息，从而为经营决策提供足够而可靠的依据。这些市场信息主要包括行业管理部门的统计资料、网上查询所获信息、客户群体资料调查、市场调查资料、相关媒体及行业协会信息等。企业所在的市场是变化的，因此对市场信息还要进行动态分析。对信息的有效性、时效性、可靠性进行考察评估，剔除无效、过时、不可靠的信息，以确保这些信息的有效性、时效性和可靠性。

（2）分析和判断。可行性分析分为定性分析与定量分析两种。定性分析是对一些难以量化的因素通过经验判断或逻辑推理进行分析；定量分析是对一些可以量化的因素通过计算进行分析。

汽车维修企业的前期可行性分析需要定性分析和定量分析相结合。在综合分析时，特别要重视对不利因素的分析，因为这些不利因素往往是导致企业经营失败的主要原因。通过可行性分析，可得出实施该项目的风险程度。一般来说，只要可行性高于60%，就可实施。不要期望有100%的把握，因为任何项目都有成功的可能性，也有一定的风险。

（3）实施过程监控。除了前期的可行性分析，还要在投资建厂过程中进行必要的监控，针对变化的市场环境做出应对的决策。

2. 汽车服务企业前期可行性分析的内容

1）车源分析与周边企业分析

在对车源和周边汽车维修企业的状况进行市场调查时，先对车源和周边各个维修企业进行市场调研，将调研的各个项目进行量化并打分，做出表格（表1-1）。将表格中的各项得分汇总，除以企业总数，即可得到平均分。倘若平均分高于60分，即可考虑投资经营，同时要考虑周边汽车维修企业的竞争能力。

表1-1　周边汽车维修企业的状况分析

调研项目	备注	得分
企业类型	整车维修企业及专修店	
经济效益	从市场占有率、人均效益等方面分析	
经营规模	综合经营能力强弱	
服务水准	管理体制是否健全，综合服务水平如何	
管理水平	管理理念是否符合市场导向，管理水平如何	
技术实力	技术人员的数量和技能水平	
维修设备	设备能否满足维修需求及先进性如何	
车源状况	目标客户群是单一的还是多层次的；目标客户群是否稳定	
主修车型	维修车型及其专业化程度	
经营特色	该经营特色核心竞争力如何	

2）经营定位分析

新建汽车维修企业要想在市场中立足，必须具备独特的经营特色。特别是在维修车型与维修质量大体相同的情况下，企业竞争更需要科学分析、准确定位。

（1）经营特色。所谓经营特色，是指在企业经营管理中采用某些特色经营（产品或服务）来吸引客户，并博得客户信任，以塑造独特的企业形象和竞争能力。确定企业经营特色有如下方法。

①考察市场需求，进行系统分析。例如：应投资兴建一家什么样的汽车维修企业？目前市场上消费者对汽车维修的主要需求是什么？消费者对汽车维修的主要需求是否已经得到完全满足？如何改进产品或服务，以提高其满意度？本企业的目标消费群体有哪些？本企业的主营业务是什么？在目前条件下本企业的优劣势如何？怎样塑造企业最有利的经营特色？

②进行市场细分和主要竞争者分析。通过市场细分，根据车源状况和客户需求，结合本企业及竞争对手的优势和劣势，确定本企业的目标特色。

③选择相应的经营战略。既要考虑经营特色，也要考虑经营成本，在资金允许的

范围内塑造经营特色，找准进入市场的突破口。例如，目前一般多采取品牌专业维修、购置高档设备、推行特色经营服务、配件高效供应等方法。企业可根据自身的实际情况、各种经营模式的不同特点及市场外部环境的各种因素做出选择。在资金实力不足时，可采用低成本策略抢占低端市场（如兴建快修店或急修店），优化业务流程，加快维修速度，削减管理费用，减少配件消耗等。

（2）经营模式与经营档次。汽车维修企业的经营模式是对企业经营方式的定位，经营档次是对企业经营水平的定位。经营模式与经营档次决定着汽车维修企业的基本框架，关乎今后企业的生存与发展。在市场调研之后和在投资经营之前，务必确定本企业合理的经营模式与经营档次。

目前我国汽车维修企业的经营模式有：3S（即整车销售、零配件供应、售后服务）三位一体经营方式或4S（即整车销售、零配件供应、售后服务、信息反馈等）四位一体经营方式；单一品牌特约维修或专修；多品牌特约维修或专修；杂款车修理；快修急修店和连锁店等。为取得良好的经济效益，汽车维修企业在选择品牌车型时，不仅要考虑经营模式与经营档次，更要与当地的汽车销售市场相对应，不可盲目跟风。

在投资汽车维修企业前，可先考虑：确定本企业可能承接的维修车辆数；确定本企业的维修车型和日维修量；确定本企业汽车维修的工位数量；确定聘用人员数量与素质要求。再根据汽车维修企业的开业条件、市场发展前景进行最终判断，确定5年后与当地汽车维修市场需要相符合的企业经营模式和经营档次。

（3）经营规模。汽车维修企业的经营规模取决于汽车维修的市场规模和企业的资源条件。为了减少经营风险，在确定企业经营规模时，须采取以下措施。

①选择能发挥自身优势的目标细分市场。

②提高企业的技术管理能力和维修水平，以满足客户的特殊需要，占据市场竞争的有利地位。

③搞好市场营销宣传，积极主动寻求车源，并采用适当的价格策略等。

在市场经济条件下，汽车维修企业追求的是经济效益最大化。一般来说，大型汽车维修企业适合从事多品牌的特约维修经营，中小型汽车维修企业则适合从事单车型或专项修理。如果企业资源条件不足，可以先建一个小型的专业维修厂或专项修理部，与其“大而全、小而全”，不如“小而专、小而精”。国外很多汽车维修企业的经营规模不大，只相当于我国目前常见的快修店与急修店，但它们实行连锁经营，实力较强，取得了很好的经济效益。因此，在确定企业经营规模时，应该量力而行。

3）配件渠道及管理分析

汽车维修（特别是轿车维修）通常以换件为主，零配件消耗在汽车的维修产值中占60%以上，汽车配件渠道及管理是汽车维修企业管理的重要内容。

汽车配件应立足于以优质名牌配件为主的进货渠道，但为满足不同消费者的需求，也可采购一些非名牌的产品，必须注意的是，绝对不能向那些没有进行工商注册，生产“三无”及假冒伪劣产品的厂家订货和采购配件。

另外，很多汽车维修企业的配件管理尚停留在初级的物流管理阶段。盲目的配件采购、无计划的库存，会造成部分配件供应不及时而影响汽车维修的正常进行，或造成部分配件大量积压而严重贬值，同时占用了大量流动资金。耗资较大的4S店经营模式的竞争优势之一便是其配件供应及时、无假货，提高了客户满意度。因此，科学管理、合理采购，保证配件库存量，盘活库存物资，才能提高企业经济效益。

4）投资状况及投资回报率分析

（1）投资状况分析。投资状况分析是新建汽车维修企业可行性分析中最重要的环节。前期投资的资本流向直接关系着投资经营的成功与否。前期投资的资本流向包括如下几方面。

①资金来源。资金来源主要有银行贷款、公司借债和行政拨款。若资金来源于银行贷款且需要每月付息还贷，必须根据贷款数尽可能缩短投资回报期，以降低投资风险；若资金来源于公司借债且需要物资抵押，必须根据还款期限合理地配置资源，以充分发挥资金的时间价值；若资金来源于行政拨款，伸缩性较强，可以在投资回报期内不断挖掘市场潜力，以真正地达到投资的目的。

②资本流向。只有良好的资本流动才能充分地发挥资本价值，缩短资金的回报期。汽车维修企业的前期投资应当将重点放在塑造企业经营特色的实际项目（如人力资源、技术力量、专业设备、车间改造、特色服务等）上，才能产生预期效果。

③成本分析。成本分析主要包括：维修成本、维修费用、管理费用及财务费用等分析；变动成本及固定成本分析；直接与间接成本分析；等等。一般来说，前期投资的重点应放在塑造企业经营特色的实际项目上，尽管不能立即回收成本，但从企业长远利益看，有利于企业将来获得更大的经济效益。同时，在进行新建汽车维修企业的前期费用预算时，还要考虑无形成本，既要慎重，又要留有充分余地。

（2）投资回报率分析。企业的最终目的就是最大限度地获得利润。在对车源分布情况、周边维修企业分布情况、经营特色、经营档次、配件渠道、投资状况等进行了科学准确的分析后，应该对最后一环也是最关键的一环（即投资回报率）进行系统分析。

在分析投资回报率时，必须根据汽车维修行业的发展趋势和新建企业自身的经营状况，预测资金的回报期，再参考投资者的资金返还意向，对投资回报率进行综合分析。在汽车维修企业的经济效益分析中，应使用人均效益指标而不能沿用人均产值指标，因为产值并不等于效益。

（二）组织结构设计

组织结构是企业组织内部各个有机构成要素相互作用的联系方式或形式，以求有效、合理地把组织成员组织起来，为实现共同目标而协同努力。组织结构是企业资源和权力分配的载体，它在人的能动行为下，通过信息传递，承载着企业的业务流动，推动或者阻碍企业使命的进程。由于组织结构在企业中的基础地位和关键作用，企业所有战略意义上的变革，都必须首先从组织结构上开始。

1. 组织结构类型

（1）直线制：一种最简单的集权组织结构形式，又称军队式结构。领导关系按垂直系统建立，不设专门的职能机构。

（2）直线职能制：以直线制为基础，在厂长（经理）领导下设置相应的职能部门，实行经理统一指挥与职能部门参谋、指导相结合的组织结构形式。

（3）事业部制：分权制结构，遵循“集中决策，分散经营”的原则。

（4）矩阵制：由职能部门系列和为完成某一临时任务而组建的项目小组系列组成。

（5）子公司和分公司。

2. 组织结构设置的原则

（1）目标明确。

（2）功能模块清晰。

（3）分工明确。

3. 汽车服务企业的组织结构

（1）汽车品牌专营店的组织结构。我国汽车品牌专营店一般采用董事会领导下的总经理负责制，具体的组织结构如图 1 - 1 所示。有的企业将市场部从销售部分离出来，使之成为一个独立的部门，有的将备件部从技术服务部分离出来，有的拓展新的服务业务，如二手车置换、会员服务等，从而成立由二手车置换中心、车友俱乐部等部门组成的特殊事业部。每个部门具体的职责任务安排如下。

销售部：主要负责与整车销售活动有关的业务，如开发潜在客户、接受客户咨询、进行市场营销策划、制订购车计划、实现整车销售等。

技术服务部：主要负责与整车维修、保养活动有关的业务，如服务接待、客户档案建立、汽车质量保修、备件供应、服务促销等。

财务部：主要负责与企业对资金运作的管理活动有关的工作，如资金筹措、结算、成本核算、资金管理等。

行政部：主要负责人事管理、日常事务和劳动保险与福利等工作。

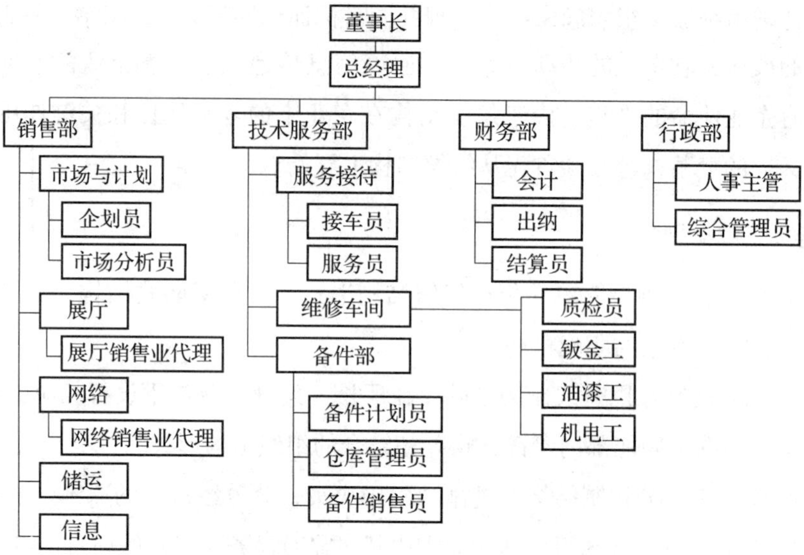

图 1-1 汽车品牌专营店的组织结构

(2) 其他汽车服务企业的组织结构。汽车配件连锁经营企业的组织结构如图 1-2 所示；汽车维修企业的组织结构如图 1-3所示；二手车交易企业的组织结构如图 1-4 所示；汽车俱乐部的组织结构如图1-5 所示。

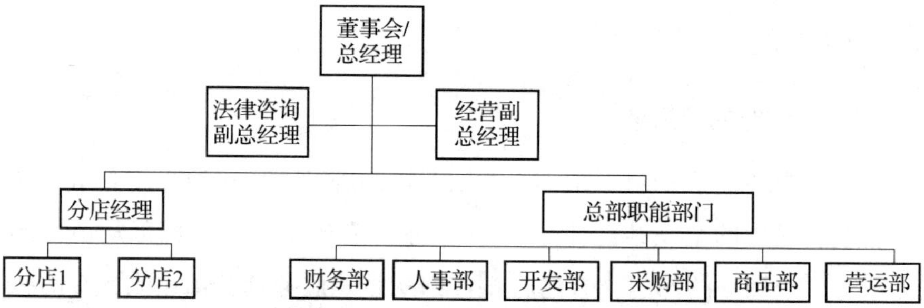

图 1-2 汽车配件连锁经营企业的组织结构

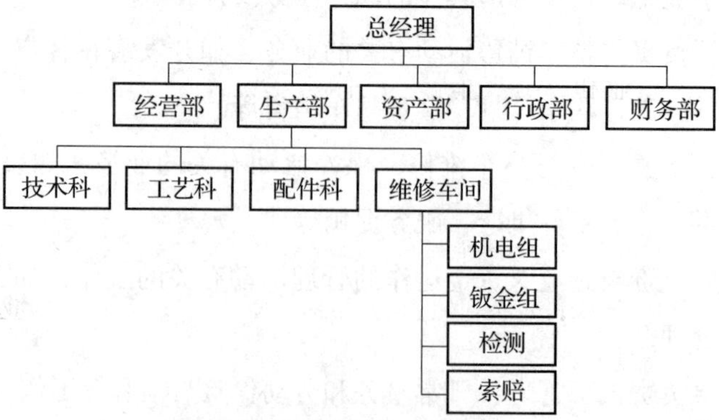

图 1-3 汽车维修企业的组织结构

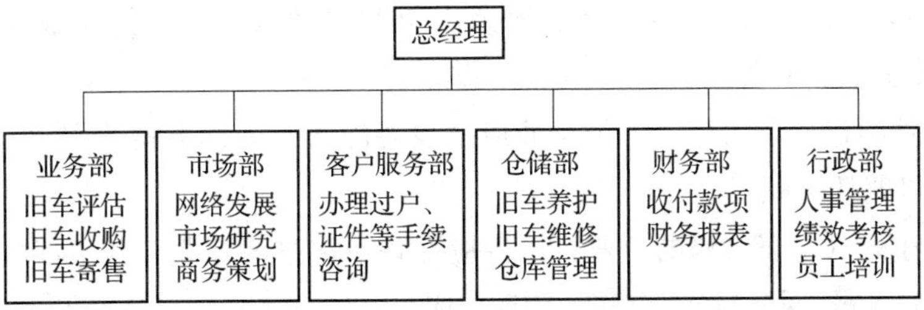

图 1－4　二手车交易企业的组织结构

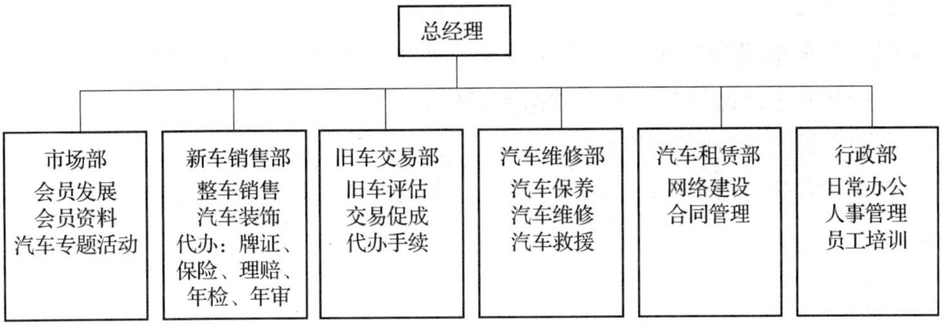

图 1－5　汽车俱乐部的组织结构

二、汽车维修企业和经营业户立项和开业审批

（一）汽车维修企业开业条件

我国颁布实施的《汽车维修业开业条件》（GB/T　16739），对各类维修企业的人员条件、设备设施条件、生产组织管理和质量管理都进行了明确的规定。

1. 汽车整车维修企业开业条件

汽车整车维修企业是指有能力对所维修车型的整车、各个总成及主要零部件进行各级维护、修理及更换，使汽车的技术状况和运行性能完全（或接近完全）恢复到原车的技术要求，并符合相应国家标准和行业标准规定的汽车维修企业。按规模大小分为一类汽车整车维修企业和二类汽车整车维修企业。

1）人员条件

（1）应具有维修企业负责人、维修技术负责人、维修质量检验员、维修业务员、维修价格结算员、机修人员、电器维修人员、钣金（车身修复）人员和涂漆（车身涂装）人员。从业人员资格条件应符合 GB/T 21338 的规定，并取得行业主管部门及相关部门颁发的从业资格证书，持证上岗。

（2）维修质量检验员数量应与其经营规模相适应，至少应配备 2 名维修质量检验员。

（3）机修人员、电器维修人员、钣金人员和涂漆人员，一类企业至少应各配备2人；二类企业至少应各配备1人。

（4）其他岗位从业人员，一类企业应至少各配备1人，不能兼职。二类企业允许一人二岗，可兼任一职。

（5）从事燃气汽车维修的企业，至少应配备1名熟悉燃料供给系统专业技术的专职作业、检验人员，并经培训合格，持证上岗。

2）组织管理条件

（1）基本要求。

应建立健全组织管理机构，设置经营、技术、业务、质量、配件、检验、档案、设备、生产和安全环保等管理部门并落实责任人。

应建立完善的质量管理体系。

应有现行有效的与汽车维修有关的法律、法规、规章和标准等文件资料。

（2）经营管理。

应具有规范的业务工作流程，公开业务受理程序、服务承诺和用户抱怨受理程序等，并明示经营许可证、标志牌、配件价格、工时定额和价格标准等。

应建立并执行价格备案及公示、汽车维修合同、汽车维修费用结算清单、汽车维修记录、统计信息报送和安全生产管理等制度。

维修过程、配件管理、费用结算和维修档案等应实现电子化管理。

（3）质量管理。

应建立并执行汽车维修质量承诺、进出厂登记、检验、竣工出厂合格证管理、汽车维修档案管理、标准和计量管理、设备管理、配件管理、文件资料有效控制和人员培训等制度。

汽车维修档案应包括维修合同，进厂、过程、竣工检验记录，竣工出厂合格证存根，维修结算清单，材料清单等。

配件管理制度应规定配件采购、检查验收、库房管理、信息追溯、配件登记及台账、索赔等要求。

应具有所维修车型的维修技术资料及工艺文件，确保完整有效并及时更新。

3）安全生产条件

（1）应建立并实施与其维修作业内容相适应的安全管理制度和安全保护措施。

（2）应制定各类机电设备的安全操作规程，并明示在相应的工位或设备处。

（3）使用与存储有毒、易燃、易爆物品和粉尘、腐蚀剂、污染物、压力容器等，均应具备相应的安全防护措施和设施。安全防护设施应有明显的警示、禁令标志。

（4）生产厂房和停车场应符合安全生产、消防等各项要求，安全、消防设施的设置地点应明示管理要求和操作规程。

（5）应具有安全生产事故的应急预案。

4）环境保护条件

（1）应具有废油、废液、废气、废水（以下简称“四废”）、废蓄电池、废轮胎、含石棉废料及有害垃圾等物质集中收集、有效处理和保持环境整洁的环境保护管理制度，并有效执行。有害物质存储区域应界定清楚，必要时应有隔离、控制措施。

（2）作业环境以及按生产工艺配置的处理“四废”及采光、通风、吸尘、净化、消声等设施，均应符合环境保护的有关规定。

（3）涂漆车间应设有专用的废水排放及处理设施，采用干打磨工艺的，应有粉尘收集装置和除尘设备，并应设有通风设备。

（4）调试车间或调试工位应设置汽车尾气收集净化装置。

5）设施条件

（1）接待室（含客户休息室）。

应设有接待室，一类企业的接待室面积不少于 80 m^2，二类企业的接待室面积不少于 20 m^2。

接待室应整洁明亮，明示各类证照、主修车型、作业项目、工时定额及单价等，并应有供客户休息的设施。

（2）停车场。

应有与承修车型、经营规模相适应的合法停车场地，并保证车辆行驶通畅。一类企业的停车场面积不小于 200 m^2，二类企业的停车场面积不小于 150 m^2。不得占用公共用地。

租赁的停车场地应具有合法的书面合同书，租赁期限不得少于 1 年。

停车场地面应平整坚实，区域界定标志明显。

（3）生产厂房及场地。

生产厂房面积应能满足表 1－2～表 1－5 所列设备的工位布置、生产工艺和正常作业，并与其经营业务相适应。一类企业的生产厂房面积不小于 800 m^2，二类企业的生产厂房面积不小于 200 m^2。

生产厂房内应设有总成维修间。一类企业总成维修间面积不小于 30 m^2，二类企业总成维修间面积不小于 20 m^2，并设置总成维修所需的工作台、拆装工具、计量器具等。

生产厂房内应设有预检工位，预检工位应有相应的故障诊断、检测设备。

租赁的生产厂房应具有合法的书面合同书，租赁期限不得少于 1 年。

生产厂房地面应平整坚实。

从事燃气汽车维修的企业，应有专用维修厂房，厂房应为永久性建筑，不得使用易燃建筑材料，面积应与生产规模相适应。厂房内通风良好，不得堆放可能危及安全的物品。厂房周围 5m 内不得有任何可能危及安全的设施。

从事燃气汽车维修的企业，还应设有密封性检查、卸压操作的专用场地，可以设在室外。应远离火源，应明示防明火、防静电的标志。

6）设备条件

应配备表 1－2～表 1－5 要求的仪表工具、专用设备、检测设备和通用设备，其规格和数量应与其生产规模和生产工艺相适应。

从事营运车辆二级维护的企业，应配置满足 GB/T 18344 规定的所有出厂检验项目的检测设备。

各种设备应能满足加工、检测精度的要求和使用要求，并应符合相关国家标准和行业标准的要求。计量器具及表 1－4 所列检测设备应按规定检定合格。

汽车举升机、喷烤漆房及设备等涉及安全的产品应通过交通产品认证。

允许外协的设备，应具有合法的合同书，并能证明其技术状况符合前面的要求。

表 1-2　仪表工具

序号	设备名称
1	万用表
2	气缸压力表
3	燃油压力表
4	液压油压力表
5	真空表
6	空调检漏设备
7	轮胎气压表
8	外径千分尺
9	内径千分尺
10	量缸表
11	游标卡尺
12	扭力扳手
13	气体压力及流量检测仪（针对燃气汽车维修企业）
14	便携式气体检漏仪（针对燃气汽车维修企业）

表 1-3　专用设备

序号	设备名称	大中型客车	大型货车	小型车	附加说明
1	废油收集设备		√		
2	齿轮油加注设备		√		
3	液压油加注设备		√		
4	制动液更换加注器		√		
5	脂类加注器		√		

（续）

序号	设备名称	大中型客车	大型货车	小型车	附加说明
6	轮胎轮辋拆装设备		√		
7	轮胎螺母拆装机	√	√	—	
8	车轮动平衡机		√		
9	四轮定位仪	—	—	√	二类允许外协
10	四轮定位仪或转向轮定位仪	√	√	—	二类允许外协
11	制动鼓和制动盘维修设备	√	√	—	
12	汽车空调冷媒回收净化加注设备		√		大货车允许外协
13	总成吊装设备或变速箱等总成顶举设备		√		
14	汽车举升设备		√		一类应不少于5个，二类应不少于2个。汽车举升机或具有安全逃生通道的地沟
15	汽车故障电脑诊断仪		√		
16	冷媒鉴别仪		√		
17	蓄电池检查、充电设备		√		
18	无损探伤设备	√	—	—	
19	车身清洗设备		√		
20	打磨抛光设备	√	—	√	
21	除尘除垢设备	√	—	√	
22	车身整形设备		√		
23	车身校正设备	—	—	√	二类允许外协
24	车架校正设备	√	√	—	二类允许外协
25	悬架试验台	—	—	√	允许外协
26	喷烤漆房及设备	√	—	√	大中型客车允许外协
27	喷油泵试验设备（针对柴油车）		√		允许外协
28	喷油器试验设备		√		
29	调漆设备	√	—	√	允许外协
30	自动变速器维修设备（见GB/T　16739.2—2024中5.5.4）		√		允许外协
31	氮气置换装置（针对燃气汽车维修企业）	√	—	√	
32	气瓶支架强度校验装置（针对燃气汽车维修企业）	√	—	√	允许外协
注：“√”表示要求具备，“—”表示不要求具备。					

表 1-4　检测设备

序号	设备名称	附加说明
1	尾气分析仪或不透光烟度计	
2	汽车前照灯检测设备	可用手动灯光仪或投影板检测
3	侧滑试验台	可用单板侧滑台
4	制动性能检验设备	可用制动力、制动距离、制动减速度的检验设备之一

表 1-5　通用设备

序号	设备名称
1	计算机
2	砂轮机
3	台钻（含台钳）
4	电焊设备（大中型客车、大型货车维修）
5	气体保护焊设备
6	压床
7	空气压缩机
8	抢修服务车

2. 汽车综合小修及专项维修业户开业条件

汽车综合小修业户是指从事汽车故障诊断和通过修理或更换个别零件，消除车辆在运行过程或维护过程中发生或发现的故障或隐患，恢复汽车工作能力的维修业户（三类）。

汽车专项维修业户是指从事汽车发动机维修、车身维修、电气系统维修、自动变速器维修、轮胎动平衡及修补、四轮定位检测调整、汽车润滑与养护、喷油泵和喷油器维修、曲轴修磨、气缸镗磨、散热器维修、空调维修、汽车美容装潢、汽车玻璃安装及修复等专项维修作业的业户（三类）。

1）通用条件

（1）从事综合小修或专项维修关键岗位的从业人员数量应能满足生产的需要，从业人员资格条件应符合 GB/T　21338 的规定，并取得行业主管及相关部门颁发的从业资格证书，持证上岗。

（2）应具有相关的法规、标准、规章等文件以及相关的维修技术资料和工艺文件等，并确保完整有效及时更新。

（3）应具有规范的业务工作流程，公开业务受理程序、服务承诺、用户抱怨受理程序等，并明示各类证照、作业项目及计费工时定额等。

（4）停车场面积应不小于 30 m^2。停车场地界定标志明显，不得占用道路和公共场所进行作业和停车，地面应平整坚实。

（5）生产厂房的面积、结构及设施应满足综合小修或专项维修作业设备的工位布置、生产工艺和正常作业要求。

（6）租赁的生产厂房、停车场地应具有合法的书面合同书，并应符合安全生产、消防等各项要求。租赁期限不得少于1年。

（7）设备配置应与其生产作业规模及生产工艺相适应，其技术状况应完好，符合相应的产品技术条件等国家标准或行业标准的要求，并能满足加工、检测精度的要求和使用要求。检测设备及计量器具应按规定检定合格。

（8）应配备安全生产管理人员，熟知国家安全生产法律法规，并具有汽车维修安全生产作业知识和安全生产管理能力。应有所需工种和所配机电设备的安全操作规程，并将安全操作规程明示在相应的工位或设备处。

（9）使用与存储有毒、易燃、易爆物品和粉尘、腐蚀剂、污染物、压力容器等均应具备相应的安全防护措施和设施。作业环境以及按生产工艺配置的处理“四废”及采光、通风、吸尘、净化、消声等设施，均应符合环境保护的有关规定。

2）专项维修经营范围及人员、设施、设备条件

（1）汽车综合小修。

①人员条件。

应有维修企业负责人、维修技术负责人、维修质量检验员、维修业务员、维修价格结算员、机修人员和电器维修人员。

维修质量检验员应不少于1名。

主修人员应不少于2名。

②组织管理条件。

应具有健全的经营管理体系，设置技术负责、业务受理、质量检验、文件资料管理、材料管理、仪器设备管理、价格结算、安全生产等岗位并落实责任人。

应具有汽车维修质量承诺、进出厂登记、检验记录及技术档案管理、标准和计量管理、设备管理、人员技术培训等制度并严格实施。

维修过程、配件管理、费用结算、维修档案等应实现电子化管理。

③设施条件。

应设有接待室，其面积应不小于10 m^2，整洁明亮，并有供客户休息的设施。

生产厂房面积应不小于100 m^2。

④主要设备：压床；空气压缩机；汽车故障电脑诊断仪；温、湿度计；万用表；气缸压力表；真空表；燃油压力表；尾气分析仪或不透光烟度计；轮胎漏气试验设备；轮胎气压表；千斤顶；轮胎轮辋拆装、除锈设备或专用工具；车轮动平衡机；汽车空调冷媒回收净化加注设备；空调专用检测设备；空调专用检漏设备；不解体油路清洗

设备；举升设备或地沟；废油收集设备；齿轮油加注设备；液压油加注设备；制动液更换加注器；脂类加注器；汽车前照灯检测设备（可用手动灯光仪或投影板检测）；制动减速度检验等制动性能检验设备。

（2）发动机维修。

①人员条件。

设置岗位及从业人员条件应符合汽车综合小修人员条件中第一项的要求。

维修质量检验员应不少于2名。

发动机主修人员应不少于2名。

②组织管理条件：应符合汽车综合小修的组织管理条件。

③设施条件。

应设有接待室，其面积应不小于20 m^2，整洁明亮，并有供客户休息的设施。

生产厂房面积应不小于100 m^2。

④主要设备：压床；空气压缩机；发动机解体清洗设备；发动机等总成吊装设备；发动机翻转设备；发动机诊断仪；废油收集设备；万用表；气缸压力表；真空表；量缸表；正时仪；汽油喷油器清洗及流量测量仪；燃油压力表；喷油泵试验设备（允许外协）；喷油器试验设备（允许外协）；连杆校正器；无损探伤设备；立式精镗床；立式珩磨机；曲轴磨床；曲轴校正设备；凸轮轴磨床；曲轴、飞轮与离合器总成动平衡机。

（3）车身维修。

①人员条件。

应有维修企业负责人、维修技术负责人、维修质量检验员、维修业务员、维修价格结算员、机修人员、钣金人员和涂漆人员。

维修质量检验员应不少于1名。

车身主修及维修涂漆人员均应不少于2名。

②组织管理条件：与汽车综合小修的组织管理条件相同。

③设施条件。

应设有接待室，其面积应不少于20 m^2，整洁明亮，并有供客户休息的设施。

生产厂房面积应不小于120 m^2。

④主要设备：电焊及气体保护焊设备；切割设备；压床；空气压缩机；汽车外部清洗设备；打磨抛光设备；除尘除垢设备；型材切割机；车身整形设备；车身校正设备；车架校正设备；车身尺寸测量设备；喷烤漆房及设备；调漆设备；砂轮机和角磨机；举升设备；除锈设备；吸尘、采光、通风设备；洗枪设备或溶剂收集设备。

（4）电气系统维修。

①人员条件。

应有维修企业负责人、维修技术负责人、维修质量检验员、维修业务员、维修价格结算员和电器维修人员。

维修质量检验员应不少于 1 名。

电子电器主修人员应不少于 2 名。

②组织管理条件：与汽车综合小修的组织管理条件相同。

③设施条件：与车身维修的设施条件相同。

④主要设备：空气压缩机；汽车故障电脑诊断仪；万用表；充电机；电解液比重计；高频放电叉；汽车前照灯检测设备；电路检测设备；蓄电池检测、充电设备。

（5）自动变速器维修。

①人员条件。

设置岗位及从业人员条件同汽车综合小修人员条件第一项。

维修质量检验员应不少于 1 名。

自动变速器专业主修人员应不少于 2 名。

②组织管理条件：与汽车综合小修的组织管理条件相同。

③设施条件。

应设有接待室，其面积应不小于 20 m^2，整洁明亮，并有供客户休息的设施。

生产厂房面积应不小于 200 m^2。

④主要设备：自动变速器翻转设备；自动变速器拆解设备；变扭器维修设备；变扭器切割设备；变扭器焊接设备；变扭器检测（漏）设备；零件清洗设备；电控变速器测试仪；油路总成测试机；液压油压力表；自动变速器总成测试机；自动变速器专用测量器具；空气压缩机；万用表；废油收集设备。

（6）轮胎动平衡及修补。

①人员条件：至少有 1 名经过专业培训的轮胎维修人员。

②设施条件：生产厂房面积应不小于 15 m^2。

③主要设备：空气压缩机；轮胎漏气试验设备；轮胎气压表；千斤顶；轮胎螺母拆装机或专用拆装工具；轮胎轮辋拆装、除锈设备或专用工具；轮胎修补设备；车轮动平衡机。

（7）四轮定位检测调整。

①人员条件：至少有 1 名经过专业培训的汽车维修人员。

②设施条件：生产厂房面积应不小于 40 m^2。

③主要设备：举升设备；四轮定位仪；空气压缩机；轮胎气压表。

（8）汽车润滑与养护。

①人员条件：至少有 1 名经过专业培训的汽车维修人员。

②设施条件：生产厂房面积应不小于 40 m^2。

③主要设备：不解体油路清洗设备；废油收集设备；齿轮油加注设备；液压油加

注设备；制动液更换加注器；脂类加注器；举升设备或地沟；空气压缩机。

（9）喷油泵、喷油器维修。

①人员条件：至少有 1 名经过专业培训的柴油机高压油泵维修人员。

②设施条件：生产厂房面积应不小于 30 m^2。

③主要设备：喷油泵、喷油器清洗和试验设备；喷油泵、喷油器密封性试验设备；弹簧试验仪；千分尺；厚薄规。

④附加设备。

从事电控喷油泵、喷油器维修还需配备：电控喷油泵、喷油器检测台；电控喷油泵、喷油器专用拆装工具；电控柴油机故障诊断仪；超声波清洗仪；专用工作台。

（10）曲轴修磨。

①人员条件：至少有 1 名经过专业培训的曲轴修磨人员。

②设施条件：生产厂房面积应不小于 60 m^2。

③主要设备：曲轴磨床；曲轴校正设备；曲轴动平衡设备；平板；V 型块；百分表及磁力表座；外径千分尺；无损探伤设备；吊装设备。

（11）气缸镗磨。

①人员条件：至少有 1 名经过专业培训的气缸镗磨人员。

②设施条件：生产厂房面积应不小于 60 m^2。

③主要设备：立式精镗床；立式珩磨机；压床；吊装起重设备；气缸体水压试验设备；量缸表；外径千分尺；厚薄规；激光淬火设备（从事激光淬火必备）；平板。

（12）散热器维修。

①人员条件：至少有 1 名经过专业培训的维修人员。

②设施条件：生产厂房面积应不小于 30 m^2。

③主要设备：清洗及管道疏通设备；气焊设备；钎焊设备；空气压缩机；喷漆设备；散热器密封试验设备。

（13）空调维修。

①人员条件：至少有 1 名经过专业培训的汽车空调维修人员。

②设施条件：生产厂房面积应不小于 40 m^2。

③主要设备：汽车空调冷媒回收净化加注设备；空调电器检测设备；空调专用检测设备；万用表；冷媒鉴别设备；空调检漏设备；数字式温度计；汽车故障电脑诊断仪。

（14）汽车美容装潢。

①人员条件：至少有经过专业培训的 1 名维修人员和 2 名车身清洁人员。

②设施条件：生产厂房面积应不小于 40 m^2。

③主要设备：汽车外部清洗设备；吸尘设备；除尘、除垢设备；打蜡设备；抛光

设备；贴膜专业工具。

（15）汽车玻璃安装及修复。

①人员条件：至少有 1 名经过专业培训的维修人员。

②设施条件：生产厂房面积应不小于 30 m^2。

③主要设备：工作台；玻璃切割工具；注胶工具；玻璃固定工具；直尺、弯尺；玻璃拆装工具；吸尘器。

【案例 1－2】

开设汽车 4S 店的主要条件

注册资本至少 1 000 万元人民币；同城 4S 门店不饱和；距离同城市同品牌其他 4S 店 10 千米以上；流动资金 1 000 万元以上。汽车 4S 专卖店的优势有品牌优势和完善的服务体系。品牌优势：大部分汽车 4S 店经营的汽车品牌具有品牌效应好、竞争力强、市场份额大的优势。品牌优势是汽车 4S 店主要的竞争手段，是其他汽车销售模式无法比拟的。完善的服务体系：汽车 4S 店的核心竞争力是以优质的服务赢得客户。在汽车 4S 店，消费者可以获得汽车资讯、市场动态、售后服务、保养说明、零配件供应等所有增值服务，无论整车还是零部件都能保证原货，让消费者免除售后服务、维修保养等方面的后顾之忧。

（二）汽车维修企业、经营业户立项和开业审批

1. 汽车维修企业和经营业户筹建立项审批

（1）县级以上道路运政管理机构受理汽车维修企业和经营业户的筹建立项申请。

（2）道路运政管理机构在受理筹建立项申请时，申请人应提交以下文件。

①经营项目、营业场所、法人代表或经营业主、职工人数、经营规模等书面资料。

②合法有效的资信证明或资金担保书。

③申请具有法人资格的企业应有可行性报告及其主管部门的立项批准书。无主管部门的企业或经营业户应提交城市街道或乡镇以上人民政府的证明。

④法律、法规和规章规定的应提交的其他资料。

（3）道路运政管理机构自受理之日起，在 30 日内按审批权限做出审批决定。筹建立项实行定期集体审批制度。批准筹建的，向申请人发出立项批准书，规定其筹建时限，不予批准的应以书面形式答复申请人。

（4）审批筹建立项申请的原则是该项申请应符合本县或本地区汽车维修行业发展规划，应符合社会需要和开业条件等。

2. 汽车维修企业和经营业户开业审批

（1）筹建汽车维修企业的法人代表或经营业户，筹建就绪后，即可在规定时限内

填写“开业申请表”，向批准立项的道路运政管理机构提出开业申请，同时向道路运政管理机构提交法人身份证、质检员证、价格结算员证等有关证件的复印件，质量管理机构、制度及有关资料，厂位置分布图、厂区平面图、车间工艺布局图等有关资料。经营特约维修的业户还应提供正式的签约合同。

（2）受理开业申请的道路运政管理机构在接到开业申请后，应当派出专门评审组织，对申请人的筹建工作按国家标准《汽车维修业开业条件》的要求进行审验，并在30日内做出审批决定。审批决定应由集体研究做出。

（3）经批准开业的，由审批机构核发“汽车维修业技术合格证”（或经营许可证）及铜制“汽车维修企业经营标志牌”，并告知申请人凭经营许可证到工商行政管理部门和税务部门分别办理法人营业执照（或工商执照）和税务登记手续。

（4）领取有关单证。申请人持“汽车维修业技术合格证”到当地道路运政管理机构领取“汽车维修合同”“汽车维修技术检验单”“汽车维修工时、材料费用明细表”“汽车维修竣工出厂合格证”等有关单证。

3. 年度审验

（1）县级以上道路运政管理机构，应对辖区内的汽车维修企业和经营业户进行年度审验。汽车维修企业和经营业户的年度审验的时间，由省级或地级道路运政管理机构确定。

（2）道路运政管理机构应当提前向汽车维修企业和经营业户公布年度审验的具体安排和分发年度审验表。

（3）年度审验时，应向汽车维修企业和经营业户收回审验表及有关证件。

（4）年度审验的主要内容包括：

①经营资质的评审；

②经营行为的评审；

③规费缴纳的情况。

年度审验结果应记录在年度审验表上，并存入分户档案中。

任务实施

1. 任务工单描述

在掌握本任务相关知识的前提下，对筹建汽车服务企业的可行性进行分析，根据所学知识解决情境导入中王先生需要解决的问题。

2. 任务实施记录

详见附录1“任务实施记录表”。

任务评价

(1) 以学习小组为单位，将“任务实施记录表”上传课程平台（或智慧课堂），各小组互评和教师点评。

(2) 评价分值包含各小组对重要知识点的掌握程度（40%），任务完成及创新情况（40%），团队合作及职业素养（20%），详见附录2“任务评价表”。

可扫描二维码查看在线测试和知识拓展的相关内容。

在线测试　　知识拓展

项目二
汽车服务企业目标管理

任务1　汽车服务企业目标管理概述

任务导读

机遇就藏在每个瞬时变幻的当下。随着现代社会经济的迅速发展，汽车服务企业面临新的冲击和变化，只有同步提高管理水平和增强服务意识，才能在新形势下获得更多的发展空间和机会。由此，目标管理也越来越受到人们的重视。如何正确认识目标管理的内涵并认真实施目标管理，是企业生存和发展的关键所在，也是我们必须理解和掌握的知识。

本任务通过情境、案例和任务工单等形式，帮助大家初步了解汽车服务企业目标管理知识。

任务目标

学习目标	能力目标	素质目标
1. 掌握目标管理的定义； 2. 掌握汽车售后服务企业目标管理流程； 3. 掌握目标管理与实施	1. 具备参与目标管理方法制定和实施目标管理的能力； 2. 具备目标管理分析和执行能力	1. 树立全局观念和大局意识； 2. 树立严谨务实和开拓创新的工作理念

情境导入

在世界经济全球化趋势下，企业间的竞争愈发激烈，这意味着传统的管理理念已无法满足企业的发展需求，现代企业更加关注目标管理的实施和灵活运用，并大胆变革创新，以谋求企业更长远的发展。

“比亚迪的目标是今年底前成为中国第一大汽车制造商。”在2023年3月29日的业绩发布会上，比亚迪创始人王传福表示，在2022年乘用车全年销售179.66万辆的基础上，比亚迪2023年销量目标以300万辆为起点，争取增长到360万辆。比亚迪成功的原因是什么？

原因是多方面的，今天我们主要学习比亚迪公司推行的从上到下的目标管理系统。员工按照公司的整体目标来规划个人的工作目标，对公司做出承诺，这不仅使得员工参与了目标的设置过程，而且让员工为了达到目标而努力工作。

相关知识

一、目标管理概述

（一）目标管理的定义

目标管理（Management by Objective，MBO）是一种程序或过程，它是指组织中的上级和下级一起协商，根据组织的使命确定一定时期内组织的总目标，由此决定上、下级的责任和分目标，并把这些目标作为组织经营、评估和奖励每个单位及个人贡献的标准。

美国德鲁克（Drucker）在1954年出版的《管理实践》(*The Practice of Management*)一书中首先提出了“目标管理与自我控制”的主张，即组织的各级管理人员必须以“目标”来领导其下级，并衡量下级的贡献，以实现组织的目标。德鲁克认为，并不是有了工作才有目标，而是相反，有了目标才能确定每个人的工作。所以，“企业的使命和任务，必须转化为目标”，如果一个领域没有目标，这个领域的工作必然被忽视。因此，管理者应该通过目标对下级进行管理，当组织最高层管理者确定了组织目标后，必须对其进行有效分解，使其转变成各个部门以及各个人的分目标，管理者根据分目标的完成情况对下级进行考核、评价和奖惩。

目标管理如图2－1所示。

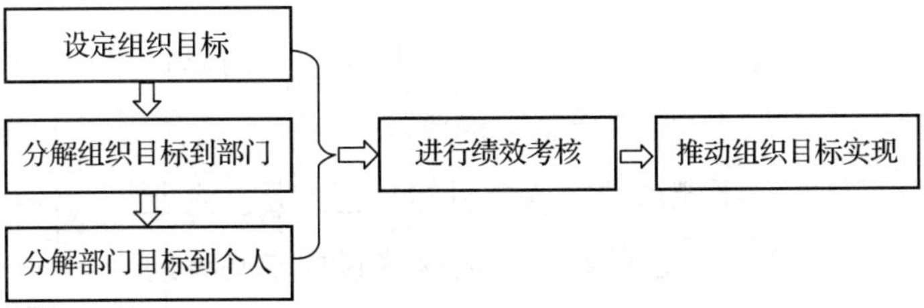

图2－1　目标管理

（二）目标管理的种类

目标管理最为广泛的应用是在企业管理领域。企业目标可分为战略目标、策略目标以及方案、任务等。一般来说，经营战略目标和高级策略目标由高级管理者制定；

中级目标由中层管理者制定；初级目标由基层管理者制定；方案和任务由职工制定，并同每一个成员的工作成果相联系。自上而下的目标分解和自下而上的目标期望相结合，使经营计划的贯彻执行建立在职工的主动性、积极性上，把企业职工吸引到企业经营活动中来。

（三）目标管理的特点

（1）计划的一致性，即要与上级的总体管理目标和政策相一致。

（2）计划的连续性和协调性，即不能与公司其他部门确立的目标和政策相矛盾。

（3）目标的突出性，即目标必须预先确定，并同用以达到目标的过程分离开来。

（4）目标的公开性，即制定的政策要用简明的语言公布出来，方便大家理解。

（5）目标的两重性，即确定的目标必须在组织力所能及的范围内，若确定的目标无法被完成，则其没有吸引力，将会被抛弃；若目标没有一定的难度，则其失去潜在的激励作用，也失去激励人们向上的积极意义。

（四）目标管理应遵循的原则

（1）企业的目的和任务必须转化为目标，并且要由单一目标评价转变为多目标评价。

（2）必须为企业的各级各类人员和各个部门规定目标。如果一项工作没有特定的目标，这项工作就有可能做不好，部门及人员也可能会出现“扯皮”问题。

（3）目标管理的对象包括从领导者到员工的所有人员，大家都要被“目标”管理。

（4）实现目标与考核标准一体化，即按实现目标的程度实施考核，由此决定职位升降、奖惩力度和工资高低。

（5）强调发挥各类人员的创造性和积极性。每个人都要积极参与目标的制定和实施。领导者应允许下级根据企业的总目标参与制定目标，以满足其“自我成就”的要求。

（6）任何分目标，都不能离开企业总目标自行其是。企业有些部门可能片面追求部门自己的目标，而这些目标未必有助于实现企业的总目标。企业总目标往往是设置好各子目标，并实现综合平衡的结果。

（五）目标管理的流程

目标管理的流程就是一个有机联系的过程，如图2-2所示。

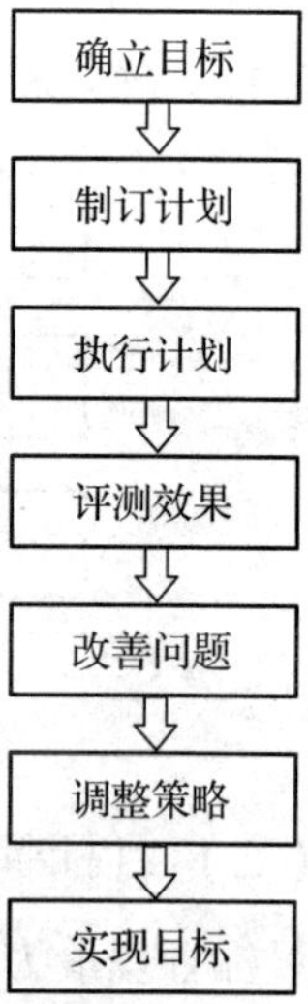

图2-2 目标管理的流程

二、目标管理的构建与实施

（一）目标管理的构建

1. 目标结构体系建设

一个组织总目标的确定是目标管理的起点。此后，由总目标再分解成各部门各单位和个人的具体目标。下级的分项目标和个人目标是构成和实现上级总目标的必要条件。总目标、分项目标、个人目标，上下一贯，彼此制约，融会成目标结构体系。目标管理的核心就在于将各项目标予以整合，以目标来统合各部门、各单位和个人的不同工作活动及其贡献，从而实现组织的总目标。

2. 目标计划制订

在实施目标管理前必须制订出完成目标的周详严密的计划。健全的计划既包括目标的订立，也包括实施方针、政策以及方法、程序的选择，使各项工作有所依据，循序渐进。计划是目标管理的基础，可以使各方面的行动集中于目标。它规定每个目标完成的期限，否则，目标管理就难以实现。

3. 目标考评

考核、评估、验收目标执行情况，是目标管理的关键环节。缺乏考评，目标管理就缺乏反馈过程，目标管理的目的即实现目标的愿望就难以达到。

（二）目标管理“三阶段”实施

目标管理的具体实施分三个阶段：第一阶段为目标的设置；第二阶段为实现目标过程的管理；第三阶段为总结和评估。

1. 目标的设置

这是目标管理最重要的阶段，可以细分为四个步骤。

（1）确定目标预案。这是一个暂时的、可以改变的目标预案，既可以由上级提出，再同下级讨论，也可以由下级提出，上级批准。无论哪种方式，必须共同商量决定。领导必须根据企业的使命和长远战略，估计客观环境带来的机会和挑战，对该企业的优劣有清醒的认识，对组织应该和能够完成的目标心中有数。

（2）重新审议组织结构和职责分工。目标管理要求每一个分目标都有确定的责任主体。因此，确定目标预案之后，需要重新审查现有组织结构，根据新的目标分解要求进行调整，明确目标责任者和协调关系。

（3）确立下级的目标。首先上级应向下级明确组织的规划和目标，然后二者共同商定下级的分目标。在讨论中上级要尊重下级，平等待人，耐心倾听下级意见，帮助下级发展一致性和支持性目标。分目标要具体量化，便于考核；要分清轻重缓急，以免顾此失彼；既要有挑战性，又要有实现的可能。员工和部门的分目标要协调一致，以支持本单位和组织目标的实现。

（4）上级和下级就实现各项目标所需的条件以及实现目标后的奖惩事宜达成协议。分目标制定后，要授予下级相应的资源配置的权力，实现权责利的统一。由下级写成书面协议，编制目标记录卡片，整个组织汇总所有资料后，绘制出目标图。

2. 实现目标过程的管理

目标管理重视结果，强调自主、自治和自觉。这并不等于领导可以放手不管，相反，由于形成了目标体系，一环失误，就会牵动全局。因此，领导在目标实施过程中的管理是不可缺少的。首先进行定期检查，利用双方经常接触的机会和信息反馈渠道自然地进行；其次要向下级通报进度，便于互相协调；最后要帮助下级解决工作中出现的困难和问题。当出现意外、不可测事件严重影响组织目标实现时，也可以通过一定的手续，修改原定的目标。

3. 总结和评估

达到预定的期限后，下级首先进行自我评估，提交书面报告；然后上、下级一起考核目标完成情况，决定奖惩事项；接着讨论下一阶段目标，开始新循环。如果目标没有完成，应分析原因，总结教训，切忌相互指责，以保持相互信任的氛围。

三、汽车服务企业目标管理概述

（一）汽车服务企业目标管理的定义

汽车服务企业目标管理就是通过考察服务市场状况和实际工作条件，以目标为导向，以人为中心，以成果为标准，确定汽车服务部门的任务和目标，保证正在进行的工作按照计划、标准和最初时间表不断进行检测和评估。如出现任何延迟，组织制定新策略，包括给予适当的指导和支持，以让员工能够完成目标，并在工作中实现“自我控制”，自上而下保证目标实现的一种管理办法。

（二）汽车服务企业目标管理的程序

汽车服务企业目标管理分为三个步骤（如图 2 – 3 所示），服务经理需要对此过程进行全面、宏观的管理和监控。

1. 计划

（1）确立目标和任务优先顺序。

（2）制订服务营销计划，保证足够的客流量。

（3）制订招聘、培训、奖励等计划，提高员工满意度。

2. 日常管理

（1）确立并保持操作标准（业务标准化）。

（2）在业务标准化过程中要考虑员工意见。

（3）指导并培训员工，发挥其主观能动性。

（4）将工作标准化并对结果进行评估。

（5）将相关物资管理和操作标准尽量减少和简化。

3. 工作改善

（1）确立处理问题的规则，帮助员工做出正确判断。

（2）确定事故原因，采取措施防止事故再次发生。

（3）确定工作改善后的标准。

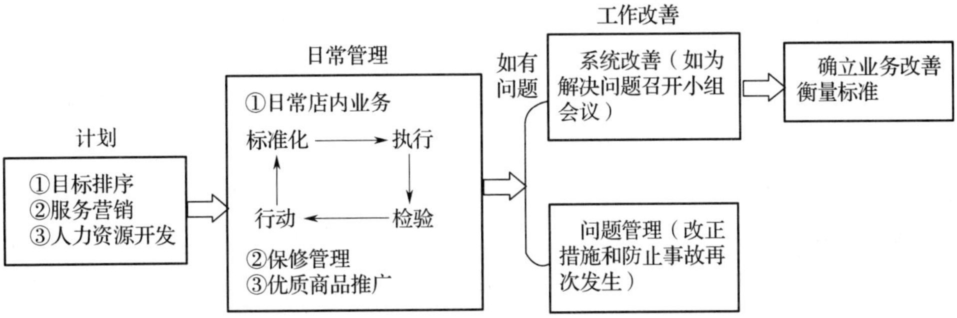

图2-3　汽车服务企业目标管理程序

【案例2-1】

比亚迪公司战略目标运用

（1）企业发展目标。

比亚迪公司的目标是成为全球领先的新能源汽车和电池制造企业。在此基础上，比亚迪公司的发展目标是在2023年底实现销售量达到300万辆的目标，并在全球市场占有率达到5%以上。

（2）企业战略目标。

比亚迪公司的战略是以新能源汽车为核心，推动电动化、智能化、互联网化和轻量化的发展。具体来说，比亚迪公司将主要围绕以下几个方面展开战略。

①新能源汽车技术：比亚迪公司将继续加大在新能源汽车技术领域的研发投入，推动技术创新和产品升级，提高新能源汽车的性能和竞争力。

②全球化布局：比亚迪公司将继续加强在全球市场的布局，扩大销售规模和市场份额，提高品牌知名度和影响力。

（3）企业绩效目标。

比亚迪公司通过设定合理的绩效目标和考核机制，评估员工的工作表现和贡献，激发员工的积极性和创造力。在薪酬福利方面，比亚迪公司通过制定合理的薪酬福利政策，吸引和留住优秀的人才，提高员工的工作积极性和满意度。总之，比亚迪公司的人力资源管理部门通过科学、系统、有效的管理手段，对企业人力资源进行规划、开发、利用和管理，以实现企业战略目标和员工个人发展，从而为企业的可持续发展提供人才保障和支持。

【案例2－2】

某汽车集团战略目标制定

1. 近期、中期和远期目标

（1）近期目标（5年）。

集团5年战略发展规划的关键是深入开发汽车后服务业务，完善汽车品牌体系，开拓并强化与国际知名汽车品牌的合作关系。

依托本省的汽车服务园区的规划建设，实现包括济宁、潍坊、青岛等地市在内的汽车服务网络建设。

以汽车金融为主线整合汽车后服务功能，促进集团竞争平台的不断升级，提升汽车服务业的核心竞争能力。

打造××服务品牌，凭借企业优质服务保持行业领先水平，提升汽车行业的社会期望值。

（2）中期目标（10～20年）。

通过强化管理、提高服务水平，以适应市场经济发展特定要求的运作模式和经营方式，在企业资本不断社会化的过程中，逐步借助资本市场、资产重组、金融证券等直接和间接的手段来实现经营规模和资本控制量的不断扩大，构建以投资、管理和企业文化三大中心为特点的集团控股企业。

（3）长期目标（100年）。

“百年××”，从我做起，从现在做起。

“百年××”是企业可持续发展的根本体现，是由分阶段发展目标组成的战略目标体系。

“百年××”是一种思维方式，是统一全体××人的基本指导思想，是××人自我否定、自我创新的理念，是激发××人工作动力和锐气的思想武器和行动纲领。

“百年××”是与时俱进、快速发展的年轻事业，永远做市场经济发展中的领跑者，这是企业发展目标的真谛。

"百年××"的四大基因：优秀的资本结构、高效的学习组织、先进的技术服务水平以及高素质的员工队伍。

2. 目标制定的基础

（1）上级的期望值。

（2）基于上年度工作总结，制定本年度工作计划和优先事项。

（3）现有工作人员的经验与技能。

3. 制定目标过程中应思考的问题

（1）对现存问题进行分析和研究，并制订改善计划。

（2）思考哪些政策需要中止，哪些政策需要完善，哪些政策需要保持。

（3）根据"5W2H"（Why，Where，What，Who，When，How，How much）原则制订详细计划。

（4）计划的覆盖面要全，即尽可能地让员工参与制订计划的过程。

（5）思考如何根据市场要求建立科学化、规范化服务流程，打造标准化汽车售后服务体系。

【案例2-3】

途虎养车标准化战略：打造汽车后市场服务的"途虎样本"

近年来，汽车后市场规模持续增长。在市场前景持续向好的背景下，市场上诞生了一大批"互联网+"汽车养护服务平台，相关业内人士指出："谁能够建立一个规范的服务流程，控制好线下门店的服务质量，形成品牌效应，谁就能最终成为汽车养护行业的领头羊。"毫无疑问，途虎养车做到了。

相关统计数据显示，目前中国的汽车保有量已达1.8亿辆。如此大规模的汽车交易，在完成交付后就进入汽车后市场，衍生出汽修、汽配、汽车保养与改装一系列刚性需求，让整个汽车后市场的发展前景十分广阔。

经历了2015年、2016年的草莽式发展，2017年，汽车后市场从狂欢回归理性，逐渐孕育出行业巨头。"车主真正看重的是靠谱的服务、正规的产品渠道和可信任的品牌。"途虎养车的创始人陈敏认为。

"在汽车养护方面，要解决的核心问题就三个：透明便宜的正品配件、地理位置合适的线下门店、周到规范的维修保养服务。"途虎养车创始人陈敏及其团队对汽车后市场的发展脉络和经营策略有着精准的判断，通过优质产品与服务来吸纳客户，途虎养车创造了极好的用户口碑，注册用户已达3 000万个，覆盖约17%的中国汽车车主。

打造"标准化"服务体系。在未来，汽车服务集群可能会替代传统的单一化、零散化经营的经营模式。汽车后市场标准化，面临三大难题：一是如何规范服务流程，二是如何获得精准的产品适配数据，三是如何控制线下门店的服务质量。途虎创始人陈敏将目光聚焦在供应链产品品类的完善、行业标准的制定以及技师的系统化培训上。毫无疑问，汽车配件大部分需要线下门店安装，而如何控制其服务的标准化是途虎亟须解决的问题。

为增强客户体验，统一服务标准，途虎会定期进行门店培训。以换轮胎为例，途虎在门店的培训中，会将换轮胎分为标准化的多个步骤，并对换轮胎时是否需要换气门嘴、拆卸时是否需要扭力扳手等具体细节一一明确，以此规范技师的操作。

相对于轮胎，换油的过程更加非标准化。不同的车型和使用年限，其适配的机油并不完全相同。此前，市场上存在的保养适配数据并不非常准确。为了提高产品数据的准确性，途虎内部的适配部门专门收集了市场上以及线下门店积累的数据，并经过数据清洗，将换油方面的适配数据准确率从最早的90%提升到99.9%。

自2016年起，途虎养车经上海市质量技术监督局批准，承担“汽车后市场服务标准化试点”项目。2018年10月，途虎养车高分通过上海车后服务标准化试点项目。

通过多次优化与精炼，途虎养车形成了涵盖门店服务、轮胎更换、深度养护、车品安装等方面的91项企业标准，对操作流程、规范、质量考评等方面做出明确规定，并编制了教材和开设了相应课程，对途虎加盟店所有技师进行标准化培训，切实提高了服务水平，用户满意度由实施前的95.6%上升至98.9%，充分获得了消费者的认可。

途虎养车高分通过“汽车后市场服务标准化试点”项目，成为行业标准的先行者。这一改造行业生态的重大举措，改善了困扰中国车主多年的“养车难”问题，赢得万千中国消费者的青睐与认可。从此，汽车养护服务有了统一规范的标准，必将极大地推动汽车后市场向“标准化”“规范化”方向发展。

任务实施

1. 任务工单描述

规范服务流程、把控服务质量、系统化培训技师……2011年成立于上海的途虎养车，经过12年的稳健发展，一步步成长为中国领先的汽车养护品牌。而这与企业的战略定位、目标管理的实施密不可分。请通过所学知识，分析途虎养车成功秘诀，重点分析企业目标管理方法的实施运用。

2. 任务实施记录表

详见附录1“任务实施记录表”。

任务评价

（1）以学习小组为单位，将“任务实施记录表”上传课程平台或智慧课堂，各小组互评和教师点评。

（2）评价分值包含各小组对重要知识点的掌握程度（40%），任务完成及创新情况（40%），团队合作及职业素养（20%），详见附录2“任务评价表”。

可扫描二维码查看在线测试和知识拓展的相关内容。

在线测试　　知识拓展

任务2　汽车服务企业服务指标管理

任务导读

仅有服务意识并不能保证提供令人满意的服务，企业还要建立一套完整的指标体系作为服务工作的指导和依据。如果说服务意识是服务的软件保证，那么服务指标、业务指标就是服务的硬件保证。

本任务通过情境、案例和任务工单等形式，帮助大家初步了解汽车服务企业指标管理的具体内容和管理方法。

任务目标

学习目标	能力目标	素质目标
1. 了解服务指标和业务指标的含义及种类； 2. 掌握客户维系的重要指标； 3. 掌握业务指标及其计算方法	1. 能将学习理论进行实际运用和分析； 2. 掌握汽车服务企业指标管理能力	1. 树立全局观念和大局意识； 2. 树立严谨务实和开拓创新的工作理念

情境导入

汽车销售行业有这么一句话：“第一辆车是销售卖出去的，第二辆车是服务卖出去的。”从这句话可以得到以下几点启示。

（1）服务对车的价格没有直接影响，却可以延伸车的价值。不同程度的服务会使车的价值含量有所不同。

(2) 服务应该从开发潜在客户入手，延伸到与实际客户的接触，直到完成车辆的终身使用。

(3) 服务会影响客户的忠诚度，从而带来新的客户。

(4) 优质的服务，就是要维系住客户。客户接受服务，就会为服务付费，所以维系住客户就是维系住财富。

相关知识

一、服务指标管理

(一) 服务指标定义

服务指标是企业内部为客户提供全部服务行为和效果的量化标准。仅有服务意识并不能保证提供令人满意的服务，企业还要建立一套完整的指标体系作为服务工作的指导和依据。如果说服务意识是服务的软件保证，那么服务指标就是服务的硬件保证。

服务指标的建立是进行客户服务管理设计的关键内容。企业能否顺利地导入客户服务战略，关键就在于是否建立了一套以客户为中心的服务指标体系。当服务指标体系建立后，就可以据此全面考查客户满意状况，也可以测出每一个员工的客户服务指标分数，作为考核、奖惩员工的依据。

(二) 主要服务指标定义

主要服务指标通常由车企服务部门开发制定. 它涵盖了售后服务经营管理各方面涉及的主要指标，是掌握目前服务市场情况，预测未来市场趋势的重要数据来源，也是检验经销商“改善活动”结果的依据。

(三) 经销商售后主要服务指标内容

(1) 入厂维修台数。

(2) 总销售额（工时费+零件费)，其中一年当中什么时候是高峰。

(3) 每位技师平均每月的修理车辆数。

(4) 服务保持率（从维修站买车的客户有多少回本站维修和保养）。

(5) 零件的总销售额、内销销售额和外销销售额。

(6) 零件在库总额或零件在库月数。

(7) 每名服务人员创造的销售额。

(四) 制定主要服务指标的目的

(1) 通过应用主要服务指标，在目标管理的理念下进行管理，以达到目标。

(2) 找到本服务站弱点，进行有针对性的改善。

(3) 为服务站的未来发展制订计划。

【案例2-4】

服务保持率的指标分析

图2-4中的服务保持率反映了从本站买车的客户中有多少回本站做了维修和保养。如果服务保持率偏低的话，可以考虑以下两个方面：第一，促进入库工作是否开展起来，有没有预约好客户；第二，有比较远的客户，不方便来维修与保养。7—9月的服务保持率最高，达到64%，60%以上的服务保持率就是一个非常好的成绩。从图2-4可以看出10—12月又是一个高峰期，从图中推出一定的规律，方便做好客户的跟踪和预约工作。

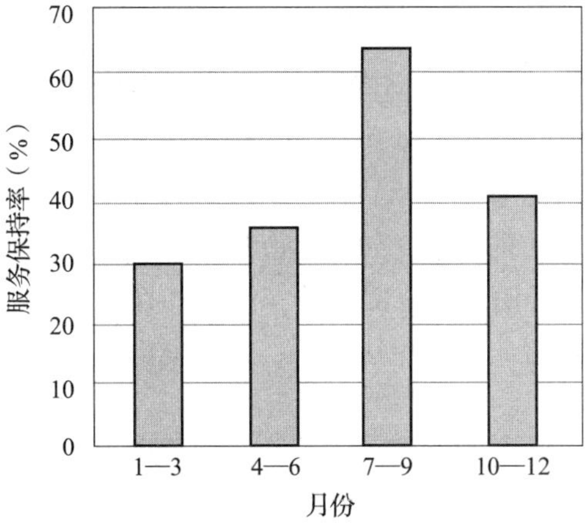

图2-4　服务保持率的指标分析

二、客户维系的重要指标

（一）服务客户掌握率

1. 服务客户掌握率的定义

经销商售出的车辆中，回店进行有偿服务（2次以上/年）的台数与销售台数的比值，称为服务客户掌握率（CR）。

$$\text{服务客户掌握率}=\frac{\text{回店进行有偿服务（2次以上/年）的台数}}{\text{销售的台数}}\times 100\%$$

例如，2021年销售车辆数为500台，2022年回店有偿服务台数为450台，则服务客户掌握率=450÷500×100%=90%。

2. 管理CR的主要意义

（1）保证来店接受服务的客户数量，从而提高服务的收益能力。

（2）较高的CR可以帮助经销商长期维系良好的客户关系，以促进客户今后在本店换购本品牌车。

（3）较高的 CR 可以提高客户在本店置换二手车的比例，从而提高换购本品牌车的比例。

（4）CR 是制订年度维修台次、维修服务收入计划时必须考虑的计算指标。

由此可见，服务客户掌握率是直接关系客户维系程度的重要指标，也是服务收益、二手车置换、新车再销售的重要管理指标。如何提高服务客户掌握率，进而促成忠诚客户，是所有特约服务站都应该予以重视的经营管理的重要课题。

3. 影响 CR 的因素

（1）服务质量。若服务质量差，客户就会不断流失。在当今的汽车社会中，服务质量贯穿整个服务过程，即从接车、维修保养说明、作业效率到交车前检查、交车说明、价格和跟踪服务等。

（2）同地区内多家同品牌店的竞争。竞争导致一些经销店的 CR 较高，一些店的 CR 较低。

（3）同地区出现新的竞争者（如品牌店、快修店等），一些客户流失到新店。

（4）车辆销往远离本店的地区（如外地市县）。由于距离远，客户不便回店接受服务。这样的客户难以成为经销店的重要收益（服务和换购汽车）来源。

（5）经销店的地理位置。如在甲店买车，到方便的乙店接受服务。

【案例 2-5】

企业竞争优势分析

某品牌特约服务站是最早在 A 市做汽车维修及零配件供应的，位于该市一处有利的地理位置，周边只此一家 4S 店（行业竞争力小）。虽然属于老店，在展厅的面积（仅 375 m^2）、硬件设施等方面都远远不如目前新开业的店，但由于其专业技术能力强（售前、售中、售后过程信奉客户至上的理念），售后服务满意度高，老客户会不断介绍推荐朋友购车，硬件设施上的不足得以弥补。这家 4S 店非常重视观察服务客户掌握率（CR）的变化情况，定期分析影响指标变化的因素，并积极采取措施进行改善。总之，他们利用自己的优势来经营管理，把卖商品也当作服务的一种，利用良好的服务心态和专业技能，在日趋激烈的市场竞争下，取得了不错的成绩。

从案例中看出该服务站主要靠以下几个方面赢得了竞争优势。

（1）良好的信誉和口碑。

（2）真诚务实的服务态度。

（3）零配件方面的先天优势。

从案例中可得到如下结论：一是在硬件条件不好的情况下，更要提高软件条件来保证经销店的长远发展，而这些软件条件中就包括了客户关系的维系能力；二是只有提高服务客户掌握率，才能保证经销店长期稳定的客源，有效提高经销店的经营状况；三是充分发挥自己的优势，找准自己的立足点，以点带面，提升营销业绩。

（二）固定客户率（活跃客户率）

随着汽车销售竞争日益激烈，新车销售的利润贡献趋于平稳或稳中有降。经销商在汽车价值链中积极地寻找新的利润增长点，其中售后服务是汽车价值链中非常重要的一个利润来源。

服务的利润来源于入厂维修客户。一个终生（如10年使用期内）的服务客户所带来的利润往往超过售出这台新车时的利润，因此许多经销店的经营者越来越关心服务产值和利润的增长情况，而固定客户率将是一个非常重要的管理指标。

1. 客户的分类

在服务客户管理中，通常会根据客户来店接受服务的状况对客户进行分类管理，见表2－1。

表2－1　客户的分类

分类	说明
固定客户（活跃客户）	在一定的时期内以一定的频率到店进行有偿服务（如一年3次以上有偿服务）的客户
流失客户	在一定的时期内没有到店进行有偿服务（如一年0次有偿服务）的客户
新增客户	过去从来没有到过本店进行有偿服务的客户
回流客户	在流失一定时间后，又回流到本店进行有偿服务的客户

2. 管理客户指标的目的

积极创造固定客户、减少流失客户、发展新增客户和回流客户是经销店重要的经营目的之一。美国凯迪拉克汽车著名经销商、《终生用户》的作者卡尔·赛维尔，在书中提道："不是因为我们想卖给他一辆车，而是希望有机会卖给他10辆、20辆车，这是他们一生中会买的车的数量，加到一起是一大笔钱。如果一辆车卖2 500美元，12辆车就是30 000美元，另外还有备件和服务，都加到一起是一个可观的数字，12辆车就是33 200美元。"如果这样一个终生客户，再给我们介绍一个或几个33 200美元的终生客户，对我们又意味着什么呢？所以，必须带着"感恩的心"去对待每次来店也就是每次给你送钱的客户，"善待客户"就是"善待自己"。因此，每个员工都要重视如下工作。

（1）掌握固定客户的信息，了解他们是怎样成为固定客户的。

（2）如何进一步将固定客户培养成终生客户？

（3）我们需要怎么跟进，才能达到这样的目标？

（4）怎样再通过终生客户不断给我们介绍新的客户？

（三）换购掌握率

1. 换购掌握率的计算

当汽车社会趋于成熟时，车辆的更换周期会相对稳定，根据这个相对稳定的周期，经销店可以推算出再销售（换购）的目标数，由考察实绩与目标的差值计算换购掌握率。

例如：某经销店合计销售（换购）目标是 850 辆（见表 2-2）。在本店换购成功 670 辆，换购掌握率 $=670 \div 850 \times 100\% \approx 78.8\%$。

表 2-2　某品牌汽车的换购目标及换购掌握率

销售时间	销售台数	换购时间	目标换购台数	目标换购率（%）	在本店换购成功台数	换购掌握率（%）
2010	1 000	2018	500	50	420	84
2010	1 000	2019	150	15	120	80
2010	1 000	2020	100	10	80	80
2010	1 000	2021	50	5	30	60
2010	1 000	2022	50	5	20	40
总计			850	100	670	78.8

2. 如何提高换购掌握率

（1）经销店必须时刻与客户保持良好的关系，及时把握客户的需求（包括旧车置换），推荐合适的商品给客户。

（2）销售人员要关注其他品牌车主（如某客户的其他家庭成员）的动向，及时推荐该品牌汽车，使经销店对其他品牌的换购率进一步提高。

三、业务指标管理

业务指标是对业务进行精细化分类后，对某一具体事物或行为进行量化描述的数值。常见的业务指标有车辆维修指标、配件指标、一次修复率指标、服务销售与毛利润指标、工作效率指标等。下面分别介绍对这几种指标的管理。

（一）车辆维修指标管理

1. 车辆维修数量

（1）车辆维修数量是标示维修车间成功度的晴雨表。

（2）客户付款维修台数可衡量客户对维修车间的信赖度。同时，它也是服务利润的重要来源。

（3）保修服务是经销店对客户负责的体现，也是关系到向制造商反馈技术信息的重要工作。

（4）做好新车交付前的检验（PDS）和首保免费保养工作，确保车辆正常行驶；同时，这也是一个及早发现故障与进行客户维护活动的机会。

2. 评价指标

车辆维修业务评价指标包括如下内容。

（1）维修台次，指报告期内维修车辆的总数。

（2）维修收入，指企业提供汽车维修劳务等所取得的营业收入，它由汽车维修工时收入、材料配件收入和其他收入三部分组成。

（3）维修车辆总目标完成率 $=\dfrac{\text{维修车辆总数}}{\text{目标维修车辆数}}\times 100\%$。

（4）客户付款维修车辆比例 $=\dfrac{\text{客户付款维修车辆数}}{\text{目标维修车辆数}}\times 100\%$。

（5）免费定期保养率 $=\dfrac{\text{免费定期保养车辆数}}{\text{适用于免费定期保养的车辆总数}}\times 100\%$。

（6）每个技师维修的车辆数 $=\dfrac{\text{维修车辆数}}{\text{技师总数}}$。

3. 维修台次和维修收入分析

为便于分析，维修台次和维修收入又可进行细分。

（1）按车型可分为国产车维修台次/收入、进口车维修台次/收入；

（2）按维修类型可分为日常保养台次/收入、一般维修台次/收入、保险车台次/收入；

（3）按项目维修收入可分为配件收入、工时收入等。

4. 工作改进

维修台次不足会造成员工劳动利用率降低和维修工位的闲置，从而造成资源的浪费。因此，应当非常注意使车间生产能力得到持续、充分的发挥。当发现实际维修台次下降时，应立即采取适当的行动。

首先对照维修台次和维修收入图表，找出维修台次下降的原因，看对应哪种车型或者哪种维修类型的车，然后有针对性地采取措施。根据调查，维修台次减少即客户流失主要有以下五方面的原因。

（1）客户对工作质量或维修质量不满意。

（2）客户对服务不满意。

（3）客户对维修价格不满意。

（4）客户与其他企业有感情。

（5）客户搬迁及其他原因。

后两项原因造成的客户流失较难挽回，但前三项原因通过改进可以补救。具体补救方法如下。

1）客户对工作质量或维修质量不满意的补救方法

（1）接车时客户若有疑问，必须进行准确的诊断，必要时进行试车。

（2）加强质量检验，确保客户车辆故障得到排除。

（3）不断通过培训来提高员工的技能水平。

2）客户对服务不满意的补救方法

（1）应当尽可能由业务接待员交付车辆并做好解释发票工作，实行“一站式维修服务”。

（2）客户应受到友好的接待，工作人员应尽量在客户进入业务接待厅时就认出客户并热情地招呼客户。

（3）若要推迟预定的维修时间，应及时向客户说明。

（4）持续不断检查客户的满意程度，对客户进行问卷调查和电话回访，发现问题及时解决。

3）客户对维修价格不满意的补救方法

（1）做好发票解释工作，使客户认可维修项目和费用。

（2）展示和解释拆下的部件，以取得客户的信任。

（3）若维修中增加维修项目，必须与客户进行口头或电话协商，征得客户同意，并在订单上做记录。

（4）企业应在显眼位置悬挂常用配件及工时费价格表。

（5）按照严格核算的固定价格收费的，不能随意变更。

（6）对于一些简单的小故障，可免工时费为客户维修。

（二）配件指标管理

1. 评价指标

配件指标包括如下内容。

（1）库存品种和数量百分比，如 A、B、C 三类配件占全部配件品种的百分比及占配件收入总额的百分比。

（2）配件及时供应率，指充分供应的配件数与当期实际需求配件数的比值。

（3）缺货配件率。缺货配件率 = 1 - 配件及时供应率。

2. 配件及时供应率低的原因分析和应采取的措施

（1）配件不备货。按规律一些配件较少使用或价值很高，不备货属正常情况。

（2）备货不及时。查找原因，属配件管理部门责任的，要追究责任。

（3）备货不足。及时调整安全存量。

【案例 2－6】

某维修厂厂长在分析维修台次和维修收入图表时发现，A 车型的维修台次在逐月升高，查阅配件分析表发现 A 车型配件的缺货数量也在逐月上升。该厂长通过市场调研得知 A 车型今年的销售情况良好。A 车型为 10 万元左右的家庭轿车，很多客户从经济性角度考虑，在车辆过保修期后不再去经销店。

据此，该厂长制定了如下措施。

①调整库存结构，增加 A 车型配件库存量。

②组织 A 车型维修人员的技术培训，提高其技术水平。

③组织 A 车型车主联谊会，吸引客户。

措施实施后，该维修厂 A 车型的维修量不断上升，给企业带来了可观的经济效益。

（三）一次修复率指标管理

1. 一次修复率计算公式

一次修复率的计算公式如下。

$$一次修复率=1-\frac{当期返修台数}{当期进厂台数}\times 100\%=1-返修率$$

2. 一次修复率分析

一次修复率是车辆首次进入服务中心维修后，到交给客户前成功解决问题（不需要返修）的比例。它是衡量服务中心维修质量和效率的重要指标。

从一次修复率的定义来看，引起返修的原因如下。

（1）维修工艺不合要求。

（2）材料配件质量不合要求。

（3）配件缺货。配件缺货或发运来的配件规格、型号与要求不符。

（4）误诊断。一些正常的问题，如轮胎噪声，由于不能准确地判断故障而让客户三番两次地进厂检修。

（5）第二方案。对一些偶发故障，由于没有确定的方案，临时采取一个方案让客户试试看，而导致客户返修。

通过对比，可以发现一次修复率更能体现以客户满意为中心的思想。

3. 一次修复率的控制

一次修复率的控制应贯穿在整个维修过程中。

1）接车

（1）必须充分记录客户关心的问题的重点与要求，业务接待人员详细记录客户车辆问题是修复成功的第一步。

（2）接车时业务接待人员应详细询问客户车辆故障发生时的现象、车辆日常使用条件、故障发生频率及条件等重要信息，并做好相应记录。

2）诊断

（1）对于可重现的车辆故障，业务接待人员应陪同客户进行实车检查，以便了解实际情况，分析故障原因，制定维修方案。

（2）对于较难重现的故障或暂时难以准确判断的故障，业务接待人员应查阅维修档案、维修技术资料，仔细分析可能的故障原因。对新问题、疑难杂症或暂时难以准确判断的故障，应组成专家小组共同分析故障原因，制定维修方案。

3）维修

（1）维修施工前，维修人员应全面了解车辆故障信息（故障内容、故障发生的条件等）。

（2）维修施工中，维修人员应做到以下几点。

①维修人员应严格按照维修技术规范完成维修工作。

②维修人员应重视维修的质量，树立质量第一的思想，争取在第一时间内将客户的车辆修好。

③维修过程中，必须采用上下道工序互相检验的方式进行检查，如有多工种维修，在本人负责项目结束后，应完成与下道工序的交接。

④维修工作在预计时间内必须完成。

⑤不能用其他工具代替专用工具，以免造成车辆部件的变形或损坏。

⑥不能擅自改变技术资料规定的拆装顺序和紧固扭矩。

⑦在维修过程中，发现维修方案有偏差或有其他的故障隐患，应及时和车间主管联系，以便及时纠正错误方案以及对未被发现的隐患进行及时的修理。

⑧在完成每一步维修作业后，需对该维修部位进行检查。

4）质检

（1）在维修过程中，应严格执行“三检”（即自检、互检、专检）制度。

（2）对有疑难杂症的车辆及一次未能修复的车辆，除了按照正常的质检规范进行质检外，车间主管还应组织专家小组对车辆进行最终检验，以确保车辆完全修复。

（3）车间应建立抽验制度，由车间主管对各种完工车辆进行抽验，加强对维修质量的监督。

5）厂内返工

（1）对于在质检中发现问题的车辆，按厂内返工处理。

（2）返工车辆的维修要重新进入维修质检流程。

6）返修

（1）车间主管分析返修原因，区别属于何种问题，如配件、技术生产质量或工作态度。

（2）返修如属于非人为原因，交给原维修人员优先安排维修；如属于人为原因，则将此维修交予水平更高的维修人员完成。

（3）返修车辆应优先安排维修，完成后，经严格检查没有问题后方可交车。

4. 一次修复率控制的工作改进

（1）返修车处理记录表应存档，内容包括车辆信息、故障现象、故障原因、返修的原因、改进措施等。

（2）厂长应定期与车间主管或技术主管共同分析返修原因及采取的对策。

（3）车间主管应及时召集相关人员对未能一次修复的案例进行专项技术交流，逐步提高员工的维修技术和工作责任心，避免类似故障重复发生。

（4）厂长应每月召集所有员工开会，讨论一次修复与准时完工的绩效、管理、返修及改善的措施。

（5）编制一次修复率的月份趋势曲线图表，公示一次修复率情况。

（6）车辆一次修复率应作为管理人员考核的重要依据，奖励维修质量优良的维修人员，处罚造成返修的维修人员。

【案例 2－7】

某地一家一汽大众服务站在电话回访中发现一位捷达汽车客户连续四次抱怨他的空调有问题。返修记录中却没有该车的相关记录，后经调查得知：客户购置的捷达前卫轿车，打开该车空调连续行驶 1～2 h 后，出风口的冷风会变成自然风，这时关闭空调 2～3 min 再打开空调，出风口又会吹出冷风。维修人员曾检查过制冷系统压力、膨胀阀、干燥器等，但每次都没解决问题。实际上此问题是由空调低压管、蒸发器结霜引起的。此类捷达 2 V 电喷车的空调压缩机为可变排量压缩机，空调控制系统中无恒温开关。当打开空调时，鼓风机开关在 1 挡，内外循环开关位于内循环位置，车辆连续行驶 1～2 h 后，可能会出现此故障。出现此故障后客户可将鼓风机开关拨至 2 挡、内外循环开关拨至外循环位置持续一段时间，就不会出现上述故障了，这样的解决方案大多数客户能接受，对小部分不接受的客户，可提议在蒸发器上加装恒温开关以永久解决这一问题。后来该客户要求加装恒温开关来解决此问题。

在讨论该车应不应该计为返修车辆时，有人认为按传统考核指标不应计为返修车辆，因为它不是在统计期内竣工出厂的车辆在一定里程内由于维修工艺或配件质量不合要求等原因回厂进行再次修理的；也有人认为按照现代一次修复率的概念此车辆应计为返修车辆，因为其由于误诊断和没有合理的解释而让客户多次进厂检修，引起了客户抱怨。讨论的结果是该车应计为返修车辆，且厂长决定，之后均按照现代一次修复率的概念统计返修。

在年底统计客户满意度时，企业管理者发现客户满意度比上年度提高了，主要原因就是误诊断和没有合理的解释等原因造成的车辆二次进厂检修减少了。

四、服务销售与毛利润指标管理

（一）目标

确保服务部门有稳定的利润来支持经销店正常运转。

（二）评价指标

1. 服务销售

（1）客户付费服务销售目标达成率 = 客户付费服务销售总额（元）÷ 客户付费服务销售目标 × 100%。

（2）单车销售额（元）= 客户付费服务销售总额（元）÷ 客户付费入库总台数。

（3）服务部员工平均服务销售额（元）= 客户付费服务销售总额（元）÷ 服务部员工总数。

（4）销售收入增长率 $= \dfrac{\text{本期间（本年度）销售收入} - \text{上一期间（去年度）销售收入}}{\text{上一期间（去年度）服务销售收入}} \times 100\%$。

2. 毛利润

$$\text{毛利润} = \text{销售收入} - \text{销售成本}$$

销售成本指技师工资成本和零部件成本以及外包人力成本，其他销售过程中产生的费用不算在内。

（1）目标毛利润完成率 = 完成的毛利润 ÷ 目标毛利润 × 100%。

（2）平均毛利润率 = 毛利润 ÷ 客户付费服务消费总额 × 100%。

（3）服务员工平均毛利润 = 毛利润 ÷ 服务员工总数。

（4）毛利润年增长率 $= \dfrac{\text{本期间（本年度）毛利润} - \text{上一期间（去年度）毛利润}}{\text{上一期间（去年度）毛利润}} \times 100\%$。

3. 服务销售与毛利润指标管理过程

1）设定目标计划时利用维修车辆数及其费用期望值来预测销售量

（1）确定服务目标。

（2）制定月目标的完成时间表。

2）当服务销售额或毛利润低于目标水平时采取的措施

（1）增加服务销售。

①增加维修车辆数。

②提高每辆车的费用。

③提高消费量。

（2）削减成本。

①避免加班。

②减少转包数量，尽量在内部解决。

（3）提高生产率。主要是提高技师的工作效率。

五、工作效率指标管理

（一）评价指标

1. 出勤率

出勤率计算公式如下。

$$出勤率=\frac{出勤工时}{总工作工时（付薪工时）}\times 100\%$$

（1）出勤工时 = 为实际维修工作花费的生产性工时 + 为 W_1 至 W_4 类工作花费的非生产性工时。

式中　W_1——车间进行设备的维护和保养、清理工作等花费的时间；

W_2——闲置时间；

W_3——学徒工在岗培训时间等；

W_4——车辆返修花费的时间。

（2）付薪工时 = 出勤工时 + 带薪缺勤工时（$W_5+W_6+W_7+W_8$）。

式中　W_5——带薪休假和节日；

W_6——培训（内部和外部培训）；

W_7——带薪病假；

W_8——其他。

2. 劳动利用率

劳动利用率计算公式如下。

$$劳动利用率=\frac{实际生产性工时}{出勤工时}\times 100\%$$

式中　实际生产性工时——实际维修工作花费的生产性工时；

非生产性工时——为 W_1 至 W_4 类工作花费的工时。

3. 工作效率

工作效率计算公式如下。

$$工作效率=\frac{标准工作工时}{实际生产性工时}$$

标准工作工时由行业管理部门或企业制定，标准工作工时应尽量核算准确。

（二）管理方法

1. 出勤率低原因分析及应对措施

1）出勤率低原因分析

员工出勤率低的主要原因除了特殊情况，如结婚、装修等，还有员工缺乏积极性。员工缺乏积极性有如下表现。

（1）员工常常缺勤，而且这样的员工占比比较高。

（2）员工生病，常常是因为轻度感冒、胃肠不好等。

（3）员工常常迟到或早退。

检查一下是否有人对以下内容进行批评，批评得是否有道理。

（1）报酬。

（2）工作条件或工作环境。

（3）与上级和同事频繁的矛盾。

（4）上级的领导风格。

2）提高出勤率的措施

（1）确定问题由谁负主要责任。

（2）领导者应表明对按时上班的重视，并立即对个别反常情况做出反应。

（3）查找员工缺乏积极性的原因。

（4）员工中开展团队工作或团队精神建设。

2. 劳动生产率低原因分析及应对措施

保证尽可能高的劳动生产率是企业管理人员最重要的任务之一。劳动生产率低，导致车间的人员和设备往往得不到完全利用，非生产性工时数量太大。

1）货源少

货源少导致车间劳动生产率低，可采取以下措施增加货源。

（1）通过赢得新的客户来改善每日车间订单的数量。

（2）客观地审视维修的性能价格比是否合理，其中包括维修质量、对客户的友善程度、乐于助人、服务项目的多样性、工时费率。

（3）扩展服务项目，如快修服务、上门取车、送车服务、提供备用车辆等。

（4）调整营业时间，使其尽可能地符合客户的要求，并为此做宣传。

（5）通过广告定期向人们展示服务。

（6）以固定价格定期向客户提供特别服务或季节性服务项目。

（7）向客户提供质量承诺。

（8）改善车间的形象。

（9）认真听取客户的负面意见和投诉。

（10）始终如一地实施电话回访。

2）派工不合理

派工不合理导致车间劳动生产率低，可采取以下措施。

（1）合理派工。

（2）实行预约服务。

3）返工过多

返工过多导致车间劳动生产率低，可采取以下措施。

（1）加强维修“三检”制度。

（2）由有经验的维修技师进行作业指导。

3. 工作效率低原因分析及应对措施

劳动生产率本身只表明员工在多大程度上从事了生产性工作，而他们到底做了些什么，只有通过考察工作效率才能知道。工作效率表明了生产性员工工作时间有效利用的程度如何，规定时间是否得到了充分利用。

如果工作效率低于100%，说明实际使用的生产性工时比标准工时要多，这就导致了收入减少。此时应仔细查找原因，并采取相应的措施。具体内容如下。

（1）维修工单填写不清出现反复性的工作，为此要求员工在填写工单时一定要明确所要进行的维修工作。

（2）进行了维修但没有收钱，主要原因是增加的维修项目没有得到客户认可，为此要求车间领班和业务接待员保证增加的维修项目得到客户认可。

（3）员工技术水平差。

①采取必要的培训措施。

②发扬团队精神。

（4）设备或专用工具缺少或保养不良。

①配备必需的设备或专用工具。

②将设备或专用工具放在容易取到的地方。

③加强设备日常保养，使其始终处于良好状态。

（5）等待配件时间长。

①缩短配件出库的等待时间。

②组织协调好配件的供应。

（6）员工缺乏积极性。

①建立有效的激励机制。

②关心员工，形成良好的企业氛围。

任务实施

1. 任务工单描述

在“城市拼服务、企业拼产品、个人拼人品”的时代，大家在能力和资源都差不多、规模都差不多的情况下，谁能依靠管理、优化、配置等手段把潜客资源做最优转化，发挥公司和员工最大的价值，谁就能活得长、活得久。对于服务指标的精细化管理，请以小组为单位，根据所学内容，开展研究、分析，并形成研究报告。

2. 任务实施记录

详见附录 1“任务实施记录表”。

任务评价

（1）以学习小组为单位，将“任务实施记录表”上传课程平台（或智慧课堂），各小组互评和教师点评。

（2）评价分值包含各小组对重要知识点的掌握程度（40%），任务完成及创新情况（40%），团队合作及职业素养（20%），详见附录2“任务评价表”。

可扫描二维码查看在线测试和知识拓展的相关内容。

在线测试　　知识拓展

项目三
汽车服务企业服务流程管理

任务1　汽车服务企业服务理念概述

任务导读

现代市场经济体制的建立与不断完善，给传统的经营思想与经营理念带来了巨大的冲击。汽车售后服务业已由卖方市场转化为买方市场，过去不按市场需要盲目生产经营的旧观念、老办法，已经不能适应现代经营管理。现代服务理念应在传统诚信经营的基础上，努力做到“四安”，即安客户、安员工、安股东、安社会，以客户满意为中心，以人为本，实现超值服务。

本任务通过情境、案例和任务工单等形式，帮助大家理解和掌握汽车售后服务理念，了解目前汽车行业的服务理念。

任务目标

学习目标	能力目标	素质目标
1. 掌握服务理念七要素； 2. 了解目前汽车公司的服务理念及各自特色	1. 能应用所学知识，具备理论联系实际的能力； 2. 具备诚信经营能力	1. 培养精益求精的工作作风和认真的工作态度； 2. 培养开拓创新的素质能力

情境导入

有这样一个故事：从前，有对夫妻苦心经营了一家米酒店，由于米酒甘醇味美，生意十分兴隆。一日丈夫外出，妻子往酒里加水多赚了五元钱。丈夫回来知道这件事后号啕大哭：“我们的诚实和信誉只卖了五元钱！”从此，酒店生意一蹶不振，最后只好关门。五元钱“卖”了一个原本生意兴隆的米酒店！

在汽车售后服务业中，像这样“五元钱卖店”的事例也不少见。从长远来看，这些做法既损害了企业自身利益，也损害了整个汽车服务行业的声誉。今天，汽车销售、服务市场的竞争日益激烈，消费者自我保护意识不断增强，作为企业应该与时俱进，不断更新服务理念。

相关知识

一、服务理念七要素

（一）诚信经营

古人云：人无信不立，业无信不兴，国无信则衰。诚信是儒家极为推崇的伦理道德，同样，也是企业的立身之本，企业不诚实守信，就不能在社会上立足和发展。

福兰克林有句至理名言：信誉也是金钱。信誉从诚信而来，诚信是企业的无形资产，有诚信才能树立企业形象，提升企业竞争力，为企业带来实实在在的长远利益。

（二）客户满意第一

调查显示：满意的客户会将令其满意的汽车售后服务企业告诉5个朋友，而不满意的客户会将令其不满意的汽车售后服务企业告诉20个朋友。更为可怕的是，在不满意的客户中，只有6%将不满意告诉了汽车售后服务企业，而94%的客户选择了离开。没有了客户，企业就没有了效益，这是谁都明白的道理。企业要想有效益，其一切工作必须以客户满意为中心，目前汽车售后服务企业服务的对象多为高素质、高文化水平、高层次的客户，这样的客户需要的是优质服务。然而，现实并非这样简单，客户的要求越来越高。因此成功的服务不再仅仅是提供优质的技术和产品，而应包括更丰富的内容，其中包括现代的经营理念、管理思想、服务理念和服务流程等，而这一切都必须以客户满意为中心。

【案例3-1】

有一家汽车服务站，他们有一条服务理念非常有意思，叫作“先修理人，再修理车”。客户的车坏了，他的心情会非常不好，应该先关心这个人的心情，然后再关心汽车的维修，不能只修理车，而不关心人的感受。

未来属于那些积极的和充满思想的服务企业。它们不断努力使新老客户对本企业提供的多种形式的服务感兴趣，并使满意的客户成为自己最好的广告宣传员。还有一点我们必须清楚，提高客户满意度不仅有利于企业兴旺发达，而且有助于提高员工的满意度，因为员工也希望在一个和谐、愉快的环境里工作。因此，提高客户满意度获利的是客户、企业和员工三方。

（三）以人为本

依儒家观点，人为万物之灵。孔子认为人能弘道，非道弘人。这就是说，管理的核心是人，即管理的主体是人，客体也主要是人。儒学强调尊重人性，弘扬仁爱之心，挖掘人的智能潜力，可谓人本主义企业文化之先导。

事实上，“员工至上”和“客户第一”是统一的、相辅相成的。客户的满意，必须由满意的员工来实现。员工也是上帝，只有满意的员工才能创造客户的满意，只有做到员工至上，才能真正做到把客户放到第一位。企业善待员工，员工才能真正理解客户，才能善待企业和企业的客户。

要办好企业，就要全心全意依靠全体员工，企业的老板和员工之间不应是一种剥削与被剥削的关系。员工是企业的主人翁，企业的老板和员工之间应是沟通、合作的关系，老板投入金钱和有形资产，员工投入知识、经验、技能、智慧等无形资产，老板和员工共同创造财富，实现双赢的目的。作为一个企业的领导，要知道员工需要什么。

1943 年，美国心理学家马斯洛出版了《人类动机理论》一书。在这本书中，马斯洛提出了著名的人的需求层次理论。他认为，人的需求有一个从低到高的发展层次。低层次的需求是生理需求，向上依次是安全、爱与归属、被尊重和自我实现的需求。自我实现指的是使个人潜能得到充分发挥，追求自我实现是人的最高动机。

在马斯洛看来，生理需求是人类最基本的需求和欲望。人类不会安于低层的需求，较低层的需求被满足之后，就会往高处发展。满足生理需求之后就追求心理满足和社会认同，之后就想被爱、被尊重，希望人格与自身价值被承认。这是人类共同的特质。

马斯洛理论告诉我们，生理需求只是人们最基本的需求。所以，对员工来说，物质奖励只是最基本的奖励。随着社会的发展，人们的需求层次会不断提高，会更多地向求得社会认同和尊重这个方向努力。这种现象反映在企业管理理论上，就是在泰勒的科学管理理论之后，一个再也没有改变的主题——对人的尊重。在现在的企业组织中，已经没有比尊重个人更为普遍和明确的价值观了。它要求我们在企业管理中，应该进行一种人性的回归，实行以尊重员工为核心的人本管理。

赫兹伯格（Herzberg）提出激励员工的因素包括保健因素和激励因素。

保健因素指的是基本的因素，做到保健因素只能让员工降低不满意度，而不能提升员工满意度。这些因素包括正常发放工资、改善工作环境、按计划加薪等。

激励因素包括满足员工的工作成就感、让员工参与、及时表扬员工的进步、为员工制定生涯规划等。只有激励因素被满足时才能让员工满意。

企业领导要使每一个员工充分了解自己的角色和应尽的责任，要让他知道他应该做什么，应该如何做，要对谁负责，要让他知道工作做好了对他有什么好处。

领导在日常工作中要注意公平，不可偏袒某个员工，否则员工的积极性将受到打击，这一点在一些家族式管理企业中尤其要注意。当员工在工作中犯错误时，要讲究批评的艺术，领导应和员工一起分析发生错误的原因及改正的方法，绝不能讽刺甚至打骂员工。企业领导对客户讲诚信，对员工同样要讲诚信。领导不要轻易对员工许诺，许了诺又不兑现，否则时间一长，员工就会对领导失去信心，也会对企业失去信心。

（四）全新的信息管理理念

当今社会是一个信息化的社会，信息对任何企业来说都是至关重要的，信息是决策的依据，信息越详细越准确，决策便越有“底气”，越能发挥正确的指导作用。

全新的信息管理理念对于汽车售后服务来说尤为重要，如何收集和管理售后信息对企业的发展起着关键作用，比如说维修保养信息、配件供求信息、信息反馈信息、汽车维修技术信息、客户基本信息等。通过良好的信息管理，企业可以主动联系客户，率先送上提醒、问候和关怀，提供一对一顾问式优质服务，最大限度地满足客户的需要，使客户满意，进而使客户感动，从而使企业获得更高的利润。

（五）管理创新

管理是将企业的人、财、物等资源有机结合的系统工程，是组成企业各种要素中最关键的部分。投资 1 000 万元建成的企业，不一定有投资 100 万元建成的企业产生的效益好，主要原因就在于管理。好的企业管理能适应社会、企业发展的需要，不断创新，使企业产生凝聚力，吸收高精尖人才，加快资金周转，提高设备利用率，在竞争中占得优势。而传统、守旧的管理使企业凝聚力差，吸引不了高精尖人才，资金周转慢，设备利用率低，在竞争中只能处于劣势。什么是管理？有的企业老板认为有了资金，对维修人员管得严格，就能赚钱，谈什么管理，管理创新更是无从说起。

时代发展了，企业也要发展。企业要不断吸收最先进的经营管理思想，博采众长，兼收并蓄，才能使企业真正从管理创新中获得发展的优势、竞争的优势。

（六）品牌塑造

在日益激烈的汽车售后服务市场的竞争中，企业要生存和发展光靠技术、质量、价格是不行的，更重要的是要靠品牌。同样的价格、同样的服务，有的企业生意兴隆，有的企业却门庭冷落，这就是品牌的价值。

品牌是一种无形资产，会给企业带来持久的效益。当新客户有服务需求时，他若对企业不了解，就会认定品牌前来消费。当老客户认可品牌后，会帮助企业宣传，给企业介绍新客户。因此，汽车售后服务企业的品牌是非常有价值的。品牌的形成不是简单的自发过程，而是一个创造过程，它包括构思、设计、塑造、传播和保护等内容。品牌的塑造需要企业管理者具有高水平的现代经营意识和文化素质，需要企业全体员工的忠诚和关心，需要用心呵护，共同塑造。品牌的塑造需要持久的诚信服务、持久的质量、持久的优质服务、良好的企业形象及一整套企业文化来支持。

汽车 4S 店经营的是品牌汽车，但并不是每个 4S 店都能将其售后服务做成品牌。如何把企业做成汽车售后服务行业的品牌是包括汽车 4S 店在内的每个售后服务企业应该认真思考的问题。

（七）超越竞争

竞争是市场经济贯彻优胜劣汰法则的主要手段。成功的企业和优秀的管理者本身就是竞争的产物，是市场优胜劣汰的结果。企业管理者要制定出一整套应对市场竞争的策略，包括生产策略、营销策略、资本经营策略、技术策略等。但要注意，我们所面对的是一个高度竞争与合作的时代，所以不要轻易树敌。因为企业最万不得已的手段才是竞争，互相攻击、降低价格，受损害的是竞争双方。企业要从客户端来做，让客户感动，让客户认可你的信誉而不是口头承诺，认可你的价值而不是价格。提高企业综合水平、提高客户满意度是企业获利的基础。一味竞争而不提高企业综合水平，这样的企业将被击败，击败它的不是竞争对手，而是客户。

二、国内汽车企业的服务理念

（一）华晨汽车服务理念

华晨汽车集团控股有限公司（简称“华晨汽车”）注册成立于2002年9月16日，是中国汽车工业高起点“自主创新、自有技术、自主品牌”的主力军。华晨汽车是2002年根据中央决定，经辽宁省政府批准设立的国有独资公司，是一个集整车、发动机、核心零部件研发、设计、制造、销售以及资本运作为一体的大型企业集团。

1. 华晨汽车售后服务基本理念

华晨汽车售后服务基本理念见表3－1。

表3－1　华晨汽车售后服务基本理念（简称“一、二、三、五、六”）

名称	一	二	三	五	六
内容	一个理念：消除客户烦恼，塑造华晨形象	两个使命：把每一次修理都变成提升品牌信任度的机会；把每一个车辆出现故障的客户都变成捍卫华晨品牌和民族自主品牌的卫士	三个“保证”：保证服务态度好；保证服务品质优；保证服务效率高	五个“不漏”： 1. 一个不漏地登记用户档案，记录用户反映的问题； 2. 一个不漏地处理用户反映的问题； 3. 一个不漏地复查处理结果； 4. 一个不漏地将处理的结果反馈给设计、生产、经营部门； 5. 一个不漏地分析问题大面积爆发的可能性	六个宗旨： 1. 用户有需求，服务无边界； 2. 凡用户想到的，我们一定做到； 3. 用户没想到的，我们努力替他们做到； 4. 一票到底的流程，一站到位的服务； 5. 需求就是动员令，对用户的需求，第一时间做出反应，第一时间开始行动； 6. 服务始于规范，终于满意

2. 华晨汽车售后服务特色

1）随车“保健医生”式服务

华晨汽车 4S 销售服务站向客户提供全新的随车“保健医生”式服务，在售出车辆的同时，给每一位客户指定一个责任服务顾问（即随车“保健医生”）。若客户在单一销售站购买车辆，则在车辆售出后的 3 天内，由距离用户较近的服务站或合作的服务站为其指定一个责任服务顾问，由责任服务顾问负责为该客户提供全方位的售后服务工作（购车后关怀跟踪、保养提醒及保养服务、维修服务、救援服务、保修后跟踪服务等）。用户无须与服务站的众多人员接触，其所有要求只需告知责任服务顾问一人，由责任服务顾问把问题转给相应的部门和人员来解决。

2）贴心关怀“1-3-5 工程”

（1）1 个标准：日事日毕。

（2）3 份档案：销售商建立用户基本档案；售后服务部汇总并建立全部用户档案；服务站建立用户服务档案。

（3）5 个购车后跟踪服务：一个责任服务顾问；一封感谢信；一个电话问候；一个电话预约；一份公司宣传资料。

总结：华晨汽车特约服务站围绕其“一、二、三、五、六”基本售后服务理念，充分发挥其服务工作特色，努力以先进的设施、一流的管理及一流的服务，不断赢得客户的满意和青睐。

（二）广汽本田服务理念

1998 年成立之初，广汽本田汽车有限公司（简称“广汽本田”）就率先在我国汽车行业引进了与国际相接轨的 4S 销售服务模式。迄今为止，广汽本田已建成遍布全国的近 663 家特约经销商（4S 店），以便随时为客户提供周到、贴心的服务。广汽本田始终将其持续取得优秀业绩的关键归于客户的信赖，而为了获得客户的信赖，其最关注的重点领域便是服务创新。

多年来，广汽本田已形成一套完整而又贴心的服务理念，以“亲、速、确、安”为服务口号，尽可能地为客户提供周到、满意的服务。

1. 亲：亲切贴心的服务措施

一直以来，广汽本田积极关心广大用户的不同需求，指导各特约销售服务店定期开展用户关怀活动，如自驾游、车主讲堂、保养体验活动等。此外，为了让消费者亲身感受其产品的生产过程和品质保证流程，广汽本田还定期组织车主“回家看看”，这成为其售后服务的一大亮点。一系列客户关怀活动既充实了广大用户的业余生活，又开阔了用户的眼界，增长了用户的见识，使广大用户切实感受到广汽本田售后服务所带来的亲切关怀与安心喜悦。

2. 速：迅速高效的问题处理能力

广汽本田拥有一套先进高效的售后服务管理系统，坚持以客户为中心，快速响应用户的需求。该系统主要包括经销商管理（DMS）、客户服务、市场质量信息处理、电子零件目录四个子系统。各个子系统各司其职、各尽其责，又相互联系、相互配合，共同努力为所有用户提供优质高效的售后服务。此外，广汽本田在成立之初就设立了800家客户服务中心，用于倾听每一位用户的心声，迅速解答用户的疑问，并在我国首次将快修体制导入特约店，提供30 min双人快修服务和钣喷快修服务，为广大用户节省宝贵时间。

3. 确：确实可靠的维修技术

广汽本田售后服务拥有完善的人才培养体系，在广州、北京、上海、成都四大城市成立了培训中心，通过开展丰富多样的培训，为特约店输送大批优秀的服务人员。广汽本田是我国首家开展售后服务技术技能竞赛的企业，提高了特约店的服务能力和服务水平。广汽本田为特约销售服务店配备规范的维修工艺和专用工具，提供优质的原厂配套零部件，以确保维修质量，提高作业效率，缩短用户等待时间，提高客户满意度。

4. 安：安心信服的服务保障

从1999年开始，广汽本田率先在行业内开展免费检测服务活动，让客户免费享受全车检测、礼品赠送等服务，特约店通过开展用户调查和咨询活动，了解客户的需求和意见，加强与客户的沟通交流。2005年，广汽本田开始在全国特约店推广24 h紧急救援服务，当客户需要时，服务人员在最短的时间内为客户提供有效的救援服务，提高客户的安心感，并于同年在全国特约店实行12 h连续营业制度，方便客户来店。2008年1月6日，伴随着第八代雅阁上市，广汽本田在国内率先实行“整车3年或100 000 km”保修政策，树立了行业服务的标杆，保证客户购车无后顾之忧。此外，为了让客户能够安心购买和使用产品，广汽本田零部件价格明码实价，在各特约店将售后零部件的价格给予公示，让客户“明明白白消费”。

总结：广汽本田以“亲、速、确、安”为其服务口号和服务宗旨，不断在业内推出各项活动和新政策，在服务创新方面不断迈出新步伐，以其持续不断的服务创新赢取客户的信赖。

（三）奇瑞汽车服务理念

奇瑞汽车股份有限公司（简称“奇瑞汽车”）成立于1997年，现有奇瑞、瑞麒、威麟和开瑞四个子品牌，产品覆盖乘用车、商用车、微型车领域。2006年3月15日，奇瑞“快·乐体验”服务品牌（如图3－1所示）在北京隆重发布，标志着奇瑞服务正式从幕后走向台前。

图3－1　奇瑞汽车的服务理念

1. 奇瑞汽车的服务理念

(1)“快”：代表奇瑞服务的高效率和高质量。

(2)“·”：表明奇瑞服务是脚踏实地，从一点一滴做起的，这也是奇瑞带给用户满意服务的新起点。

(3)“乐”：代表奇瑞服务为用户带来的满意和开心。

(4)“体验”：用户的服务体验是检验奇瑞服务的最终标准，让用户在服务过程中真正体会到奇瑞带给用户的方便和快捷。

2. 奇瑞汽车的三项服务承诺

奇瑞“快·乐体验”服务品牌的全面启航，宣告了中国自主汽车品牌服务的崛起，而以“更便捷、更便宜、更满意”的三项服务承诺（见表3－2）为主导因素的汽车服务竞争由此拉开帷幕。

表3－2　奇瑞汽车的三项服务承诺

服务承诺	服务内容
更便捷	1. 建设500家客户服务网络，对服务需求实现网状覆盖； 2. 1个总库，3个中心库，15个中转库，构成“1＋3＋15”式的全国备件库分布，将备件配送距离半径缩短至500 km范围内，使备件配送更便捷，有效缩短配送时间； 3. 实施“备件24 h工程”，对服务站短缺的、有紧急需求的配件实行到门配送； 4. 全国配发800台奇瑞服务专用车，为用户24 h待命； 5. 提供代步车1 000台，用于VIP（贵宾）车辆维修期间用户的代步服务； 6. 400部服务热线24 h全天值守，随时聆听来自用户的声音
更便宜	1. 在同档次的汽车中，把备件以最低的平均价格提供给用户； 2. 维修、保养时为用户提供30项免费检测服务
更满意	1. CALL CENTER（呼叫中心）为400部热线电话提供服务保障，实施闭环管理； 2. 专门的物流公司为备件及时配送提供保障； 3. 完善的备件中心建设为备件需求提供保障； 4. 对特约店服务过程实施实时监控； 5. 设立在公司总部的培训中心为培训提供了有力保障，保证并不断提高全国奇瑞售后服务人员的专业素质； 6. 大力开展客户满意度调查，不断改进工作； 7. 不断改善顾客满意指数（CSI）、客户关系管理（CRM）体系，增加对神秘用户的调查，从而提升服务水平

总结：随着奇瑞“快·乐体验”服务品牌的全面启航，奇瑞汽车建立了稳定的客户群体，保持了客源，增加了新车、零配件和服务业务的销售，提高了市场竞争力，实现了奇瑞汽车的可持续性发展。

（四）北京现代服务理念

北京现代汽车有限公司（简称“北京现代”）是一家中韩合资的汽车制造企业，成立于2002年，中资母公司是北京汽车投资有限公司。产品的品质成就了北京现代的快速发展，“真心伴全程”的售后服务理念则是其发展的基石。北京现代秉承“真心伴全程”的售后服务理念，在为客户带来全新服务体验的同时，也增加了其在市场竞争中的筹码。“真心伴全程”的售后服务理念是“贴心、真心、用心”。

1.“贴心”的零距离服务

针对用户对汽车“核心”部件更高的服务需求，2008年7月北京现代率先在行业内推出了动力总成5年100 000 km以及易损件3个月5 000 km的保修政策，并将此保修政策向前追溯到2008年1月1日起实施。这一举措不仅展现出北京现代对自身产品质量的自信，而且表明了北京现代对提升服务品质的决心和对客户的关爱。在提高服务品质的同时，北京现代还在短时间内打造了一流的服务网络，保证了其服务政策的终端执行能力。北京现代已从2003年的几十家扩展到现今的3 800多家4S店、1 000多家卫星店，再加上每年数次的“服务送上门”等活动，使得全国近1 200万北京现代汽车用户随时随地都能享受“零距离”服务。

2.“真心”的四季免费检测

在做好常规的售后服务之外，北京现代自2004年起每年为用户提供4次免费检测活动，通过遍布全国的4S店和服务站，为用户提供包括常规检查、增值服务及外出巡检在内的多项服务，不但为车主节省了常规检测的费用，而且消除了因车辆不及时检修而产生的安全隐患。

3.“用心”的服务提升

为进一步提高服务质量，节省用户的时间和精力，北京现代定期组织“维修技能大赛”和“售后服务技能大赛”，发动其超过3 828家的服务网点广泛参与，让技师的职业技能得到锻炼和提升，也让用户得到更为优质快捷的维修服务。北京现代精益求精，在不断提升综合服务水平的道路上继续努力，2010年继续扩大服务网点的规模，完善服务内容，提高综合服务水平，最大限度地提升北京现代的服务能力。

总结：随着“真心伴全程”服务理念的完善和落实，以及服务水平的不断提高和服务网点建设的不断深化，北京现代在给客户带来贴心全面服务的同时，其企业品牌建设也得到了加强，进一步提高了品牌知名度和客户忠诚度。

（五）东风日产服务理念

东风汽车有限公司东风日产乘用车公司（简称“东风日产”）是中国东风汽车集团有限公司与日本日产汽车公司的合资企业，创立于2003年。自2003年开始，东风日产与合作伙伴一起，利用CATI（计算机辅助电话调查系统）技术通过电话调查CSI和SSI（销售满意度指数），并于2004年建成基于一体机平台的“800”客服中心，提供7×24 h不间断的客户咨询、投诉、救援等客户服务业务。

（1）东风日产的售后服务口号：“钻石关怀、为您承诺”。

（2）东风日产在全国专营店提倡“五个安心”服务理念（见表3-3）。为了兑现承诺，让客户享受优质的服务，东风日产也在不断创新服务理念。

表3-3　东风日产“五个安心”服务理念

五个安心	服务内容
质量安心	1. 由技术熟练的维修人员提供优质的维修保养服务； 2. 使用专业诊断设备进行迅速准确的故障诊断； 3. 维修保养使用纯正备件
费用安心	1. 费用公开； 2. 提供维修服务内容和费用的详细说明
修后安心	1. 定期提醒客户进行保养服务； 2. 100% 3DC 回访（3天内对客户进行回访）
时间安心	1. 365天营业，并公布营业时间表； 2. 按承诺的时间交车
紧急时安心	1. 24 h热线电话及紧急救援服务； 2. 提供全国专营店联络地址和电话

总结：东风日产及时推出的“五个安心”工程，成为汽车售后服务行业的典范，并为东风日产荣获“2007 CSI最满意售后服务企业”殊荣。东风日产将最先进的技术运用到全系列的产品中，在售后服务方面也有着独树一帜的服务理念和措施，使客户真切地感受到“买的不仅是车，更是服务”。

（六）上汽大众服务理念

上汽大众汽车有限公司（简称“上汽大众”）成立于1985年，是中国改革开放后第一家中外合资轿车企业。上汽大众优秀的售后服务一直以来都备受消费者的好评，随着市场的发展，竞争日益加剧，上汽大众积极调整转型，以市场为导向打造体系竞争力，创造出一套独特的售后服务体系。

（1）客户是企业最大的投资者，坚持“客户第一”的理念，这是市场经济的本质要求。上汽大众多年来秉承一切为客户的理念，全心全意为客户服务。

（2）坚持“客户总是对的”的理念。“客户总是对的”是建立良好的客户关系的关键，也是在处理客户抱怨及投诉时必须遵循的黄金准则。上汽大众一直以来坚持以下三条原则：

①站在客户的角度考虑问题；

②设法消除客户的抱怨和不满，不应把对产品或服务有意见的客户看成“讨厌的人”；

③切忌同客户发生任何争吵，要对客户做到绝对尊重，让客户在上汽大众真正感受到“做上帝的滋味”。

（3）“员工至上”和“客户第一”是统一的、相辅相成的，客户的满意来自满意的员工。企业善待员工，员工才能理解“客户第一”的理念，才能善待企业和企业的客户。上汽大众积极为员工提供合理的报酬、学习培训的机会、多元化的发展道路、良好的工作氛围，使员工摆正心态，以最好的状态服务客户。

（4）随时搜集新的管理信息。全新的信息管理理念对于汽车售后服务来说尤其重要。上汽大众通过良好的信息管理，主动联系客户，率先带来主动提醒、问候，一对一顾问式服务，利用信息管理的优势，提供最优质的服务，最大限度地满足客户的需求。

总结：上汽大众正以全新的售后服务理念，将售后服务从“被动式维修”带进了“主动式关怀”的新时代，一切以客户的满意为中心。

任务实施

1. 任务工单描述

21 世纪是一个对汽车行业来说充满挑战的时代，而服务则被提到重要的位置上。不同的汽车企业有不同的服务理念，但其主旨大都是相同的，即提供更好更人性化的服务。请结合所学知识，调研 3 ~ 5 家汽车 4S 店，了解其服务理念并进行对比。

2. 任务实施记录

详见附录 1“任务实施记录表”。

任务评价

（1）以学习小组为单位，将“任务实施记录表”上传课程平台（或智慧课堂），各小组互评和教师点评。

（2）评价分值包含各小组对重要知识点的掌握程度（40%），任务完成及创新情况（40%），团队合作及职业素养（20%），详见附录 2“任务评价表”。

可扫描二维码查看在线测试和知识拓展的相关内容。

在线测试　　　　知识拓展

任务2　汽车服务企业服务流程管理

任务导读

流程管理的核心是流程，流程是任何企业运作的基础，企业所有的业务都需要流程来驱动，就像人体的血脉。流程把相关的信息数据根据一定的条件，从一个人（或部门）输送到其他人员（或部门）得到相应的结果以后再返回到相关的人（或部门）。一个企业从不同的部门、不同的客户、不同的人员到不同的供应商都是靠流程来进行协同运作的，文档、产品、财务数据、项目、任务、人员、客户等信息通过流程进行流转，如果流转不畅一定会导致这个企业运作不畅。

本任务通过情境、案例和任务工单等形式，帮助大家了解流程管理的定义，掌握其实施规范。

任务目标

学习目标	能力目标	素质目标
1. 了解业务流程管理的内容； 2. 掌握汽车售后服务接待岗位流程实施规范	1. 具备服务流程规范实施和创新能力； 2. 具备化解客户不满、挽回由于客户不满而带来的企业损失、为企业创造效益的能力	1. 树立全局意识、大局意识、规范意识； 2. 培养爱岗敬业、团结合作的职业素养； 3. 树立一切以客户为中心、严格规范管理的意识

情境导入

假如你是一名新入职的汽车服务接待人员，你了解服务接待的工作流程和岗位考核要点吗？如果组长让你给客户打一个预约电话，请问你该怎么打？要点是什么？又要注意些什么呢？

要完成预约准备作业，必须熟悉汽车服务接待流程，掌握服务预约工作要点，明确流程规范和细节要求，依据作业过程质量评价标准，配备汽车、电话等任务工具。流程管理在企业中扮演着越来越重要的角色，渗透企业管理的每一个环节，任何一项业务战略的实施都肯定有其有形或无形的相应操作流程。

相关知识

一、流程管理概述

（一）与流程相关的概念

1. 流程

所谓流程，就是做事情的顺序，确切来讲是指为完成某一任务或目标而进行的一系列有序活动的集合。

2. 汽车售后服务流程

汽车售后服务流程是指汽车维修企业为提高维修及服务质量和效率，最大限度地满足客户需要，提高企业知名度，进而提高企业经济效益，在售后服务环节制定出的一系列服务方式和步骤要求。它反映了汽车维修企业各服务方式和步骤间的有机结合和合规控制。

（二）流程管理的原则

流程是因客户而存在的，流程管理的真正目的是为客户提供更好更快的服务。我们经常讲流程的起点是客户，终点也是客户。但在实际工作中，由于部门的藩篱，我们明显忽略了客户，甚至不知道客户是谁。从为客户服务的角度出发，流程管理的原则如下。

（1）树立以客户为中心的理念。

（2）明确流程的客户是谁、流程的目的是什么。

（3）在突发和例外的情况下，首先从客户的角度对事情做出判断。

（4）关注结果，基于流程的产出制定绩效指标。

（5）使流程中的每个人具有共同目标，对结果和客户达成共识。

（三）流程管理的作用

随着汽车个性化时代的到来，客户的时间观念越来越强，需求也日益多元化。企业之所以能够有计划地安排生产，提高工作效率，增加车主对服务的满意程度，维修服务接待起了非常重要的引导作用，而遵守预约服务流程是每个服务顾问的重要职责。有效遵守服务流程，可以减小差异，均化工作量，降低返工率，提高劳动生产率和工作效率，进而提升品牌形象，树立专业化形象，实现双赢。

流程管理的作用如下。

(1) 可以减小差异，提升品牌形象。

(2) 作为经验总结，可以让员工少走弯路。

(3) 作为管理规范，可以避免“人治”。

(四) 服务接待流程图

某汽车服务企业标准服务流程——十步法标准服务流程如图 3－2 所示。

图3－2　某汽车服务企业标准服务流程

二、某汽车服务企业售后服务接待服务流程

(一) 预约

1. 预约的概念

预约是就某事双方进行的预先约定，有效的预约通过双方事先的合理安排，减少了可能发生的意外情况，从而使双方的工作效率得到提高。

严格说预约即“约定将来订立一定契约的契约”。通常人们把将来要订立的契约称为本约，而以订立本约为目标的合同便是预约。预约无疑是对与谁就何种事情做出预先安排。

2. 预约的好处

预约是汽车维修服务流程的第一个重要环节，因为它促成了与客户的第一次接触，也提供了与客户建立良好关系的机会。除此之外，预约还有以下好处。

(1) 可以缩短客户等待时间，保证客户按约定的时间取车，从而减少客户抱怨。

(2) 可以提高车间设备的利用率，减少设备空闲时间。

(3) 可以对接受的汽车维修订单进行时间安排，削峰填谷。

（4）可以及时订购配件，减少库存配件。

3. 预约的形式

预约有客户主动预约和服务商主动预约两种。

1）客户主动预约的执行要点

（1）快速接听电话，咨询客户资料及维修需求，记录在“预约登记表”中。

（2）确认备件库存状况，查看预约排班，尽可能根据客户的时间安排预约。

（3）估算备件、工时费用，主动告知客户。

（4）提醒预约时间段，督促客户准时赴约。

（5）对于提前预约并按时到店的客户给予工时或备件打折优惠。

2）服务商主动预约的执行要点

（1）预约前准备。

（2）提前3天跟客户预约，礼貌问候客户并做自我介绍，并告知预约服务内容，根据客户服务信息拟定的服务项目 。

（3）认真回答客户疑问，确认客户到店时间，询问客户是否有其他服务需求。

（4）再次提醒预约的时间段，督促客户准时赴约。

4. 预约单的使用与填写

进行预约时一个重要的基本原则是，每天都为未预约的客户和所谓的“紧急情况”保留一定的生产能力。

使用预约单（如表3－4所示）或进入汽车维修管理系统进行预约。

表3－4　预约单

客户姓名	联系电话	车身颜色	客户档案编号		
车牌号		发动机号			
预约时间			客户服务信用权限		
是否变更预约时间					
预约服务项目					
服务接待		库管员		车间主管	

【案例3-2】

张先生是一家小型建筑装潢公司的老板，生意十分繁忙。最近，他感觉驾驶的桑塔纳轿车加速时车身有些发抖，于是他开车来到经常光顾的一家服务站进行维修。刚一进门就看见业务接待桌前围了很多人，他等了许久才排上队，开好了派工单。随后，张先生将车开进维修车间，发现车间车辆众多，车间主任告诉他来得不是时候，再过半个小时才能给他检修，至于什么时候能修好，车间主任也说不清楚。这期间不停地有人打电话找张先生，张先生决定不修了，于是他开车返回了单位。一连几天，他都开着这辆车办事，虽然有点不安全，但也无计可施。忽然有一天，他接到一个电话，原来是他曾经去过的另外一家修理厂的业务接待员打给他的，问他车辆状况怎么样。他把一肚子委屈一股脑地向业务接待员倾诉，业务接待员问他什么时候方便，可以通过预约提前给他留出工位。张先生想了想，决定次日早晨9点。第二天早晨8点，业务接待员就给张先生打电话，说一切工作准备就绪，问张先生什么时间赴约，张先生表示会准时到达。当张先生9点开车到达修理厂时，业务接待员热情地接待了他，并拿出早已准备好的维修委托书，请张先生过目并签字，之后带领他来到车间。车间业务虽然很忙，但业务接待员早已为他准备好了工位和维修工。维修工是一位很精明的小伙子，他熟练地操作仪器检查故障，最后仅更换了四个火花塞，就排除了故障，前后还不到半个小时。张先生很高兴，从此他成为这家修理厂的老顾客。

（二）准备

1. 预约客户进厂前一天的准备

（1）落实或监督相关准备工作，包括技师、备件、专用工具、表单、伞、毛巾或纸巾、茶饮。

（2）给客户打电话进行确认，并更新预约欢迎看板。

2. 预约客户进厂当天的准备工作

（1）预约客户进厂前1 h，再次和客户进行确认。

（2）检查表单、工具是否齐全，日常工作是否准备到位。

（3）对在预约时间段不能进厂的客户，根据客户下次进厂时间和排班情况，安排下次预约。

（4）提前3 min在接待区等待预约客户的到来。

（三）迎宾预检流程

1. 迎接客户进厂

客户进厂时，门卫立正、敬礼，并上前询问客户到店意图，引导客户停车。如果是售后非预约客户，需通知服务顾问。

2. 引导停车及寒暄

（1）如果是非预约客户，服务顾问应小跑上前打开车门，做自我介绍，礼貌地询问客户姓氏，并热情地称呼客户。

（2）如果是预约客户，服务顾问上前礼貌地称呼客户，并帮助打开车门，做简单的自我介绍，可以递上自己的名片。

（3）如果是预约客户，由服务顾问在前挡风玻璃内侧放置预约车辆标志。

3. 预洗车、充电及环检问诊

（1）如果车辆较脏，可在客户同意的情况下，进行预洗车。

（2）当着客户的面铺设维修防护“五件套”（包括挡杆套、方向盘套、手刹套、座椅套和脚垫）。

（3）开具汽车售后服务环检问诊单（如表 3－5 所示），邀请客户一起进行环车检查，检查后备箱等隐私空间前需征得客户同意，检查完成后请客户签字确认。此问诊单一式两联，服务顾问和客户各持一联。

（4）记录客户车辆故障，尽量引用客户原话加以记录。

（5）提醒客户带走贵重物品、行驶证、驾驶证及用户手册。

4. 后续工作安排

对无法确认的技术问题，和车间主管共同检查、解决；如无法解决该技术问题，则寻求必要的技术支持。

5. 接待的重要性

第一印象在大多数人的记忆中是最深刻的，所以应通过客户接待使客户对企业产生美好的第一印象。从客户将车停到业务接待厅门前的那一刻起，对客户的接待就开始了。从那一刻，客户就应当感受到友好的氛围，特别是受到友好的问候。接下来与业务接待员的接触、交谈是客户接待工作的高潮。客户对企业的好感和信任程度常常在此时就产生了。

客户能否留下，进而成为忠诚客户，业务接待员负有实质性的责任。不满意的客户会在熟人当中到处讲述其对企业的不满，由此带来的损失是不可估量的。优秀的业务接待员，可以化解客户的不满，挽回由于客户不满而带来的损失，为企业创造最大的效益。

6. 接待注意事项

（1）使客户满意的前提是与客户进行良好的交谈，其中包括认真听取客户意见、提出问题、解释关联性问题以及为客户提供良好的、专业化的咨询。

表3-5　汽车售后服务环检问诊单

<table>
<tr><td colspan="4" rowspan="2">汽车售后服务环检问诊单</td><td colspan="2">表号：</td></tr>
<tr><td colspan="2">生效日期：</td></tr>
<tr><td colspan="2">服务商名称</td><td colspan="2">某汽车服务公司</td><td>服务商代号</td><td>SD032</td></tr>
<tr><td>客户姓名</td><td></td><td>车牌号</td><td></td><td>里程数</td><td>km</td></tr>
<tr><td>联系电话</td><td></td><td>VIN</td><td></td><td>进店时间</td><td>时　分</td></tr>
<tr><td>车型</td><td></td><td>颜色</td><td></td><td>预约客户</td><td>□是　□否</td></tr>
<tr><td>是否环检</td><td>□是　□否</td><td>维修类别</td><td>□保养　□机修
□钣喷　□其他</td><td>是否洗车</td><td>□是　□否</td></tr>
<tr><td colspan="3">客户描述</td><td colspan="3">初步诊断</td></tr>
<tr><td rowspan="6">问诊</td><td colspan="5">1. 发生时间：□突然　□（　）天前　□（　）月前　□其他（　）</td></tr>
<tr><td colspan="5">2. 出现频率：□经常　□偶尔　□日/周　□（　）次/月</td></tr>
<tr><td colspan="5">3. 工作状态：□冷机　□热机　□启动时挡位（　）　□空调开/关　□其他</td></tr>
<tr><td colspan="5">4. 何时发生：□发动　□怠速　□起步　□行驶中　□加/减速　□转弯　□倒车　□其他</td></tr>
<tr><td colspan="5">5. 道路状况：□高速路　□国道　□城市道路　□坡道　□颠簸　□其他</td></tr>
<tr><td colspan="5">6. 天气状况：□全天候　□晴天　□雨天　□阴天</td></tr>
<tr><td rowspan="13">车辆环检</td><td colspan="5">车内物品清点：（　　　）</td></tr>
<tr><td>油/液</td><td colspan="2">□缺　□滴　□其他（　）</td><td colspan="2" rowspan="12">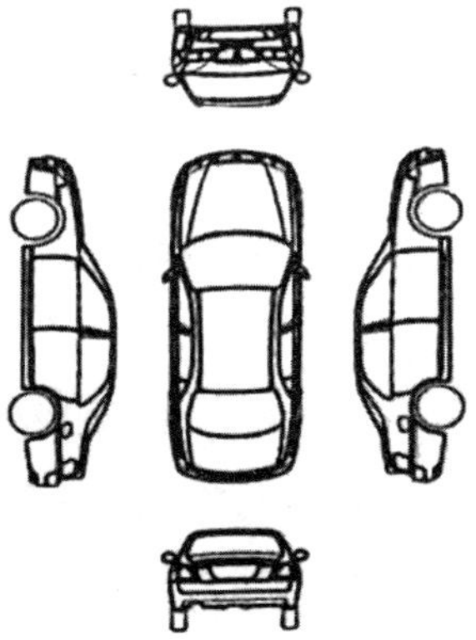</td></tr>
<tr><td>外部灯光</td><td colspan="2">□好　□坏　□其他（　）</td></tr>
<tr><td>内部灯光</td><td colspan="2">□好　□坏　□其他（　）</td></tr>
<tr><td>玻璃升降</td><td colspan="2">□好　□坏　□其他（　）</td></tr>
<tr><td>中央门锁</td><td colspan="2">□好　□坏　□其他（　）</td></tr>
<tr><td>空调系统</td><td colspan="2">□好　□坏　□其他（　）</td></tr>
<tr><td>音响系统</td><td colspan="2">□好　□坏　□其他（　）</td></tr>
<tr><td>点烟器</td><td colspan="2">□有　□无　□其他（　）</td></tr>
<tr><td>备胎</td><td colspan="2">□有　□无　□其他（　）</td></tr>
<tr><td>随车工具</td><td colspan="2">□有　□无　□其他（　）</td></tr>
<tr><td colspan="3">SOC 位置：</td></tr>
<tr><td colspan="3">车身外观确认：□完好　□划伤　□损坏</td></tr>
<tr><td>其他事项</td><td colspan="5">充电：是□　否□</td></tr>
<tr><td colspan="6">1. 本人同意贵司以上检查项目结果。2. 维修完成后，客户凭此单取车，请妥善保管。
客户：　　日期：　　服务顾问：　　日期：</td></tr>
</table>

注：VIN 指车辆识别代号；SOC 指汽车电池的充电状态，又称剩余容量，表示电池继续工作的能力。

（2）业务接待员有必要与客户一起检查车辆，若需要用举升机举起车辆，业务接待员也有必要陪同。这样可以拉近与客户的距离，赢得客户的信任。永远记住，对于大多数客户来说，车辆具有高度的精神价值和物质价值，而且常常是其财产的重要组成部分。

（3）说服客户接受即将进行的维修工作有着必要性和重要性。因为客户在送修之前会因为工时费用高、配件费用高、送车和取车费时以及修车时无车可开等犹豫不决，业务接待员的任务就是赢得客户的信任，促使其下定决心接受维修。

（4）合理使用维修作业管理看板，详见表3-6。

表3-6　维修作业管理看板

序号	派工单编号	维修技师	接车时间	车牌号	维修状态	预计交车时间	服务接待	备注

（四）维修项目确认

1. 进入接待区

（1）如果客户随身携带的物品较多，则应提供储物袋、收纳袋等物品给客户使用。

（2）拉开椅子请客户入座。

（3）服务顾问可事先备好常规保养、一般维修等项目所用工时等信息资料，以备日常作业查询。

2. 开具并签订维修委托书

（1）请客户出示用户手册、质保证书及行驶证等相关资料。

（2）向客户详细说明维修项目、维修时长和费用。

（3）开具维修委托书前，应先确认是否有需要的备件。

（4）按照客户确认的项目，打印维修委托书，并请客户签名确认。

3. 填写进站维修车辆通用检查项目表（如表3-7所示），并对客户做出有关说明

作业前说明实施规范。

1）制作估算单

（1）按照施工单（如表3-8所示），在接待系统中输入作业代码、代码名称、作业时间等内容，确定作业的费用金额。

（2）查找需要的零件号码及价格，并填写在估算单上。

表3-7　进站维修车辆通用检查项目表

服务站名称	服务站代码：	车型：
VIN：	检查人签字：	检查日期：
客户签字：		

序号	检查系统	检查项目	要求标准	检查结果	是否合格
1	整车系统	全车低压系统检测	车辆各系统程序版本是最新版本（VCU、BMS、CMU、OBC、MCU、IEC、数据采集终端）		
2	数据采集终端	检测数据采集终端是否工作正常	数据采集终端指示灯工作正常		
3		检查 SIM 卡工作状态	与监控中心确认 SIM 卡状态，数据是否上传正常		
4		检查数据是否上传正常			
5	低压电路供电	检测低压蓄电池性能	用专用测试仪测试低压蓄电池内阻是否正常		
6		检查 DC-DC 工作状态	测量 DC 输出电压不低于 13 V		
7		低压蓄电池极桩	蓄电池正、负极桩头是否腐蚀及禁锢		
8		灯光及喇叭	灯光及喇叭工作正常		
9		检测车辆静态放电电流	车辆关闭锁车 15 分钟后静态放电电流不大于 30 mA		
10	空调系统	检查鼓风机工作状态	鼓风机工作正常		
11		检查冷暖切换模式	模式电机工作正常		
12		检查 PTC 工作状态	PTC 制热工作正常		
13		检查出风模式	模式电机工作正常，无异响		
14		检查压缩机工作状态	压缩机工作正常、无异向、制冷效果正常		
15		检查 ECC 控制器	ECC 控制器程序是最新版本		
16		检查冷凝器状态	冷凝器无泄漏、磕碰变形、固定牢固		
17		空调管路状态检查	高、低压管路接口无泄漏，管路无变形、安装无干涉、破损、泄漏		
18	底盘部分	检查轮胎气压	根据车型进行轮胎压力调整		
19		检查胎纹深度	轮胎纹深度不低于 2 mm		
20		检查轮胎状态	轮胎外观是否有起包，裂纹，异物、偏磨（必要时做四轮定位）		
21		检查底盘悬架力矩、外观	底盘悬架紧固螺栓扭矩在维修手册技术标准范围内		
22		前后减震状态检查	前减震转向时无异响、漏油。后减震固定胶套无老化、松旷、漏油		
23	制动系统	制动真空泵工作状态	真空泵是最新状态膜片泵，真空泵工作正常		
24		制动片厚度	检查制动片厚度不低于 2 mm（单片）		
25		制动管路	无渗油、磕碰、变形		
26		制动液液位	制动液在 MIN-MAX 之间		
27		制动盘	不超过磨损极限（2 mm）		

第一联　服务商留存　第二联　客户留存

（续）

序号	检查系统	检查项目	要求标准	检查结果	是否合格
28	转向系统	转向机构	防尘套及球头无破损、松旷		
		转向功能	转身左、右力度均匀，无卡滞、无异响		
		转向机控制器插接件状态	转向控制器插接件完全连接到位、端子无锈蚀、进水、损坏		
29	高压线束	检查高压线束及插件	高压线束插接件及保护层无磨损、破裂，高压线束绝缘阻止大于 500 MΩ		
30	充电系统	充电系统状态检测	充电机工作正常，充电机软件是最新版本		
31		充电宝线束检查	充电宝工作正常		
32	快充系统	车辆是否正常快充	查快充线束，搭铁线、低压连接线束连接正常，无破损、错接、歪针、倒针、退针现象。对快充烧 VBU 车辆 EV150、EV160、EV200、EX200、EX260、EX360、EU260、EU300、EU400 进行快充继电器加装		
33	驱动电机系统	驱动电机状态确认	驱动电机低压旋变连接插件无锈蚀、连接紧固、无漏水		
34		驱动电机控制器	电机控制器软件是最新版本、电机控制器低压插件无锈蚀，用端子测试工具检测 35PIN 插件端子接触充实		
35		减速器	减速器无漏油、半轴油封无漏油，减速器箱无裂纹，必要时进行更换半轴油封及箱体涂胶处理，驱动电机与减速器花键轴间隙常规检查（按保养政策进行检查处理）		
36	冷却系统	冷却水泵	水泵工作正常、冷却管路无气阻、检查冷却液冰点低于 -35℃		
37		散热器	散热器无泄漏、冷凝器与散热器之间有异物应及时清理避免导致散热不良电机温度过高		
38	导航系统	导航主机	功能项常规检查，导航卫星定位检测、主机按键正常、屏幕清晰、倒车影像正常，USB 口测试正常使用		
39	电动车窗、后视镜	车辆电动门窗系统	电动门窗升降功能正常，后风挡加热功能正常，雨刷系统正常，雨刷洗涤系统正常		
40		后视镜	电动后视镜调节功能正常、后视镜加热功能正常		

填表要求：

1. 对于有数值范围要求的检查项，需要记录检查结果；
2. 根据检查结果，判断是否合格，若合格，在最后一栏打“√”，若不合格，打“×”。

第一联 服务商留存 第二联 客户留存

表3-8　施工单

（SRV103）代理店代号：10113　　　　　　　　接待日　　2024/03/20

施工单

客户签字	接待员签字

工单No. S10113000005　　　　接待员：李文生

<table>
<tr><td>车牌号</td><td>京A-××××</td><td>VIN No.</td><td colspan="5">LTVBA43304000.888</td></tr>
<tr><td>客户ID</td><td>110106690728429</td><td>客户姓名</td><td colspan="5">×××</td></tr>
<tr><td>邮政编码</td><td>100022</td><td>地址</td><td colspan="5">朝阳区光化路1号</td></tr>
<tr><td>电话1</td><td>8451××××</td><td>电话2</td><td colspan="5">8529××××</td></tr>
<tr><td>车型</td><td>AXP42L-EEPQKC</td><td>SFX</td><td></td><td>外观色</td><td></td><td>内饰色</td><td></td></tr>
<tr><td>上次行驶里程</td><td>80 km</td><td>入厂约定</td><td>5 000 km</td><td>卡号</td><td colspan="3"></td></tr>
</table>

入厂履历			
入厂日	代表维修内容	入厂日	代表维修内容

此次入厂情报				交车预定时间
此次行驶公里		下次入厂预定		

委托事项	维修内容	必要的零件

开始时间	完成时间	主修签字	主任签字	检验员签字

（3）如果零件没有库存，向客户确认是否愿意在零件入库后再次来店，然后进行零件订购。如果零件价格昂贵，可以向客户收取部分定金。

2）对估算单进行说明和确认

（1）向客户出示施工单和估算单，同时说明作业项目、作业时间、预计金额及交车时间。

（2）确认并记录支付方法。

（3）在得到客户认可之后，请客户签字。

（4）将施工单和估算单的副本交给客户。

4. 客户在厂等待或离厂

（1）礼貌询问客户是否在店休息等待。

（2）如客户在店等待，则引领客户进入客户休息室。

（3）如果车辆维修时长超过 48 h，服务站为客户提供免费代步车，并签订代步车交接证明。

5. 后续工作安排及管理细则

（1）服务顾问把打印好的维修委托书、汽车售后服务环检问诊单、进站维修车辆通用检查项目表及施工单整理好放入工单夹。

（2）实时掌握和跟踪车辆维修动态，及时更新维修进度管理卡。

（3）接待完毕，给车辆编号，并把同样号码牌挂在车钥匙上。

（4）对车钥匙保管箱的钥匙挂钩编号。

（5）对停车场的每个车位编号。

（6）在施工单上填写车辆牌照号码、钥匙号码、钥匙保管场所（挂放车钥匙的保管箱等）和停车场车位号码。

（五）维修进度跟踪

1. 向车间交接车辆

（1）服务顾问将维修委托书、汽车售后服务环检问诊单、进站维修车辆通用检查项目表和车钥匙放至服务办公室固定位置。

（2）通知车间主管前来接车。

2. 正常维修跟进

维修作业是维修企业的核心环节，维修企业的经营业绩和车辆维修质量主要由此环节产生，做好维修工作十分重要。

（1）维修开始后，建议服务顾问每 30 min 了解一次维修进度，并记录在店维修进度管理卡上。

（2）距交车 30 min 前，服务顾问也应了解维修进度。

（3）在跟进过程中，如果预计能够按时交车，则需适时地把维修进度告知客户；如果预计不能按时交车，则应告知客户最新的预计交车时间，并解释原因。

（4）如果客户离店等待，则请客户保存好取车凭证、维修委托书客户联等资料，并送客户离开，与之道别。

3. 维修项目变更跟进

（1）若有变更项目产生，服务顾问必须先告知客户需要变更的项目及预计所用的时间和费用。

（2）在维修委托书上填写建议变更项及客户意见。

（3）指出在维修委托书上需要客户签字的地方，请客户签字确认。

（4）如果客户不在店内，可以致电客户，请客户口头确认，此时需在变更处注明电话联络的时间与联络人，建议保留与客户的电话录音（注意告知客户）。或者使用短信进行确认。客户到店后，再请客户补上签名。

4. 维修作业服务规范

（1）维修人员要保持良好的职业形象，着统一的工作服，穿安全鞋。

（2）作业时要使用座椅套、脚垫、叶子板保护套、转向盘套、变速杆套等必要的保护装置。

（3）触摸内饰品时，需清洁双手。

（4）不可在客户车内吸烟、听音响、使用电话及做与维修无关的事。

（5）作业时车辆要整齐摆放在车间。

（6）时刻保持地面、工具柜、工作台、工具等整齐清洁。

（7）作业时油水或油脂类掉落在车上时，维修人员须清扫干净。

（8）工具、拆卸的部件及领用的新件不能摆放在地面上。

（9）维修工作必须遵守修理手册，按照正确的作业顺序，正确使用专用工具和专用仪器，不能野蛮作业。

（10）在维修保养过程中，发现新故障时，维修人员要及时报告车间主任并通知客户，得到客户许可并由客户签名确认后方可进行追加作业。

（11）维修人员要保证在预期的时间内完成维修工作，如果认为可以提前或需延迟完工要报告车间主任，车间主任通知业务接待员与客户联系。

（12）作业中如果发现必须马上修理的问题，或者发现轮胎、制动摩擦片过度磨损等近期内需要做维修的不良状况时，可以通过车间主任告诉服务顾问，征求客户意见（这次是否顺便维修），这样可以让客户感受到亲切周到的服务，并将上述情况记录在施工单上。

（13）如果作业中拆卸了蓄电池，收音机、电子钟等的存储内容则会被抹掉，应重新恢复。如果无法恢复原样，必须事先告诉服务顾问，以便向客户转达。

（14）作业完毕，将车内的旧件、工具、垃圾等收拾干净。

（15）将更换下来的旧件放入塑料袋内，通过车间主任交给服务顾问，或放在规定位置，以便客户带走。

（16）作业中，如果移动了座椅、转向盘、后视镜等的位置，务必恢复至原来的位置。如果忘记了原来的位置而无法复原，必须事先通知服务顾问，以便向客户转达说明并取得客户谅解。

（17）充分理解中间过程检查的意义，在拆解及再组装作业时，如果组装后无法进行检查，则在组装前请示检查。

5. 质量检验实施规范

（1）维修质量实行自检、互检和专检相结合的质量检验制度。维修人员负责对维修质量的自检，各作业班组负责本班组维修质量的互检，专职质量检验员（简称“质检员”）全面负责竣工车辆的质量把关工作，维修工作结束后质检员要对车辆性能进行终检。

（2）检查维修单的所有维修项目均已完成，且 100% 达到质量要求。

（3）汽车维修完毕，质检员应在维修单上签字确认。

（4）检验不合格的维修汽车，应及时通知车间返工或返修，并填写返工或返修记录单。

（5）质量检验应贯穿维修的全过程，零部件在发放前应进行检验，若发现不合格品，坚决不能发放。维修人员在维修过程中发现不合格配件，要及时向车间主任报告，得到确认后退回配件库。退回配件库的配件要做好标识、记录。

（六）维修后确认

1. 从车间接收车辆

（1）服务顾问在接到质检员的车辆竣工通知后，应立即前往交接。

（2）接收维修工单夹、内部交车检查确认单和车钥匙。对照检验车辆后，确认签字。

（3）进行第 4 级质检，检查项目包括：维修委托书上的项目；免检项目；车辆清洁状况；车辆座椅、后视镜、电台和 CD 设备等是否复位原样；旧件是否齐全等。

（4）检查客户特别关照事项。

（5）如有疑问，则应先向质检员了解清楚，以备交车时客户询问。

2. 准备交车资料和物品

（1）如客户要求带走旧件，应提前准备好。原则上由新件包装将旧件包装好，放置到副驾驶地板上。

（2）如客户要求带走应付费但未用完的维修备件和油辅料，应提前准备好，使用原包装装好封闭即可。

（3）打印维修结算单，填写用户手册。

3. 通知客户交车

（1）维修完成后，通知客户可以交车，提醒客户携带维修委托书前来提车。

（2）如果发现有未能解决的问题，应该诚实告知客户多久能解决问题。不要否认或者声称是“正常”的而加以隐瞒。

（七）交车准备

1. 维修效果展示

（1）服务顾问邀请并引导客户到竣工停车区或充电区，进行维修说明与成果展示。

（2）对照维修委托书解说完成的作业项目和维修效果，并请客户进行检视。

（3）向客户出示内部交车检查确认单、免费检查单，进行说明后，提醒客户下次注意保养或更换的项目。

（4）展示清洁效果及换下的旧件。

（5）如客户提出试车需要，须陪同客户进行试车，并提醒客户注意安全驾驶。

（6）一旦客户对维修结果有异议，服务顾问应友善耐心地解释，对不清楚的问题应联系质检员或技术主管进行答复，切不可搪塞应付。

2. 车辆充电服务

（1）根据汽车售后服务环检问诊单上的充电需求，请客户再次确认是否需要进行充电。

（2）如果需要进行充电，服务顾问预估充电时间，并告知客户耐心等待，充电完成后及时通知客户。

（3）如果不需要充电，服务顾问进行下一步费用解释、结算流程。

3. 维修费用解释

（1）对照维修结算单解释费用构成。

（2）如有提供没有收费的服务项目，也应一并告知客户。

（3）服务顾问询问客户回访偏好（如方式、时段）并在维修结算单下方记录，告知客户近期将会有关于服务质量的回访。

（4）提醒客户用车注意事项，并提出建议，以避免或减少类似故障的再次发生。

4. 交车过程实施规范

（1）确保车辆内外清洁，检查维修过的地方无损坏或油污。

注意：交付客户一辆洁净的车非常重要，尤其要关注一些小细节，如烟灰盒里的烟灰必须倒掉，时钟要调正确，座椅位置要调正确。汽车外观的保养占用的时间很少，却事半功倍。客户可以明白地感到你对他的汽车进行了处理，第一印象往往是最重要的，使人念念不忘。正是那些并非为客户所期待的“额外的举手之劳”在很大程度上提升了客户的满意度。

（2）检查交车时间、费用、实际维修项目是否与维修单上的项目相符。

（3）确认工作单上的项目已完成。

（4）业务接待员审验完维修单后，将维修单送交收款员处核算。

（5）收款员检查料单和其他凭证（例如外部维修加工单等）是否齐全，检查出库的材料是否与订单要求的维修范围一致。

（6）在客户取车的时候，原来接车的业务接待员应尽可能亲自带领客户看一下维修完毕的车辆，尽可能地使客户每次取车的经历都变成一次积极的体验，要使客户感觉到他的汽车现在完全正常了，并使他确信选择这家维修厂进行车辆维修的决定是正确的，并尽可能说明免费为客户进行的项目。例如：“手制动器行程太大了，可能导致手制动器失效，我们已给您调整了”；“空调的排水管堵塞了，我们已疏通好了，若不疏通，再有一两天水就流入驾驶室地板了”。也可当面展示给客户的一点额外关怀。例如：给“吱吱”作响的车门铰链加油润滑；调整玻璃清洗液喷嘴角度。

（7）向客户逐项解释发票内容，以便让客户了解哪些维修是必要的。此时带上损坏的零件来帮助说明，总能对客户的信任产生积极影响，几乎没有比借助损坏的零件来解释更换配件的必要性更好的办法了。这样也可以避免客户认为维修企业提供的服务过于昂贵。

（8）提醒客户维修过程中发现但未排除的故障。如果可能，给出报价。如果发现的故障涉及安全性缺陷，应极力向客户解释未排除故障的危害。例如：“您爱车的制动摩擦片只剩下 4 mm，只能行驶 6 000 ~ 7 000 km，一定记住及时更换，否则制动效果会降低，也能造成制动盘磨损”；“您爱车的防冻液浓度可在摄氏 − 10 ℃ 的环境中使用，若到较冷的地方建议更换”；“您爱车的发动机曲轴前油封漏油严重，建议更换，否则缺少机油，会造成发动机损伤”；“您爱车的轮胎已超过了使用极限，在冰雪雨雾天气或在山路行驶易打滑，应特别注意，建议尽快更换”。

（9）如果向客户提示当前的服务项目、新推出的项目和下次保养日期，一定会被很多客户欣赏和接受，这是超值服务的一种体现。

（10）向客户提出关怀性的建议。例如：“您行李箱内装了两箱矿泉水，额外的重量会使燃油消耗增加，若减少这些重量，估计 100 km 油耗会减少 1 L”；“清洗液喷嘴被车蜡堵住了，清洗液喷不出来，我们已将车蜡清除了，以后打蜡时要多注意”。

只有业务接待员亲自将车辆交给客户，良好的服务才算画上了圆满的句号，同时，这将再次向客户证明本企业的维修服务能力。

（八）结算

1. 引导客户至收银台入座

（1）服务顾问引导客户到收银台。

（2）引导途中告知结算方式的种类，询问客户付款方式。

（3）收银员应起身迎接问好，并做自我介绍。

（4）服务顾问拉出椅子请客户入座，并陪同在客户侧后方。

（5）收银员待客户坐下后，再坐下。

（6）服务顾问递送维修结算单给收银员，并告知收银员客户的付费方式。

2. 收银员收款

（1）收银台应准备好计算器及签字笔以备客户计算费用或签字时使用。

（2）收银员唱收唱付。

（3）收款完成后，请客户在维修结算单上签字确认，并支付费用。

（4）在结算单上盖“付讫”章（客户联），并开具维修发票和出门条。

（5）将维修结算单、发票等资料统一装入信封内交给客户，同时将出门条交给客户。

（6）收银员需微笑服务，保持始终如一的服务态度，避免给客户造成结账后服务态度变差的印象。

3. 收银员目送客户

（1）收银员起立致谢并目送客户。

（2）收银员待客户离开后方可坐下。

（3）在整个结算环节，服务顾问应该始终在场。

（九）交车道别

1. 归还客户个人物品

（1）陪同客户至竣工停车区或充电区。

（2）必要时帮客户将其个人物品拎至车辆竣工停车区或充电区。

（3）询问客户物品放置位置。

2. 下次保养提示

（1）主动帮客户打开车门，交还车钥匙。
（2）下雨天或阳光强烈时，则需为客户撑伞并送至车内。
（3）告知客户下次保养的日期和里程。

3. 后续工作安排

将汽车售后服务环检问诊单、维修委托书、维修结算单、备件出库单、维修车辆通用检查项目表等资料整理好，当天下班前移交客服专员，以便后续回访及整理存档。

4. 送别客户

（1）当客户面取下维修护车套件。
（2）关上车门后，用干净的毛巾为客户擦拭门把手上的痕迹。
（3）感谢客户并与客户挥手告别，目送客户，直至看不到客户，方可转身离去。

（十）跟踪回访

对维修客户进行跟踪回访是企业服务的重要环节，通过跟踪回访企业可以达到减少客户投诉、提升客户满意度、培养忠诚客户群的目的。

跟踪回访流程如下。

1. 致电客户

礼貌致电客户，告知致电目的，并询问是否方便接听电话。

2. 进行电话回访和记录

（1）如果客户不方便通话，应致歉并询问合适的回访时间并记录，安排下次回访。
（2）如实记录客户的评价。
（3）出现客户投诉和客户抱怨时，应立即进入客户投诉流程。

3. 后续工作安排

（1）每周（月）对回访结果进行总结和分析，并提交售后电话回访记录周（月）报告，报告给客服经理。

（2）售后电话回访记录周（月）报告可根据服务商自身实际情况增加调查报告内容。

4. 结束回访

（1）向客户致谢，待客户挂断电话后，再挂断电话。
（2）如有客户反映问题，则应解决后再次联系客户，告知客户解决方案。

任务实施

1. 任务工单描述

客户张先生在提前预约的情况下直接到店做30 000 km的保养及检查刹车异响。服务顾问为其办理接车、获取信息、环车检查、接车单据填写等环节的工作，并预估服务项目、费用及服务用时，做好留店客户的安顿工作。在环车检查中发现前大灯坏了 。

2. 任务实施记录

详见附录1“任务实施记录表”。

任务评价

1. 作业过程质量评价

作业过程质量评价见表3－9。

表3－9　环车问诊考核表

项目	条目	动作规范	分值
1	服务顾问第一时间于接待区（室外）迎接客户		
2	为客户打开车门		
3	寒暄	询问来意	
		做自我介绍	
		尊称客户	
4	当着客户的面安置服务防护用品		
5	环车检查	环车检查按照先内后外，顺时针的检查顺序进行	
		告知客户检查内容	
		检查车辆内部	
		检查车辆外观	
		检查发动机舱	
		检查备胎	
6	提醒客户保管好车上的物品		

（续）

项目	条目	动作规范	分值
7	锁住客户车辆的门窗		
8	服务顾问仪表	身着统一制服	
		佩戴工作牌	
		整体外表	
9	了解客户需求	倾听客户的需求事项	
10	确认服务项目	在客户讲完后完整复述客户需求	
		询问客户是否还有其他需求	
		逐一项目核对维修委托书的服务信息并请客户签字确认	
11	职业的沟通	态度	
12	询问	询问旧件或余品处理意见（索赔件除外）	
		询问客户以何种方式付款（现金或者信用卡）	
13	告知项目	免费洗车	
		信息变更的可能性	
14	服务预估	服务时间	
		服务费用	
15	陪同客户前往休息室并做必要的介绍		
16	和客户沟通保养或维修进度		
合计			

2. 以学习小组为单位，按照项目任务的评价内容与评价标准进行评价

（1）评价项目：知识的掌握占40%，任务完成情况占40%，职业素养占20%。

（2）评价方式：组内自评占30%，组间互评占30%，教师评价占40%，详见附录2“任务评价表”。

可扫描二维码查看在线测试和知识拓展的相关内容。

在线测试　　知识拓展

项目四
汽车服务企业人力资源管理

任务1　汽车服务企业人力资源管理概述

任务导读

从经济学的角度看，一切经济活动都要涉及五类资源：人力资源、物力资源、财力资源、时间资源、信息资源。其中只有人力资源是能动的“活的资源”，能够主动地创造和改造世界，并且是难以控制与把握的。因此，人才是生产力中最活跃的要素，是构筑企业核心竞争力的基石，是企业最宝贵、最有价值的资源，是在企业生存与发展中起决定性作用的因素。

本任务通过情境、案例和任务工单等形式，帮助大家了解人力资源管理的基本原理和目标任务。

任务目标

学习目标	能力目标	素质目标
1. 掌握人力资源的定义； 2. 掌握人力资源管理的基本原理； 3. 了解人力资源管理的目标； 4. 重点掌握人力资源管理的六大任务	1. 具备人力资源统筹、规划、组织、协调能力及岗位设计开发能力； 2. 具备岗位责任书编写能力	1. 树立全局意识、大局意识； 2. 培养爱岗敬业、团结合作的职业素养

情境导入

假如有两个国家或两家维修企业，它们拥有相同数量与质量的“物的资源”，那么决定国家财富状况或者企业效益的就是人力资源开发与利用的情况，人力资源的数量和质量决定了对“物的资源”的使用与驾驭，是浪费、高耗、低效，还是节约、低耗、高效。汽车维修企业之间的竞争，很大程度上是人力资源的竞争。因此，人力资源管理是现代维修企业管理的重要内容。现代人力资源管理的根本点就是以人为本的战略性激励，它不是管人，而是爱人、善待人、尊重人、理解人。

相关知识

一、人力资源管理的相关概念和原理

（一）人力资源管理的相关概念

人力资源是指在一定时间、空间条件下，现实的和潜在的劳动力的数量和素质的总称。人力资源的概念既包括劳动力的数量，也包括劳动力的素质，还包含着劳动力的结构。因此，人力资源体现在劳动力的体质、知识、智力、经验、技能等诸多方面。

人力资源管理是指企业为了实现其既定目标，运用现代管理措施和手段，对人力资源的获取、开发、培训、使用和激励等方面进行规划、组织、控制、协调的一系列活动的综合过程。对于某个具体的企业而言，人力资源管理就是对员工招聘、录用、培训、绩效考评、福利与报酬等工作进行综合性管理的过程。其目的是使企业的人力、物力与财力保持最佳的配合，并恰当地引导、控制和协调人的理想、心理和行为，充分发挥人的主观能动性，人尽其才、人尽其用、人事相宜，以求实现企业的最终目标。

（二）人力资源管理的基本原理

1. 能位匹配原理

能位匹配原理指根据人的才能和特长，把人安排到相应的职位上，尽量保证岗位要求与人的实际能力相适应、相一致，做到人尽其才、才尽其用、用其所长、扬长避短。

2. 互补优化原理

互补优化原理指充分发挥每个员工的特长，助长抑短，采用协调优化的组合，形成整体优势，顺利有效地发挥强大的合力功能。

3. 动态适应原理

动态适应原理指在动态下使人的才能与其岗位相适应，以达到充分开发和利用人力资源潜能、提高组织效能的目标。

4. 激励强化原理

激励强化原理指通过奖励和惩罚，使员工明辨是非，教育、激发、鼓励员工产生内在动力、自觉精神和良好动机，朝着期望的目标迈进。

5. 公平竞争原理

公平竞争原理指竞争各方从同一起点出发，进行公平、公正、公开考核、录用和奖惩。

二、人力资源管理的目标与任务

明确人力资源管理的目标和任务是做好人力资源管理工作的前提。

（一）人力资源管理的目标

（1）最大限度地满足企业人力资源的需求，保证企业的正常运转。

（2）最大限度地开发与管理企业内外的人力资源，促进企业的持续发展。

（3）最大限度地维护与激励企业内部人力资源，充分发挥员工潜能，使人力资源得到应有的补充和提升。

（4）最大限度地利用人力资源管理的规律和方法，正确处理和协调生产经营过程中人与人的关系、人与事的关系、人与物的关系，维持人、事、物在时间和空间上的协调，实现最优结合。

（5）最大限度地保障人力资源的环境条件，确保劳动安全，避免生产事故。

（6）最大限度地提高劳动生产效率，尽量以最小、最合理的投入获取最佳的经济效益。

（7）最大限度地遵循价值杠杆原理，发掘人才，使用人才，培养人才，留住人才。

（8）最大限度地研究、分析企业生产纲领和规模效益的配比关系，精心进行岗位设计，达到职数、职位的科学、合理配置。

（9）最大限度地从战略高度评价企业的发展前景，准确预测人力资源的目标，制订人力资源规划。

（10）最大限度地创造和培育企业人际氛围，塑造良好的企业文化，以利于员工工作、学习和生活。

（二）人力资源管理的任务

1. 做好人力资源规划

对于未正式组建的企业，人力资源管理工作首先是人力资源规划工作，而对于已经存在的企业，人力资源规划仍然是一项重要的常规工作，其主要内容见表 4 - 1。人力资源部门要认真分析与研究企业的发展战略与发展规划，主动提出相应的人力资源发展规划的建议，并积极制订与落实。人力资源部门要积极配合有关部门做好分析、组织、设计工作，指导基层做好岗位设置和设计工作。

表4-1　人力资源规划的主要内容

规划项目	主要内容	预算内容
总体规划	人力资源管理的总体目标和配套政策	预算总额
配备计划	中长期内不同职务、部门或工作类型的人员分布情况	人员总体规模变化而引起的费用
退休解聘计划	各种原因离职人员情况及其所在岗位情况	安置费
补充计划	需要补充人员的岗位、补充人员的数量、对人员的需求	招募、选拔费用
使用计划	人员晋升政策、晋升时间；轮换工作的岗位情况、人员情况、轮换情况	职业变化引起的薪酬福利等支出的变化
培训开发计划	培训对象、目的、内容、时间、地点场所、教员情况，培养总投入、脱产人员工资及骨干人员的使用和培养方案	培养总投入、脱产人员工资及损失
劳动关系计划	减少和预防劳动争议，改进劳动关系的目标和措施	诉讼费用及可能的赔偿

2. 工作和岗位分析

工作分析是确定完成各项工作所需的技能、责任和知识的系统过程。它提供了关于工作本身的内容、要求以及相关的信息。通过工作分析可以确定某一工作的任务和性质，确定适合从事这项工作的人。这些信息都可以通过工作分析的结果——岗位说明书进行描述。

工作分析主要用于解决工作中以下六个方面的重要问题。

（1）员工完成什么样的体力和脑力劳动。

（2）由谁来完成上述劳动。

（3）工作将在什么时间内完成。

（4）工作将在哪里完成。

（5）如何完成此项工作。

（6）为什么要完成此项工作。

以上六个问题涉及了一项工作的职责、内容、工作方式、环境以及要求五大方面的内容。工作分析就是在调查研究的基础上，理顺一项工作在这五个方面的内在关系。工作分析的过程也是一个工作流程分析与岗位设置分析的过程。

人力资源部门对企业的工作进行分析，全面、正确地把握企业内每个岗位的具体要求且形成书面材料，这就是工作岗位职责说明书（简称“岗位说明书”）。这种说明书是招聘工作的依据，也是对员工的工作表现进行评价的标准，还是进行员工培训、调配、晋升等工作的根据。

3. 人力资源配置

人力资源部门应该全面掌握企业工作要求与员工素质状况，及时对那些不适应岗位要求的员工进行适当调整，使人适其岗、尽其用、显其效。

4. 员工招聘

招聘包括吸引和录用两部分工作。对于那些一时缺乏合适人选的空缺岗位，人力资源部门要认真分析岗位说明书，选择合适的广告媒体进行积极宣传，吸引那些符合岗位要求的人前来应聘，给每个应聘的人提供均等的就业机会。人力资源部门在招聘过程中，应充分理解招聘和应聘工作是一个双方权衡的过程，并非单方面对应聘人条件的衡量。录用时，除考虑人员的应聘条件外，还应考虑企业的承受能力与特点。

5. 人才维护

全部岗位人员到位形成优化配置后，如何维护与维持配置初始的优化状态是人力资源管理的核心任务。人才维护包括积极性的维护、能力的维护、健康的维护、工作条件与安全的维护等。人才维护主要通过激励机制、制约机制与保障机制的建立与发挥来完成，包括薪酬、福利、奖惩、绩效考评和培训等手段。

6. 人力资源开发

人力资源的潜能巨大。有关研究表明，当员工经过一定的努力并符合当前的岗位工作要求后，只要发挥40%左右的能量，就足以保证完成日常工作任务。换一个角度来看，人力资源在维持状态下一般只发挥了40%的作用，尚有60%的潜力有待开发、挖掘。因此，人力资源维护是保证企业人力资源需要的基础，而开发才是促进企业持续发展的根本，维护总是有限的，开发才是无限的。因此开发人力资源是企业人力资源管理永恒的主题。小型汽车维修企业可以只设置专职或兼职的人力资源管理人员。中、大型汽车维修企业要设置人力资源部，配备若干专职人员。人力资源管理是一项重要的工作，因而大多由企业高层管理者主抓，归属于厂长/经理办公室或由厂长/经理直接领导。

【案例4-1】

某公司是以生产精密机械器具为主的公司，在创业初期，该公司规模不大，有一套完善的员工福利制度，运作数年都很顺利。但随着组织规模不断扩大、在引进各式各样的专业性人才后，这套福利制度就开始受到批评。近年来公司因人才不足，导致产品在质与量上皆略逊于竞争对手，这种状况引起公司经营者的担忧。于是公司将掌管人力资源部门的王经理找来，要他调查公司无法吸引优秀人才的原因并提出改善之道。经过一个月的调查，王经理发现两家公司在环境条件上差异不大，甚至在薪资方面，本公司还略高于竞争对手，但是在福利措施上，不论在质量还是弹性上，皆不及对方，于是王经理向公司建议改善公司福利制度。公司财务部门高层主管却认为：在公司财务支持程度有限的情况下，要全面地追赶对手，是有困难的。但是公司福利制度确实引起公司内许多群体的抱怨：首先，公司主管们抱怨，在以前所服务的公司中都有提供给主管的特殊福利，但如今却一视同仁，没有得到应有的尊重；其次，有些女员工希望能有教育子女的津贴以及多些休假来照顾自己的子女；最后年纪较大的员工希望公司提供健康检查并多一些保险福利，而年纪轻者则希望多一些经济上实质的福利。

试分析该公司问题所在，假如你临危受命，接受这个改造福利制度的任务，请说明你的做法。

问题分析：该公司未能对福利予以重视，导致未能吸引优秀人才进入公司，也未能做到个性化服务，因此公司须对不同的人提供其所需要的福利，最好的方式是在一定的限额下由员工自己挑选所要的福利。

采取措施如下。

（1）首先要说服公司，特别是财务部门高层主管，说明改善福利制度的必要性与好处，务必请他们予以支持。

（2）将竞争对手的福利制度内容作为参考，并针对公司所有人员进行福利需求问卷调查，找出员工所需要的福利内容。

（3）设计弹性福利计划，内容包含各群体所需要的福利项目，给定额度进行挑选。弹性福利是为达到激励员工的目标，针对员工需要而设计的福利项目，也就是说，让员工依照自己的需求，从企业提供的福利项目中选择自己所需并组合成一套福利的“自助套餐”。

弹性福利类型如下。

（1）附加型弹性福利，是在公司原有的福利制度以外，再增加一些可由员工自行选择的福利项目或对既有的福利加码。

（2）弹性支用账户，是指员工每年可以从税前收入中拿出一定数额的款项作为自己的“支用账户”，员工可拿账户内的金额去选购各种福利项目。账户中金额若在本年度没有用完，既不能在未来使用，也不能以现金形式发放。

（3）福利套餐，是由公司同时推出几种不同但固定的福利组合，员工能自由选择某种福利组合，但不能选择或更改每种组合所包含的内容。

任务实施

1. 任务工单描述

以真实招聘岗位为例，采用角色扮演的方法，模拟汽车维修技工就业应聘、面试环节，并完成一份汽车维修技师岗位说明书。

2. 任务实施记录

详见附录 1“任务实施记录表”。

任务评价

1. 作业过程质量评价要求

（1）岗位名称、岗位职责等基本要素全面体现。

（2）岗位说明书描述准确、具体。

（3）职业发展部分符合实际。

（4）语言流利，肢体语言得体、规范。

2. 任务评价点评

（1）以学习小组为单位，将“任务实施记录表”上传课程平台（或智慧课堂），各小组互评和教师点评。

（2）评价分值包含各小组对重要知识点的掌握程度（40%），任务完成及创新情况（40%），团队合作及职业素养（20%），详见附录 2“任务评价表”。

可扫描二维码查看在线测试和知识拓展的相关内容。

在线测试　　知识拓展

任务 2　汽车服务企业员工培训、薪酬与考核管理

任务导读

在汽车服务企业行政管理工作中，企业需要了解员工培训的真实需求，制订合理的培训计划，组织实施员工培训及培训评估，还需要对汽车服务企业的薪酬设计与绩效考核进行管理。合理的员工培训、薪酬与考核管理往往能够使汽车服务企业吸引和留住合适的人才，为企业的发展起到锦上添花的作用。

本任务通过情境、案例和任务工单等形式，帮助大家了解人力资源的目标及薪酬设计。

任务目标

学习目标	能力目标	素质目标
1. 理解员工培训的概念、意义及员工培训的工作流程； 2. 了解人力资源的目标； 3. 重点掌握薪酬主要的内容和薪酬体系设计； 4. 了解绩效考核常见问题及解决措施	1. 能制订工作计划，独立决策和实施； 2. 能运用多方资源解决实际问题； 3. 能准确地进行自我评价，能自主学习与独立思维	1. 树立服务意识、效率意识、规范意识； 2. 强化人际沟通、语言表达能力； 3. 培养实现组织目标的大局意识和团队能力； 4. 培养爱岗敬业的职业道德和严谨务实的工作作风

情境导入

阳力是王大海创立的汽车销售服务有限公司的人力资源部经理，近一个月来，公司接二连三发生的事情似乎都与他有关，让他苦不堪言，尤其是总经理让他尽快拿出解决方案，更让他寝食难安。

第一件事是公司准备扩建两个店，为此招聘40名新员工。因为时间急，招来的新员工技术与素养都让公司领导不满意，该怎么办呢？

第二件事是近半年来，公司中层管理者的离职率明显高于上一年，更让总经理恼火的是一些公司元老也提出了辞职。要留住骨干，关键是建立一套有效的员工激励机制。这又该怎么办呢？

相关知识

一、员工培训

（一）员工培训的概念

员工培训是指组织在将组织发展目标和员工个人目标相结合的基础上，有计划地组织员工学习和训练，提高员工的知识水平和技能，改善员工的工作态度，激发员工的创新意识，使员工能胜任本职工作。

（二）员工培训的意义

1. 对汽车服务企业而言

（1）有利于汽车服务企业人力资源整体素质的提高，是调整人与事之间的矛盾、实现人事和谐的重要手段。

（2）有利于汽车服务企业增强自身对外部环境的适应性。

（3）能够提高汽车服务企业自身改革和创新的能力。

（4）可提高企业开发与研制新产品的能力。

（5）可改善员工工作质量；可降低损耗。

（6）可减少事故的发生。

（7）可减少员工旷工和迟到现象。

（8）可完善管理内容。

2. 对汽车服务企业的员工而言

（1）可提升员工的岗位工作能力。

（2）可增加员工获得较高收入的机会。

（3）可使员工获得除收入以外的其他报酬。

（4）可增强汽车服务企业员工的职业稳定性。

（三）员工培训的工作流程

汽车服务企业在组织员工培训时，通常分成准备阶段、实施阶段、评估阶段来进行。

1. 准备阶段

（1）进行培训需求分析。一般从组织层面、工作状况层面、员工层面三方面展开培训需求分析。

（2）确认培训目的。在培训项目实施之前，必须把培训目的明确下来。

2. 实施阶段

（1）制订培训计划。从企业的战略出发，在全面、客观地分析培训需求的基础上，对培训内容、培训时间、培训地点、培训对象、培训方式和培训费用等预先做出安排。

（2）组织与实施培训计划。培训计划制订完成后，可以对培训要解决的问题制订详细的培训计划，设置课程，选择培训方法，落实培训人员及地点。

3. 评估阶段

主要包括对课程设计、培训方式和培训效果的评估，以及对受训者回到工作岗位后工作状况的定期跟踪反馈，判断受训者能否明显改善自己的工作态度与效率，能否将培训内容转化为具体的工作绩效。对比受训者在受训前后的工作情况，建立受训员工的素质档案，为下一步培训做好准备工作。

员工具体培训流程如图 4－1 所示。

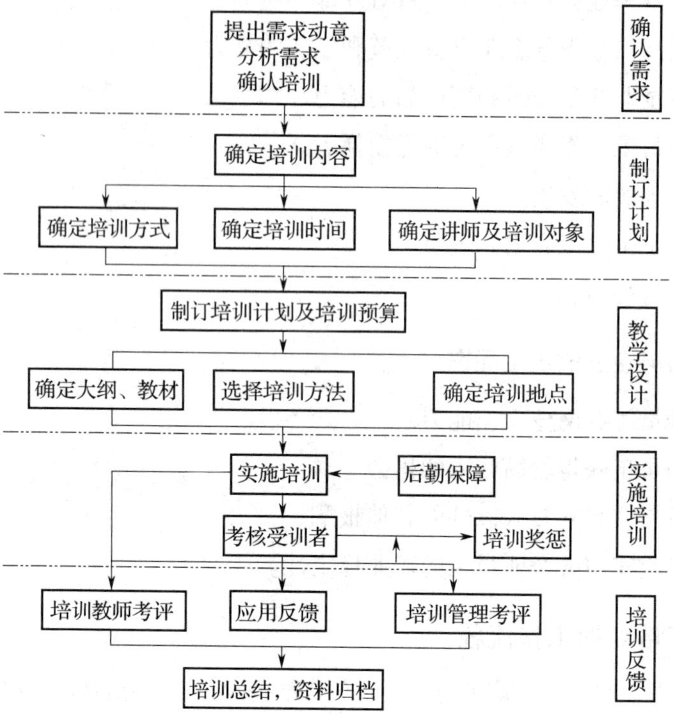

图4－1　员工培训流程

（四）确保员工培训计划合理有效

对员工进行合理有效的培训，不但能够让员工深入了解和学习汽车服务企业的文化，而且能够通过培训结果的评估尽快了解员工的优缺点，从而正确地进行岗位分配。

1. 做好事前沟通工作，使培训内容与实际情况相结合

（1）与管理层进行良好的沟通，获取相应的经费及物质条件的支持。

（2）与讲师及部门领导保持沟通，确保培训的质量，争取让员工切身感受到培训的实际作用。

（3）与培训员工进行沟通，通过交流了解员工对培训的意见和建议，明确员工的关注点和兴趣点，以此来增强培训计划的合理性和有效性。

2. 合理安排培训内容和时间

（1）对于理论性的培训课程，如汽车服务企业的文化、企业的规章制度等内容，要安排在上午进行。

（2）员工手册、福利制度等与员工利益直接相关或者员工比较关心的课程，可以安排在下午进行。这样的安排可以防止员工在下午时间因感到枯燥无味而打盹。

（3）不同部门的岗位技能类培训，要由相应的部门领导分别进行，防止大家一起

培训时，浪费时间学习与自己无关的岗位知识。

3. 培训计划结合任职要求

员工培训计划应与工作岗位的任职要求相结合，不仅要考虑员工的兴趣，还要考虑培训在工作中所能产生的效益。

（1）明确岗位胜任力要求，按照岗位胜任力来进行有的放矢的培训，不做无用功。

（2）对员工岗位胜任素质进行测试，明确员工的能力水平，根据不同员工的不同能力水平制订不同的培训计划。

（3）明确员工晋升路径，根据有晋升或者变更岗位条件的员工所提出的培训需求对其进行有针对性的培训。

4. 确保培训结果评估合理有效

在培训结果评估方面，仅仅依靠简单的授后考核是不够的，在培训计划中，可按照培训时间设计几种评估方式。

（1）培训期间，建议按照“命题作业、书面测验”的方式进行阶段性考核。

（2）培训结束后，可通过“全面考试、培训报告”的方式进行整体评估。

（3）在试用期结束前，建议按照一个月一次或两个月一次的频率，通过“实际岗位操作”或者“拓展式训练”来回顾培训内容，以此来加深员工对培训内容的印象，经过反复操练，达到培训计划的最终目的。

（五）制定新员工培训课程

新员工一般要接受 3 ~7 天的岗前培训。

制定新员工培训课程，可以让新员工了解汽车服务企业的文化、规章制度、组织结构，使其更快适应工作环境；可以让新员工熟悉岗位职责、工作流程、与工作相关业务知识及汽车服务行业从业人员应具备的基本素质。

一般情况下，汽车服务企业的新员工培训课程可按基础类培训及专业类培训开设，具体课程可参见表 4 –2。

表 4 –2　新员工培训课程

基础类培训	专业类培训
入职沟通	新员工信息统计分析
企业文化介绍	设计岗位技能培训计划
企业制度介绍	安排上岗实际操作
企业环境和人员介绍	
体验式拓展培训	

总之，员工培训做得好，可以省去高层次人才的招聘费用，降低高层次人才的聘用费用，增强规范化和标准化，降低运营成本。反过来说，受薪资或地域条件限制，招的人素质低，可以通过培训来提升，降低考核成本。在员工培训过程中，每个环节都要仔细安排和计划好，才能确保员工培训计划的行之有效。

二、薪酬设计

薪酬事关公平和激励，是影响企业流失率的重要因素。薪酬设计要兼顾外部公平和内部公平。薪酬低了，招聘力度再大，人员也留不住；薪酬高了，人人都不愿担责任，怕丢“饭碗”，甚至有可能设立诸多条件，尽力排斥外来人员。薪酬对绩效管理也有影响，兑现力度大了，是有刺激性作用，但是会造成员工短视，使其只盯住眼前指标，而偏离长远绩效。因此，长、中、短期激励需要合理搭配，才能充分发挥效能。

（一）薪酬的定义

薪酬是用人单位为获得劳动者未来提供的劳动而承诺支付给劳动者的劳动报酬，这种劳动报酬可以是实物形态的，也可以是非实物形态的。薪酬实质上是一种交易或交换。现代薪酬福利体系是汽车服务企业从人力投资和激励机制的角度出发，为员工提供的有形的与无形的酬劳的总和。

（二）薪酬的主要内容

1. 基本薪酬

基本薪酬又称基本薪金，是根据员工所承担或完成的工作本身或者是员工所具备的完成工作的技能向员工支付的相对稳定的报酬。其是员工收入的主要部分，也是计算其他薪酬收入的基础。

2. 津贴、补贴

津贴作为一种辅助形式，是对劳动者额外劳动付出的一种补偿，一般是指补偿劳动者在特殊条件下的劳动消耗及生活费额外支出的工资。补贴是为了补偿物价变动而设置的补偿，主要有生活费补贴和价格补贴。

3. 奖金

奖金作为一种工资形式，其作用是对与生产或工作直接相关的超额劳动给予报酬。奖金是对劳动者所创造的超过正常劳动定额以外的社会所需要的劳动成果所给予的物质补偿。

4. 福利

福利是员工的间接报酬。一般包括健康保险、带薪假期、过节礼物或退休金等形式。这些奖励作为企业成员福利的一部分，奖给员工个人或者员工小组。

（三）薪酬体系设计的步骤

汽车服务企业的薪酬体系设计是一项涉及很多因素的复杂过程，需要精心设计每个环节，考虑多方面因素。新的薪酬体系方案完成后，需要经过一段时间的测评，才能投入具体实施。

1. 制定薪酬策略

以汽车服务企业的战略为基础，通过分析汽车服务企业薪酬水平的定位、薪酬结构和薪酬模式等内容，确定该企业的薪酬策略。

2. 薪酬体系设计

在薪酬体系设计的过程中，汽车服务企业要对自身的岗位进行分析和评价，确定该企业的薪酬等级，并进行薪酬市场的行业调查，最终设计出薪酬方案的草稿。

3. 实施保障

新的薪酬方案需要经过测评才能正式实施。在测评期间，应当推进薪酬方案的宣传与执行，及时收集有关薪酬方案的反馈并加以修正完善。薪酬体系实施过程中，需要跟进一系列的保障措施，以确保本企业薪酬体系的顺利实施。

汽车服务企业薪酬体系设计的具体步骤如图 4－2 所示。

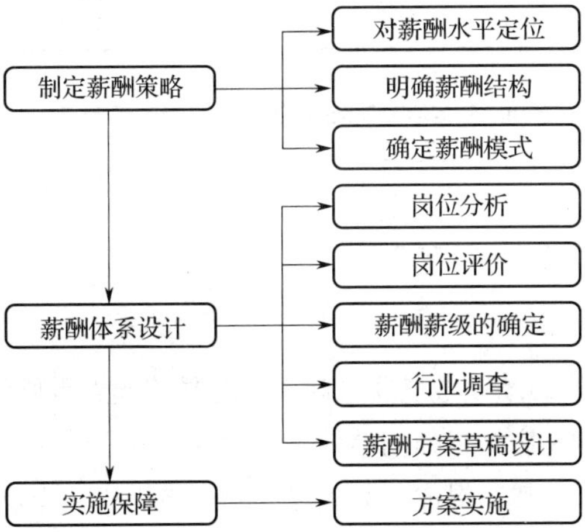

图 4－2　汽车服务企业薪酬体系设计的具体步骤

（四）薪酬体系设计

汽车服务企业需要根据目前实际经营发展情况和行业整体情况，设计出适合本企业的薪酬体系。薪酬体系可以分为薪酬固定部分、薪酬变动部分、其他相关福利三大模块。要将绩效薪酬与绩效考评相结合，以制定出具有激励性的薪酬体系，具体如图 4－3 所示。

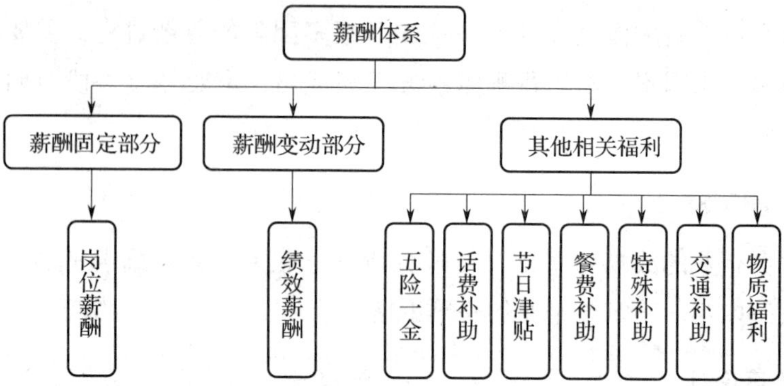

图 4－3　薪酬体系

1. 岗位工资设计

岗位工资是按照不同工作岗位的工作难易、劳动轻重、责任大小、出勤天数及劳动环境确定工资标准的，员工可以根据自己的岗位等级，找出对应的固定岗位工资。表 4－3 和表 4－4 所示为某汽车 4S 店销售部岗位工资表。

表 4－3　某汽车 4S 店销售顾问岗位工资表

单位：元

级别	一级	二级	三级	四级	五级
岗位工资	1 000	1 100	1 200	1 300	1 400

表 4－4　某汽车 4S 店销售主管岗位工资表

单位：元

级别	一级	二级	三级	四级	五级
岗位工资	1 200	1 300	1 400	1 500	1 600

2. 绩效工资设计

绩效工资应与本企业的绩效考核联系起来，对员工起着重要的激励作用。

参考案例：某汽车 4S 店销售顾问绩效工资设计。

销售顾问绩效工资＝(整车提成＋装潢提成＋保险提成＋上牌提成＋二手车置换销售提成)×月度绩效考核得分÷100。

（1） 整车提成：单车提成金额根据个人销售指标达成率确定。

（2） 装潢提成：装潢提成与装潢营业额达成率挂钩，按既定标准提成。DVD 语音导航系统另外提成。

① 销售顾问的精品指标由部门经理确定后，每月初交行政部备案。

② 如果销售顾问无精品指标，则按税后利润的 10% （副厂） 提成。

（3）保险提成：销售顾问的保险提成与保险的毛利达成率挂钩。

① 销售顾问的保险指标由部门经理确定后，每月初交行政部备案。

② 如果销售顾问无保险指标，则按毛利的 10% 提成。

（4）上牌提成：销售顾问的上牌提成与上牌的毛利达成率挂钩。

① 销售顾问的上牌指标由部门经理确定后，每月交行政部备案。

② 如果销售顾问无上牌指标，则按毛利的 7% 提成。

（5）二手车置换销售提成：置换二手车的销售顾问，成交后按毛利的 10% 提成。

3. 其他福利设计

福利的本质是一种补充性报酬。

福利的形式具体如下。

（1）全员性福利，如社会保险、餐费补贴、交通补贴、带薪假期、病假、弹性工作制、定期体检等。

（2）特殊补助，如免息住房贷款、出差食宿、股票优惠购买权、额外商业保险、免费旅游等。

（3）困难补助，如住院慰问金、医疗补助、家庭生活困难补助等。

（五）做好部门间的薪酬平衡

（1）依据岗位价值设定薪酬标准。

（2）根据多方面评估确定薪酬等级。

（3）严格监督薪酬保密工作。

① 与员工单独谈话，告知其薪酬调整内容。

② 与员工签订薪酬保密协议，防止员工泄露薪酬信息。

③ 员工间禁止交流薪酬相关话题。

④ 注意员工个人关系，防止员工矛盾的产生。

（4）可以利用奖励手段进行薪酬的调控。

（六）做好员工个体薪酬调整

薪酬调整是汽车服务企业发展战略和管理水平的重要体现，但很多汽车服务企业在进行薪酬调整时，没有充分考虑到影响薪酬调整的各方面因素，没有做出正确的判断，从而导致薪酬调整失当，造成人才流失，使企业利益受损。

员工是企业的重要组成部分，员工个体所受待遇情况和对企业的满意度直接影响全体员工对企业的态度。同时，员工个体对企业的贡献直接关系到企业的发展，尤其是核心员工或关键人才的工作能力和意见建议，对企业的发展有着举足轻重的作用。另外，优秀的员工个体在与外界人士交涉时，发挥了“企业名片”的作用，通过无形的手段对企业的情况做了有效宣传，为企业树立了良好的形象。

因此，汽车服务企业在进行整体薪酬调整时，不能忽视员工个体对企业发展的重要作用，要全面考虑各方面因素，在维护稳定的前提下进行薪酬调整。

（1）在做出调整之前，要全面考察员工的综合素质和能力水平。

工作业绩考核是进行个人薪酬调整的直接依据。人力资源部要通过考察员工是否对公司做出了突出贡献，是否给企业带来了一定的利益，来做出具体调整。

此外，周围同事和上级领导对员工的素质是最有发言权的。人力资源部也要与员工周围同事及上级领导进行访谈，了解员工的日常工作表现和能力情况。

（2）特殊情况特殊对待，要根据每位员工的个人表现，对其薪酬做出相应的调整。注意区分关键人才与普通员工之间的薪酬待遇，而非整体“一刀切”。

（3）当调整过程中出现纠纷，或员工对自己调整后的薪酬不满时，要及时做出妥善处理，如：调阅员工资料；找员工领导或同事开座谈会；将问题摆到桌面上，共同研究或讨论该调整是否合理；制定相应的处理措施，避免问题严重化，以免降低员工对企业的忠诚度和信任感，从而避免不必要的损失。

总之，薪酬管理要为实现薪酬管理目标服务。薪酬管理目标是基于人力资源战略设立的，而人力资源战略服从于汽车服务企业的发展战略。

三、绩效考核管理

绩效考核的工作是员工管理工作的重要组成部分。制定出完善的考核制度，将绩效考核工作规范化，是汽车服务企业绩效考核管理工作的首要任务。

（一）绩效考核的定义

在汽车服务企业中，绩效是员工完成工作的结果或履行职务的结果。换句话说，就是企业员工对企业的贡献，或为企业所带来的价值。

在汽车服务企业中，员工工作绩效具体表现为完成工作的数量、质量、成本费用及对本企业做出的其他贡献等。

（二）绩效考核的特征

（1）绩效是员工行为的后果，是目标的完成程度，是客观存在的。

（2）绩效必须具有实际的效果。

（3）绩效是一定的主体作用于一定的客体所表现出来的效用。

（4）绩效应当体现投入与产出的对比关系。

（5）绩效应当具有一定的可度量性。

（三）绩效评估管理的基本目标

（1）实施目标管理，保证汽车服务企业整体目标的实现。

（2）帮助每个员工提高工作绩效与工作胜任力。

（3）促进管理者与员工之间的沟通与交流。

（四）确定绩效考核指标权重

汽车服务企业的考核制度是面向全体员工的，而实际上，每个员工的考核标准都是不同的。因此，必须根据岗位性质与岗位重要性确定考核指标的权重，以此保证考核制度的全面周全。

1. 企业管理层员工

管理层员工的工作对公司业绩目标的达成起重要作用，与企业的整体经营状况息息相关，因此管理层员工的业绩考核指标所占权重是最大的。同时，既然能够胜任管理岗位，这些员工的工作能力自然不会太差，这就导致其工作能力考核指标所占权重相对较小。另外，由于良好的工作态度是管理层所必备的条件，因此管理层员工的工作态度考核指标权重最小。

2. 销售员工

一线销售人员的考核指标权重划分与管理层相似，但略有区别。

销售人员所做的工作直接与产品及业务相关，他们以完成个人业绩目标为主要任务，因此业绩考核指标在所有考核指标里所占的比重也是最大的。同时，销售人员的工作态度反映了他们对企业的忠诚度和对客户的服务质量。工作态度考核指标权重排行第二。此外，一线销售的岗位胜任力要求相对较低，其任职员工的工作能力考核指标所占权重也就相对较小。

3. 支持类的后勤员工

后勤员工的工作内容大多是支持性或辅助性的，他们在各部门，甚至公司与客户之间，起着沟通桥梁的作用。因此，对后勤员工的考核指标权重，可由大到小，依次按照工作态度、关键任务、工作能力的顺序进行排列。其中，关键任务相当于销售人员的业绩考核指标，后勤人员不需要完成时间量化的工作业绩，但可根据关键任务，对他们进行考核。

（五）制定完整的绩效考核流程

制定完整的考核流程大致要经历三个步骤（见图 4－4）。

（1）制作相关考核表格，获取绩效考核指标信息。

（2）组织绩效考核管理工作进展汇报；组织员工进行自我评价工作；组织上级领导进行评价；进行绩效考核面谈工作。

（3）上报绩效考核表，并由领导进行审批；根据考核过程中反映的问题，对绩效考核制度进行调整及修改；核算员工绩效分数并公示。

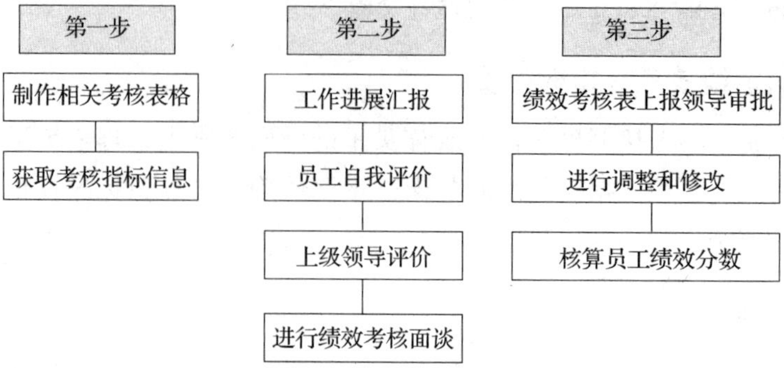

图 4-4 制定完整的考核流程

（六）绩效考核常见问题及解决措施

1. 常见问题

（1）汽车服务企业内部管理混乱，没能按照绩效考核制度进行管理。

（2）汽车服务企业各部门自成体系，使得绩效考核制度流于形式。

（3）没有做好前期考察工作，导致现行绩效考核制度不合理，不适用于本企业。

（4）没有了解员工的期望与建议，实施的绩效考核制度没能得到员工认可。

2. 解决措施

（1）与员工进行深入沟通。例如，召开会议或者进行抽样访谈，了解情况并分析考察结果，对绩效考核制度进行调整和完善。

（2）获得领导支持。例如，可以让领导表态，然后要求各部门加以配合。

（3）做好绩效考核监督工作。例如，人力资源部门要持续推进整个考核流程，并且要对绩效评估过程进行全程监督，对于领导审核环节，也要加以督促。

（4）尝试强制性实施。例如，下达强制性命令，并加以高效率沟通，强力推进绩效考核制度的实施。

总之，绩效考核是汽车服务企业管理者与员工之间的一项管理活动。汽车服务企业对员工进行绩效考核的目的是发展人，而不是制裁人，是不断改进员工绩效表现，面向全体员工进行跟踪培训，并在此过程中向员工进行汽车服务企业文化的灌输与培养。

任务实施

1. 任务工单描述

采用角色扮演的方法，模拟汽车服务企业应聘、面试、培训和薪金奖励，与学习小组成员商讨和训练，并采用角色扮演法在课堂上展示。

2. 任务实施记录

详见附录 1 “任务实施记录表”。

【案例 4－2】

比亚迪公司人才培养体系

比亚迪公司人才培养体系主要包括以下几个方面。

①招募与选拔：比亚迪公司通过各种渠道（包括校园招聘、社会招聘等）广泛招募优秀人才，通过面试、笔试等方式选拔最适合的人才加入公司。

②岗位培训：比亚迪公司为新员工提供系统的入职培训（包括公司文化、岗位职责等方面的培训），确保员工能够快速适应工作岗位。此外，比亚迪公司还提供定期的岗位培训，帮助员工不断提升自己的专业能力。

③职业发展规划：比亚迪公司注重员工的职业发展，为员工制订个人职业发展计划，根据员工的兴趣和能力给予适当的岗位晋升机会。同时，比亚迪公司鼓励员工积极参与培训和学习，为他们提供各种学习资源和机会。

④培养经理人：比亚迪公司注重发展公司内部的管理人才，通过内部选拔和培养，培养出一批优秀的中高级管理人才。比亚迪公司还与知名院校合作，开展管理人才培养项目，为公司未来的发展储备管理人才。

⑤海外培训项目：比亚迪公司还注重员工的国际化培训，将员工派往海外参加培训项目，提升员工的国际化视野和能力。

通过以上的人才培养体系，比亚迪公司致力于培养和发展员工，不断提升企业的竞争力和创新能力。

任务评价

（1）以学习小组为单位，将“任务实施记录表”上传课程平台（或智慧课堂），各小组互评和教师点评。

（2）评价分值包含各小组对重要知识点的掌握程度（40%），任务完成及创新情况（40%），团队合作及职业素养（20%），详见附录 2 “任务评价表”。

可扫描二维码查看在线测试和知识拓展的相关内容。

在线测试　　　　知识拓展

项目五
汽车服务企业财务管理

任务1　汽车服务企业财务管理概述

任务导读

随着中国汽车市场的不断发展，财务管理在汽车服务企业的运营管理过程中的作用与地位越来越重要。可以说，只要有资金的地方就有财务管理，完备的财务制度、规范的财务管理是一个企业正常运作及发展壮大必不可少的，也能够对企业的成长提供帮助。

本任务通过案例、情境和任务工单等形式，帮助大家理解企业财务管理的概念，掌握企业财务管理的基本价值观念。

任务目标

学习目标	能力目标	素质目标
1. 掌握企业财务管理的相关概念； 2. 理解企业财务管理的基本价值观念； 3. 了解企业财务管理的内容	1. 能运用所学知识，掌握资金时间价值的不同计算形式； 2. 能结合实际，学以致用，逐步养成自学能力和分析问题的能力	1. 培养较强的自律意识和法治观念； 2. 培养较强的团队精神和交流沟通能力

情境导入

“一寸光阴一寸金，寸金难买寸光阴。”在生活中我们经常看到“时间就是金钱，效率就是生命”的提法，这仅仅是比喻吗？还是存在一定道理的事实？

30 年前的10 000 元，如果做以下选择，其结果是：买黄金，现在价值超过百万元；买可口可乐的股票，现在市值超过千万元；在北京市中心买个院子，现在起拍价就能过亿元；全部存入银行，现在估计能买一辆电动汽车。

想一想其中蕴含的资金时间价值的道理。

相关知识

一、企业财务管理的相关概念

（一）财务

简单地说，财务就是关于财产方面的事务。企业财务就是企业再生产过程中的资金运动，即有关资金筹集、资金运用和资金分配等方面的活动，体现着企业和各方面之间的经济关系。这些活动也称为财务活动。

（二）财务管理

财务管理是在一定的整体目标下，对资产购置（投资）、资本融通（筹资）和经营中现金流量（营运资金）以及利润分配的管理。

（三）企业财务管理

企业财务管理是现代经济管理的重要组成部分，是企业最基本的管理活动。企业财务管理是根据财经法规制度，按照财务管理的原则，组织企业财务活动、处理财务关系的一项经济管理活动，它是企业管理的重要组成部分。

汽车服务企业财务管理是一种价值管理，即对企业再生产过程中的资金运动所进行的管理。汽车服务企业财务管理利用资金、成本、收入等价值指标来组织企业中资金的形成、实现和分配，其目的是使企业资金实现增值，提高资金效益。

二、企业财务管理的重要性

（1）财务管理不仅能够帮助汽车服务企业控制成本与费用、控制风险、提高利润，而且能够通过盈利指标和营运指标分析，全面反映目前的财务及运营状况，预测未来的发展趋势，在管理中起着非常重要的作用。

（2）在市场经济条件下，财务管理是企业最基本的经济活动之一，市场化经济越发展，财务管理越重要。因此，树立正确的财务观念，加强财务管理，才能使企业在激烈的竞争中立于不败之地。

三、企业财务管理的基本价值观念

企业财务管理要在一定的前提条件下进行，它的目标是实现利润最大化，而要实现企业财务管理的目标，就要依据其基本价值观念，通过资金的运动实现价值的增值。企业财务管理的基本价值观念主要包括资金时间价值和投资风险价值。

（一）资金时间价值

1. 资金时间价值的含义

资金时间价值（又称货币时间价值）是指资金在运动中，随着时间的推移而发生的增值，即一定量的货币资金在不同的时间上具有不同的价值，其实质是资金周转使用后的增值额。资金时间价值的大小取决于资金数量的多少、占用时间的长短、收益率的高低等因素。

从形式上讲，资金时间价值是资金所有权与使用权分离后，所有者向使用者索取的一种报酬；从来源上讲，资金时间价值是社会资金使用效益的一种体现。

2. 资金时间价值的计量

（1）基本概念。

终值又称本利和，是指现在一定量的资金在未来某一时点上的价值，即现在资金在将来某一时刻的本利和，通常用字母“F”表示。

现值又称本金，是指未来某一时点上的一定量资金折算到现在的价值，通常用字母“P”表示。

单利是指本金固定，到期后一次性结算利息，本金所产生的利息不再计算利息。

复利是指把上一期的本金和利息作为下一期的本金来计算利息，如果投资期限相同，投资的年利率也一样，复利的值要大于单利的值。

（2）资金时间价值的计算公式见表 5 - 1。

表 5 - 1 资金时间价值的计算公式

	单利	复利	备注
利息（I）	$I=P\times i\times n$	$I=F-P$	现值：现在的价值 终值：未来的价值 单利：只对本金计息 复利：本金和利息均计息
现值（P）	$P=F/(1+i\times n)$	$P=F\times 1/(1+i)^n=F(P/F,\ i,\ n)$	
终值（F）	$F=P+I=P(1+i\times n)$	$F=P\times(1+i)^n=P(F/P,\ i,\ n)$	
说明	i：利率（利息率） I：利息 P：现值（本金） n：期数 F：终值（本利和）	$(P/F,\ i,\ n)$：1 元复利现值系数 $(F/P,\ i,\ n)$：1 元复利终值系数 其数据可查询复利现值系数表和复利终值系数表或自行计算	

(3) 资金时间价值的计算。

【案例5-1】

小张将80 000元存入银行，存款利率为5%，存款期为1年，则到期本利和是多少(单利终值)?

解析:

$$F=P(1+i\times n)$$
$$=80\,000\times(1+5\%\times1)$$
$$=84\,000\text{（元）}$$

若小张到期不提走现金，到期自动转存，则第二年的本利和是多少（复利终值)?

解析:

$$F=P\times(1+i)^n$$
$$=80\,000\times(1+5\%)^2$$
$$=80\,000\times1.102\,5$$
$$=88\,200\text{（元）}$$

【案例5-2】

某企业持有一张带息票据，面额为9 000元，票面利率4.6%，出票日期5月20日，到期日8月18日（90天)，则该持有者到期可得本利和是多少（单利终值)?

解析:

$$F=P(1+i\times n)$$
$$=9\,000\times(1+4.6\%\times90/360)$$
$$=9\,000\times1.0115$$
$$=9\,103.50\text{（元）}$$

在现实的经济生活中，可能需要根据终值确定其现在的价值即现值。假设例5-2中的企业因急需用款，凭该期票于7月29日到银行办理贴现，银行规定的贴现率为6%。该期票8月18日到期，贴现期为20天，则银行付给企业的金额应是多少（单利现值)?

解析:

$$P=F/(1+i\times n)$$
$$=9\,103.50/(1+6\%\times20/360)$$
$$=9\,103.50/1.003\,3$$
$$\approx9\,073.56\text{（元）}$$

（二）投资风险价值

1. 风险的含义与财务决策的分类

(1) 风险是指事物发生结果的多变性和不确定性，风险不能简单混同于损失。风险既可以是收益，也可以是损失。从财务的角度来说，风险主要指出现财务损失的可能性或预期收益的不确定性。风险管理对公司的生存和发展十分重要，应当树立和加强投资风险管理的观念。

企业的经济活动大都是在有风险和不确定的情况下进行的，投资风险价值观念揭示了风险同收益之间的关系。

（2）根据对未来情况的掌握程度，财务决策可分为三种类型。

①确定性决策，是指未来情况能够确定或已知的决策。

②风险性决策，是指未来情况不能完全确定，但各种情况发生的可能性已知的决策。

③不确定性决策，是指未来情况不能完全确定，且各种情况发生的可能性也不清楚的决策。

2. 投资风险价值的概念

投资风险价值是指投资者进行投资而获得的超过资金时间价值的额外收益，又称为投资风险收益或投资风险报酬。在市场经济条件下，由于企业内外部环境复杂多变，风险广泛存在于企业的财务活动中，并对企业实现财务管理目标有着重要的影响。风险与风险报酬之间具有对等性，风险越大，则要求的投资报酬应越高。风险收益的大小取决于投资者，投资者愿意冒风险，就会选择风险较大的投资项目，其相应的风险收益就会较高。

将企业的财务管理从传统的以记账、算账、制作报表为主转向财务控制、项目预算、资金运作、业务开拓、决策支持等主动运营上来，实现企业管理跨越式的发展，才能真正提高企业的核心竞争力。

【案例5-3】

章某的投资

2020年6月1日，章某在中行某分行存入20万元，存期为1年，到期自动转存，银行存款年利率为2.6%。因资金比较宽松，该笔存款一直未予动用。2023年6月1日，章某拟撤销该临时户，与银行办理销户时，银行共付给章某21.6万元。

如果章某将20万元放在保险柜里，存放至2023年6月1日，货币资金仍然是20万元。

如果章某将20万元投资于股市，到2023年6月1日，变现股票的价值可能大于21.6万元，也可能小于21.6万元。

章某2020年6月1日存入20万元，2023年6月1日取出21.6万元，1.6万元就是20万元的3年资金时间价值；存放在保险柜里资金没有增值；投资于股票市场20万元，3年资金时间价值可能大于1.6万元或者小于1.6万元，大于或小于1.6万元的部分，就是20万元的投资风险价值。

【案例 5-4】

谁是最合适的继承人

为了选择最合适的事业继承人，一位大富翁决定对四个儿子进行测试。他给每个儿子100万元，以一年为考核期限，希望他们采取一切合法手段进行投资或经营，尽可能使这笔钱增值，一年后根据他们的经营业绩来确定继承人。

大儿子得到100万元后，将这笔钱存在家里的保险柜，然后就四处寻找最能够赚钱又没有风险的投资项目，很遗憾，他在这一年中始终没有找到他认为最合适的项目，因而他未动用过这100万元。二儿子将100万元存入银行，年利率为5%，一年后获利5万元。三儿子将100万元投资于某一项目，一年后亏损6万元。四儿子将得到的100万元进行抵押，又融资80万元，将180万元投资于某一项目，一年后获利20万元。

最终，大富翁选择了四儿子为继承人。

四、企业财务管理的内容

（一）筹资和投资管理

企业按照一定的筹资方式，采取不同的投资渠道，运用科学的方法进行筹资和投资决策，建立企业资本金制度，确保资本金安全和完整，以取得良好的筹资效果和投资收益。

（二）资产管理

资产管理包括流动资产管理、固定资产管理、无形资产管理、递延资产管理和其他资产的管理。资产管理的目的是合理配置各类资产，充分发挥资产的效能，最大限度地加速资产的周转。汽车服务企业的资产管理以提高资产可利用率、降低企业运行维护成本为目标，以优化企业维修资源为核心，通过信息化手段，合理安排维修计划及相关资源与活动。通过提高设备可利用率得以增加收益，通过优化安排维修资源得以降低成本，从而提高企业的经济效益和企业的市场竞争力。

现金流是企业经营发展的命脉，良好的现金流才能够使企业健康成长。财务部门应积极参与资金决策，为经营决策者制定中长期发展目标和规划提供数据支持，依据企业的资金决策方案和企业年度经营计划编制合理有效的资金管理预算，在编制资金计划时要注意调整和安排好资金结构。

（三）成本费用管理

成本费用管理是指对企业生产经营过程中生产经营费用的产生和产品成本的形成所进行的预测、计划、控制、分析和考核等一系列管理工作。加强成本费用管理是扩大生产、增加利润和提高企业竞争能力的重要手段。

(四) 收入管理

营业收入是企业在生产经营过程中对外销售或提供劳务等取得的各项收入。营业收入管理是企业财务管理的一个重要方面，它关系到企业的生存和发展，加强营业收入管理对企业具有重要的意义。

任务实施

1. 任务工单描述

拿破仑赠送玫瑰花的诺言

1797 年 3 月，拿破仑参观卢森堡大公国第一国立小学的时候，向该校赠送了一束价值 3 路易的玫瑰花。拿破仑在演讲时宣称，玫瑰花是两国友谊的象征，为了表示法兰西共和国爱好和平的诚意，只要法兰西共和国存在一天，他将每年向该校赠送一束同样价值的玫瑰花。时过境迁，由于年年征战，拿破仑并没有履行他的诺言。

历史前进的脚步一刻也不曾停息，转眼间已是近一个世纪的时光。1894 年底，卢森堡王国郑重向法国政府致函，向法国政府提出违背“玫瑰花诺言”案的索赔：要么从 1797 年算起，用 3 路易作为一束玫瑰的本金，以 5 厘复利（即利滚利）计息全部清偿；要么在法国各大报刊上，公开承认拿破仑是个言而无信的小人。法国政府不想做出有损拿破仑形象的事情，但原本只值 3 路易的一束玫瑰花，本息已达 1 375 596 法郎。经过冥思苦想，法国政府的答复是：“以后，无论是在精神上还是在物质上，法国将始终不渝地对卢森堡大公国的中小学教育事业予以支持和赞助，来兑现我们的拿破仑将军那一诺千金的玫瑰花信誉。”

1977 年 4 月 22 日，法国时任总统德斯坦访问卢森堡，将一张 4 936 784. 68 法郎的支票，交给了卢森堡第五任大公让 · 帕尔玛，以此了结了持续 180 年的“玫瑰花诺言”案。

自幼喜欢数学的拿破仑，对数学有着特殊的兴趣。然而，就是这样一位对数学颇有研究的皇帝，却不小心掉进了自己设下的陷阱。拿破仑至死也没有想到，自己只是一时兴起，却给法兰西后人带来这样的尴尬。但这也说明了一个道理：许诺只是在一瞬间，践约需要永远——无论是凡人，还是伟人。

以拿破仑赠送玫瑰花的诺言为例，以学习小组为单位，结合所学知识，搜集相关资料，制作 PPT，解释货币时间价值是怎样产生的。

2. 任务实施记录

详见附录“任务实施记录表”。

任务评价

（1）以学习小组为单位，将“任务实施记录表”上传课程平台（或智慧课堂），各小组互评和教师点评。

（2）评价分值包含各小组对重要知识点的掌握程度（40%），任务完成及创新情况（40%），团队合作及职业素养（20%），详见附录2“任务评价表”。

可扫描二维码查看在线测试和知识拓展的相关内容。

在线测试　　知识拓展

任务2　汽车服务企业收入和费用管理

任务导读

收入是企业现金流入量的主要来源，是核算企业利润的主要指标；费用核算是成本管理的重要组成部分，对企业的成本预测和企业的经营决策等有直接影响。收入、费用是汽车服务企业重要的财务指标，反映企业的财务状况，是衡量企业经营成果的重要标志。弄清汽车服务企业收入、费用的来龙去脉，掌握其核算方法非常重要。

本任务通过案例、情境和任务工单等形式，帮助大家理解汽车服务企业收入、费用的内容，掌握企业收入、费用的计算。

任务目标

学习目标	能力目标	素质目标
1. 熟悉并掌握汽车服务企业收入、费用的内容； 2. 掌握汽车服务企业主营业务收入的计算	1. 确认并计算汽车服务企业的各项收入，看懂企业的各种单据； 2. 明晰企业的各项成本及期间费用	1. 培养学生认真、细致、严谨的工作作风和敬业精神，形成良好的职业习惯； 2. 培养学生诚实守信的职业道德

情境导入

某汽车4S店，一位客户与销售顾问针对宝马X5的性能及配置进行沟通交流后非常满意，要求订购此款新车。当日，双方签订合同，价款包括车价、内饰精品款、代收保险费、代收购置税等。客户结清购车款，办理手续提车。请问此单业务中，哪些项目属于企业的收入？

相关知识

一、汽车服务企业收入管理

（一）汽车服务企业收入的内容

汽车服务企业收入的内容主要包括营业收入和营业外收入。

1. 营业收入

营业收入是指企业在从事销售商品或提供劳务等经营业务过程中取得的收入，分为主营业务收入和其他业务收入两部分。

1）主营业务收入

主营业务收入是指企业进行主营业务取得的收入，是利润形成的主要来源。按照收入来源主要包括汽车整车销售收入、汽车维修服务收入、汽车增值服务收入和配件零售与批发收入。

（1）汽车整车销售收入，是指企业销售新车和二手车经销业务所取得的营业收入。二手车经销业务是指企业买入并出具二手车销售统一发票，或买入的二手车需要翻新后再销售的业务。

（2）汽车维修服务收入，是指企业提供汽车维修、保养等服务所取得的营业收入。它包括汽车维修工时费、汽车维修材料费和汽车维修其他收入三部分组成。它可以根据规定的工时定额、材料消耗总额和其他收入计算确定。

①汽车维修工时费。汽车维修工时费是按照汽车维修行业的工时定额和工时单价进行计算的，这是与其他行业不同的一个显著特点。

工时费的基本计算公式为：汽车维修工时费 = 工时单价 × 工时定额。

工时定额根据交通运输部的规定，由各省级行业主管部门和价格主管部门根据不同类型的维修企业或维修车辆的成本核算，予以确定。

工时单价由各省级行业主管部门和价格主管部门根据当地经济发展情况制定，一般为最高限价，有的地方还针对不同的类别和项目制定不同的工时单价。

随着汽车工业的发展，电子技术在汽车上得以普遍运用，故障诊断和仪器检测收费将成为汽车服务企业收费的重要组成部分，因此汽车服务企业只有加快引进高新技术人才和先进的检测诊断设备，才能顺应市场、占领市场。

②汽车维修材料费，是指汽车维修过程中消耗的外购件（包括汽车配件、材料、油料等）费用、自制配件和辅料费用。它是车辆维修中因必然消耗而得到的营业收入。

材料费的计算公式为：汽车维修材料费 = 配件价格 ×（1 + 加价率）。

③汽车维修其他收入，包括外加工费及材料服务费等。一般来说，这种费用很少出现。

（3）汽车增值服务收入，是指企业销售汽车的同时提供车内装饰装潢、延保、车贷、其他等服务所取得的收入。

（4）配件零售和批发收入，是指企业销售汽车配件的收入。

2）其他业务收入

其他业务收入是指各类主营业务以外的不独立核算的副营业务所取得的收入。

（1）二手车经纪业务收入，是以收取手续费为目的，为促成他人交易二手车而从事居间、行纪或代理的业务收入。

（2）代办上牌业务手续收入、代办保险佣金收入。

（3）出租场地收入。

（4）会员入会费收入。

2. 营业外收入

营业外收入是指在正常经营活动和对外投资活动以外所获得的各种收入。

（1）接受捐赠。

（2）违约金收入。

（3）卖废品收入。废品包括废机油、废机油罐、废零件、废纸箱等。

（4）盘盈或出售固定资产收入等。

（二）汽车服务企业主营业务收入的计算

汽车服务企业确认企业主营业务收入的基本标准为：一是企业的商品已经发出或者劳务已经提供；二是企业已收取发出商品或提供劳务的价款或者尚未收到价款但已取得收取价款的凭据。

【案例 5－5】

整车销售收入

2021 年 10 月 15 日，客户李某来公司购车，订购宝马 X5 一台。销售顾问向客户介绍车辆的各种性能及配置后，李某非常满意，要求订购此款新车。X5 运动套装厂家指导价为 759 900 元，公司销售价格为 759 900 元（其中增值税为 87 422. 12 元），这台车的采购价格是 664 870 元。当日，双方签订合同（如图 5－1 所示），客户预交定金 20 000元，并约定于 2021 年 10 月 15 日提车。10 月 15 日，李某结清购车余款，办理手续提车（销售发票如图 5－2 所示）。

请确认案例中整车销售毛利是多少？

解析：整车销售毛利 = 整车销售收入（不含税单价）－整车采购价格。根据销售合同和销售发票列示，本例中整车不含税销售收入 = 759 900 － 87 422. 12 = 672 477. 88（元），整车销售毛利为 = 672 477. 88 － 664 870 = 7 607. 88（元）。

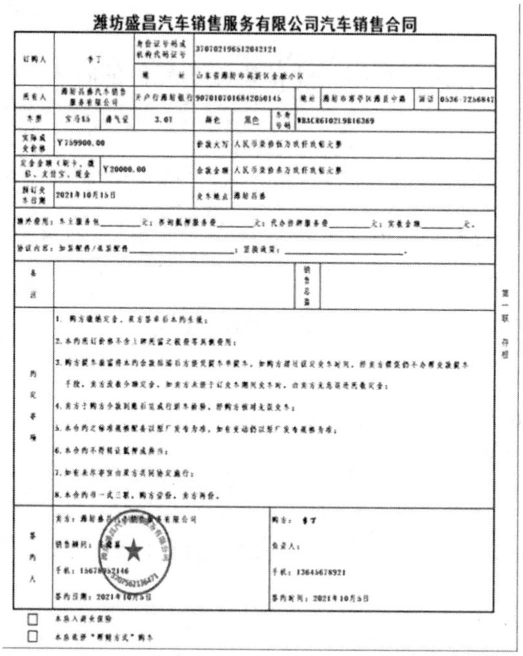
潍坊盛昌汽车销售服务有限公司汽车销售合同

订购人：李丁　身份证号码或机构代码证号：370702196512042121

实际成交价格：￥759900.00

定金金额：￥20000.00

预订交车日期：2021年10月15日

第一联　存根

图 5－1　汽车销售合同

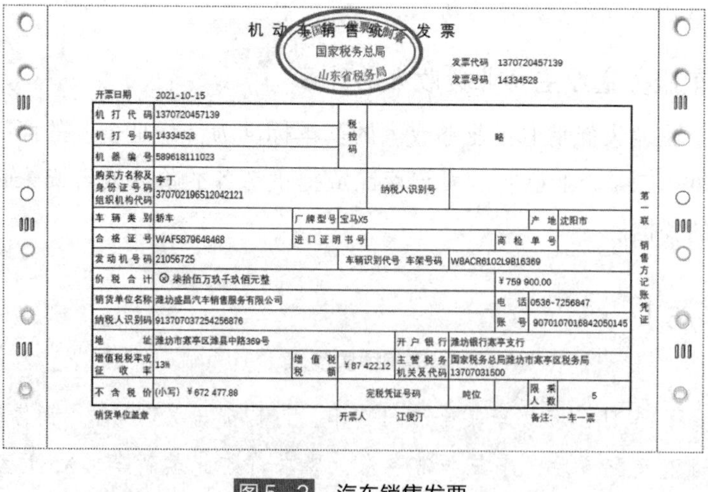
机动车销售统一发票

发票代码　1370720457139

发票号码　14334528

开票日期　2021-10-15

机打代码	1370720457139	税控码	略		
机打号码	14334528				
机器编号	589618111023				
购买方名称及身份证号码组织机构代码	李丁 370702196512042121	纳税人识别号			
车辆类别	轿车	厂牌型号	宝马X5	产地	沈阳市
合格证号	WAF5879646468	进口证明书号		商检单号	
发动机号码	21056725	车辆识别代号 车架号码	W8ACR6102L9B16369		
价税合计	⊗柒拾伍万玖千玖佰元整				￥759 900.00
销货单位名称	潍坊盛昌汽车销售服务有限公司			电话	0536-7256847
纳税人识别码	913707037254256876			账号	9070107016842050145
地址	潍坊市寒亭区潍县中路369号	开户银行	潍坊银行寒亭支行		
增值税税率或征收率	13%	增值税税额	￥87 422.12	主管税务机关及代码	国家税务总局潍坊市寒亭区税务局 13707031500
不含税价	(小写) ￥672 477.88	完税凭证号码		吨位	限乘人数 5

销货单位盖章　　开票人　江俊汀　　备注：一车一票

第一联　销售方记账凭证

图 5－2　汽车销售发票

【案例5-6】

维修服务收入——一般维修

2021年10月1日，客户白×开车来公司做维修保养业务，正常维修保养包含更换机油、空调滤芯、机油滤芯。同时该客户参加了店内的润享计划活动。在对客户的车辆进行正常保养后，服务顾问陪同客户一起到财务收款处交款结算，结算单如图5-3所示。

潍坊昌盛汽车销售服务有限公司

结算单

白× 女士
山东省
潍坊市

移动电话：1350636×××× 会员卡号：

编号	账单编号
17129	M408347
工单编号	账户编号
5517	C000003
存档编号	出单日期
10025050	2021.10.01 11:06

品牌及车型		底盘号	车型代码	车牌号	保修起始日期
BMWX5xDnve40i		WBACR6101L9DG3322	G05GF	鲁GF026××	2020.12.14
进厂日期			里程数	维修顾问	收银员
2021.10.01			19480	李×	马××

序号	项目	描述	数量	费用分担	单价/元	折扣率	总价/元
1	L BOOK	保养 润享使用第一次					
2	L VHC	VHC车辆健康检查	4.00		0.00		0.00
3	0 Z99600004003	非原厂件 润享计划C	1.00		3000.00		3000.00
---	- ------------	------------	------	------------	小计	01	3000.00
4	L VHC105	3.空气滤芯脏污	0.00		1.13		0.00
5	L 0000602	空气滤清器芯保养		2 悦享折扣	37.00		74.00
6	P B13718577170	原厂件 空气滤清器滤芯	1.00		334.80	99%	0.03
---	- ------------	------------	------	------------	小计	51	74.03
7	L VHC303	3.空调滤芯脏	0.00		1.13		0.00
8	L 0000616	微尘滤清器保养		2 悦享折扣	37.00		74.00
9	P B64115A1BDB7	原厂件 组件 细粉尘滤清器	1.00		930.34		930.34
---	- ------------	------------	------	------------	小计	52	1004.34
10	L 0000610	发动机油保养		3 悦享折扣	37.00	99%	0.01
11	6 0000105	保养标准范围		2 悦享折扣	37.00	99%	0.01
12	F B83212471826	原厂件 BMW 双涡流涡轮 LL-17FE+0W-20	7.00		221.31	99%	0.16
13	0 Z99600000015	非原厂件 发动机舱清洗剂	0.30		98.00	99%	0.00
14	0 Z99600000008	非原厂件 保养辅料包	0.50		36.00	99%	0.00
15	P B11428583898	原厂件 组件 机油滤清器滤芯	1.00		200.08	99%	0.02
---	- ------------	------------	------	------------	小计	E1	0.20

财务联 R56

支付方式		工时费用	333.00
		零件费用	6014.39
现金	□	其他费用	0.00
支票	□	折扣金额	-2268.82
信用卡	□	总计	4078.59
		实际金额	4078.59

零件号前缀为B,C,D,E,M,N的零件为BMW/MINI/ZINORO正品零件

客户签字：白×　维修顾问签字：李×　收银员签字：马××

图5-3　结算单

若配件成本是2 223.58元，请确认案例中销售收入和销售毛利分别是多少？

解析： 根据结算单中列示，客户维修金额为6 347.39元，其中工时费333.00元，零件费用6 014.39元，其中客户参加店内的润享计划活动，购买3 000元维修产品，同时客户还有优惠券，进行了折扣处理，共计折扣金额2 268.82元，故客户实际交纳维修费4 078.59元（0.02为系统四舍五入差异），财务依据结算单实际交纳金额进行收款开票。其中客户实际交纳维修费为含税金额，需要扣除销项税（销项税率为13%），故案例中的销售收入为4 078.59÷1.13=3 609.37（元），销售毛利为3 609.37-2 223.58=1 385.79（元）。

二、汽车服务企业费用管理

汽车服务企业费用是指企业在日常经营过程中所发生的各种资金耗费，主要指企业为取得营业收入进行产品销售等营业活动所发生的货币资金的支出，具体包括成本费用和期间费用，费用构成如图5-4。

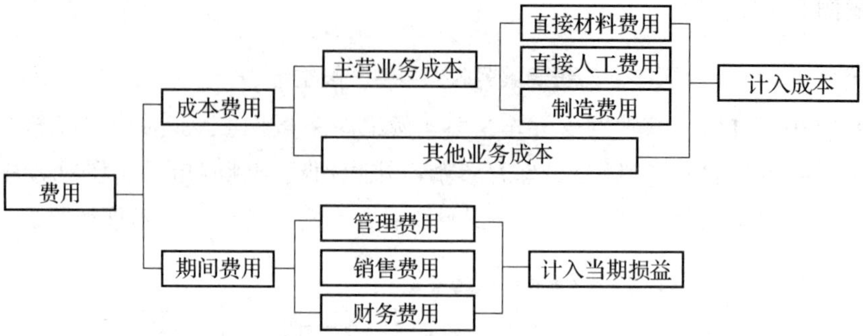

图5-4 费用构成

（一）汽车服务企业成本费用的内容

1. 主营业务成本

汽车服务企业的主营业务成本主要包括汽车整车销售成本、汽车维修成本、汽车增值服务成本等。其中汽车维修成本分为直接材料费用、直接人工费用、制造费用。

（1）直接材料费用。直接材料费用指企业在汽车维修过程中实际消耗的汽车配件费、汽车维修辅助材料费以及燃料费、动力费、包装费等。

（2）直接人工费用。直接人工费用指企业中直接从事汽车维修的生产人员的工资、福利费、奖金、津贴等。

（3）制造费用。制造费用指在汽车维修中发生的不能直接计入直接材料费用、直接人工费用的各种费用，如维修车间管理人员的工资、津贴，维修车间的水电费等。

2. 其他业务成本

汽车服务企业为取得其他业务收入而相应产生的各种支出。

（二）汽车服务企业期间费用的内容

期间费用是指企业日常活动中不能直接归属于某个特定成本核算对象，不能计入经营成本，在发生时应直接计入当期损益的各种费用，包括销售费用、管理费用和财务费用。

1. 销售费用

销售费用是指汽车服务企业在经营过程中所发生的各种与销售部门、售后服务部门有关的费用而无论经办人是否归属该部门。4S 店销售费用通常包括运输费、包装费、装卸费、保险费、展览费、保管费、车辆使用费、仓储费、检验费、劳务手续费、劳动保护费、售后服务费、广告费、差旅费、职工薪酬、施救费、折旧费、水电费及其他费用等。

2. 管理费用

管理费用是指企业的行政管理部门为管理和组织企业的生产经营活动而发生的各项费用。例如，管理部门办公经费及人员工资、工会经费、职工教育经费、董事会费、差旅费、业务招待费、车辆使用费、办公费、邮电费、水电费、折旧费及其他费用等。

在小型汽车服务企业中，企业销售费用通常合并于管理费用中。

3. 财务费用

财务费用是指企业在筹集资金等财务活动中发生的各项费用。财务费用主要包括企业在生产经营期间发生的利息收支、汇兑损益；金融机构所收取的手续费，以及企业为筹集资金所发生的其他费用。

任务实施

1. 任务工单描述

某4S店2021年10月1日～10日发生以下经济业务。

（1）报销行政部采集办公用品、清洁用品费用20 000元。

（2）摊销本月集体财产保险费1 200元。

（3）支付装卸费920元。

（4）支付车辆救援过程中发生的加油费1 500元、救援人员伙食补贴600元、高速路收费300元。

（5）报销行政部人员差旅费2 300元。

（6）支付本季度借款利息12 000元（其中本月承担利息费用4 000元）。

（7）报销销售部业务招待费2 000元，广告费8 000元。

（8）支付出纳购买支票、电汇凭证手续费78元。

（9）支付销售部、售后部的差旅会议费、交通费、公车燃油费8 000元。

（10）支付保洁公司的保洁费用6 000元。

要求：

（1）判断上述业务中涉及的费用分别属于哪种类型？

（2）计算上述业务中涉及的期间费用分别是多少？

2. 任务实施记录

详见附录1“任务实施记录表”。

任务评价

（1）以学习小组为单位，将“任务实施记录表”上传课程平台（或智慧课堂），各小组互评和教师点评。

（2）评价分值包含各小组对重要知识点的掌握程度（40%），任务完成及创新情况（40%），团队合作及职业素养（20%），详见附录2“任务评价表”。

可扫描二维码查看在线测试和知识拓展的相关内容。

在线测试　　知识拓展

项目六
汽车服务企业市场与客户管理

任务1　汽车服务企业销售运营管理

任务导读

截至2022年3月底，全国机动车保有量达4.02亿辆，其中汽车3.07亿辆。随着汽车市场的快速增长，“互联网+”汽车服务市场进入高速发展期，汽车服务企业迎来巨大发展空间。科学的运营管理模式和体系是企业做大、做强的前提及保障，在企业的竞争过程中，有着举足轻重且不可替代的地位。销售部门在整个汽车服务企业中，是一切其他增值业务的前提和基础，认识、理解汽车销售基础管理、汽车销售展厅管理、汽车整车销售管理是学习汽车服务企业销售运营管理的基础。

本任务通过案例、情境和任务工单等形式，帮助大家认识、理解汽车服务企业的销售运营管理。

任务目标

学习目标	能力目标	素质目标
1. 了解汽车销售基础管理； 2. 了解汽车销售展厅管理； 3. 掌握汽车整车销售管理	1. 能够进行汽车服务企业销售运营管理； 2. 能够运用正确的方法和步骤完成汽车销售核心业务流程	1. 树立服务意识、规范意识； 2. 培养爱岗敬业的职业道德和严谨务实的工作作风

情境导入

王先生是某汽车服务企业的老板，他觉得销售工作与服务工作同等重要，销售部门作为企业发展的重要推动力，担负着为企业直接创造效益的责任。但是王先生对于应当如何管理销售部门的运营工作却不清楚。

如果你是王先生需要的人，该怎么帮他处理这个问题呢？

相关知识

一、汽车销售基础管理

汽车销售基础管理的目的是规范销售人员的日常工作标准，主要目标是打造一个高素质、高效率的销售团队。通过建立一个结构合理、目标清晰的销售团队，可以使销量最大化，使用户满意度最大化；良好的目标管理可以发掘员工的发展潜力与需求，对员工发展有重要的意义，还有利于促进上下级之间的沟通。

（一）目标管理

目标管理是变被动工作为主动工作的一种有效的管理方法，实施目标管理不仅有利于员工更加高效地工作，而且为员工绩效考核制定了目标和标准，使考核更加科学化、规范化，更能保证考核的公开、公平与公正。

1. 目标制定的 PDCA （以某汽车服务企业为例）

所谓 PDCA，即计划（Plan）、实施（Do）、检查（Check）、行动（Action）的首字母组合。无论哪一项工作都离不开 PDCA 的循环，每一项工作都需要经过计划、执行计划、检查计划、对计划进行调整并不断改善这四个阶段。这是一个有效控制管理过程和工作质量的工具。采用 PDCA 可以使管理向良性循环的方向发展，通过实施并熟练运用 PDCA，能够在工作中不断提高效率，更加有效地驾驭工作。PDCA 如图 6－1 所示。

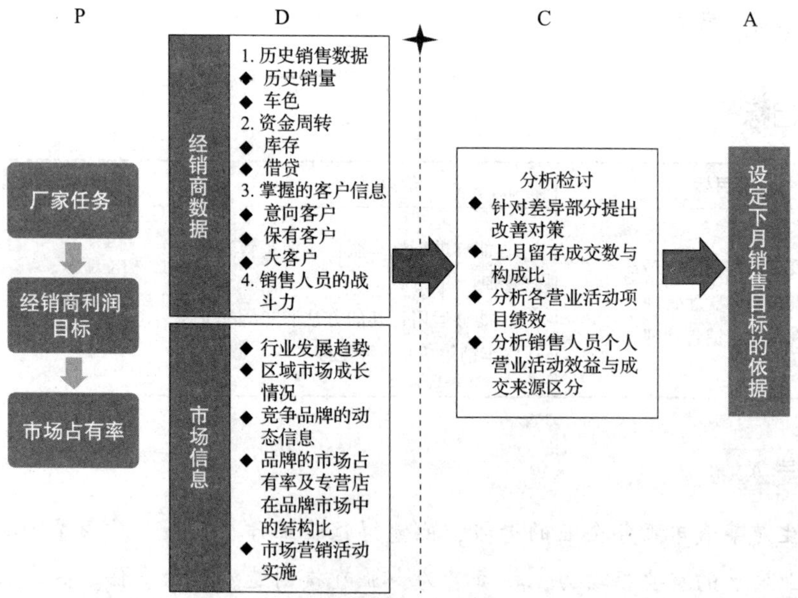

图 6－1 PDCA

2. 目标如何分解

目标分解如图 6－2 所示。

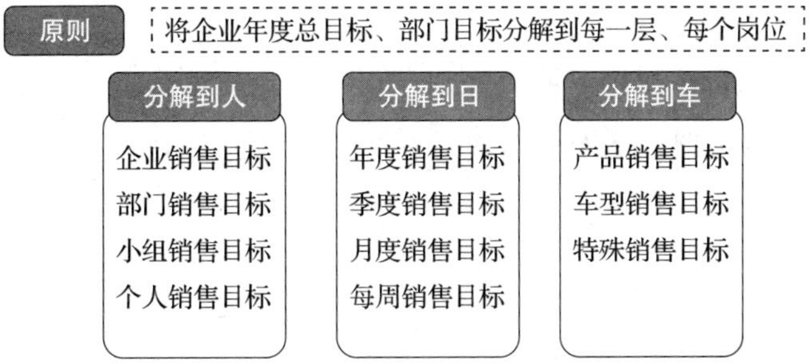

图6－2　目标分解

（二）销售过程管理

销售过程管理重视目标与实绩之间的关系，其主要目的就是要通过对销售过程的追踪与监控，确保销售目标的实现。

1. 销售过程控制步骤

销售过程控制步骤如图 6－3 所示。

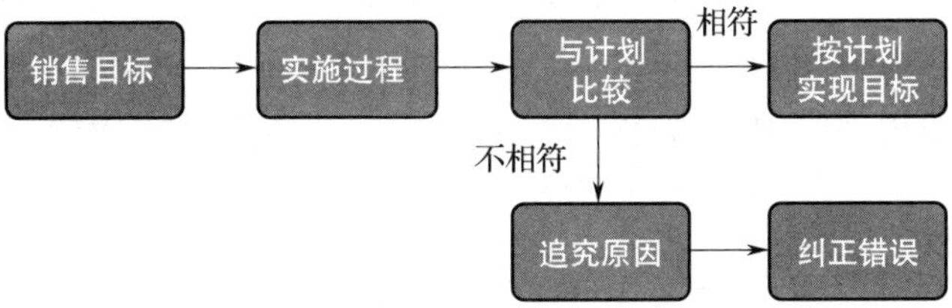

图6－3　销售过程控制步骤

2. 销售过程管理注意事项

（1）每周进行一次报告，将实际进程与计划进程进行比较。

（2）销售过程控制应贯穿整个销售过程。一般来说，越早发现问题，采取纠正措施的机会就越多。

（3）销售过程管理是控制销售的一种积极主动的方法，它使得销售在不能按计划进展的情况下，也能确保销售目标的实现。

3. 销售过程管理的方法

（1）编制销售报表。销售报表可以反映计划执行过程中的详细情况，通过报表可以看出销售人员有无抓住营销计划实施的重点，以及在实施中存在的问题，还可以通过报表了解目标的完成情况，掌握实施进度。

（2）进行时间分配与管理。高效有计划地使用每个工作日，是专营店达成目标的基础。因此，时间的合理分配与管理十分重要。

（3）召开销售会议。在会议上进行双向沟通，可以及时发现销售人员工作中出现的问题，并提供帮助和指导。

（4）组织销售培训。培训是激励团队、提高工作效率的有效方法。对执行营销计划所需要的技能进行培训，使专营店成员充分领会营销计划的要求，把握营销工作的重点。

4. KPI 管理

1）KPI 的含义

企业关键业绩指标（Key Performance Indicator，KPI）是通过对组织内部流程的输入端、输出端的关键参数进行设置、取样、计算、分析，衡量流程绩效的一种目标式量化管理指标，是把企业的战略目标分解为可操作的工作目标的工具，是企业绩效管理的基础。

KPI 可以使部门主管明确部门的主要责任，并以此为基础，明确部门人员的业绩衡量指标。建立明确的切实可行的 KPI 体系，是做好绩效管理的关键。

KPI 管理符合一个重要的管理原理——“二八原理”。在一个企业的价值创造过程中，存在着“80/20”的规律，即 20% 的骨干人员创造企业 80% 的价值，而且在每一位员工身上“二八原理”同样适用，即 80% 的工作任务是由 20% 的关键行为完成的。因此，必须抓住 20% 的关键行为，对之进行分析和衡量，这样就能抓住业绩评价的重心。

2）KPI 的建立要点

建立 KPI 指标的要点在于流程性、计划性和系统性。首先明确企业的战略目标，并在企业会议上利用头脑风暴法和鱼骨分析法找出企业的业务重点，也就是企业价值评估的重点。然后，用头脑风暴法找出这些关键业务领域的 KPI，即企业级 KPI。

接下来，各部门的主管需要依据企业级 KPI 建立部门级 KPI，并对相应部门的 KPI 进行分解，确定相关的要素目标，分析绩效驱动因素（技术、组织、人），确定实现目标的工作流程，分解得到各部门的 KPI，以便确定评价指标体系。

然后，各部门的主管和 KPI 人员一起将 KPI 进一步，分解为更细的 KPI 及各职位的业绩衡量指标。这些业绩衡量指标就是员工考核的要素和依据。这种对 KPI 体系的建立和测评过程本身，就是统一全体员工思想朝着企业战略目标努力的过程，也必将对各部门管理者的绩效管理工作起很大的促进作用。

指标体系确立之后，还需要设定评价标准。一般来说，指标指的是从哪些方面衡量或评价工作，解决“评价什么”的问题；而标准指的是在各个指标上分别应该达到什么样的水平，解决“被评价者怎样做，做多少”的问题。

最后，必须对关键绩效指标进行审核。比如：多个评价者对同一个绩效指标进行评价时，结果是否能取得一致？这些指标的总和是否可以解释被评估者80%以上的工作目标？跟踪和监控这些关键绩效指标是否可以操作？审核主要是为了确保这些关键绩效指标能够全面、客观地反映被评价者的绩效，而且易于操作。

每一个职位都影响某项业务流程的一个过程，或影响过程中的某个点。在订立目标及进行绩效考核时，应考虑职位的任职者是否能控制该指标的结果。如果任职者不能控制，则该项指标就不能作为任职者的业绩衡量指标。比如，跨部门的指标就不能作为基层员工的考核指标，而应作为部门主管或更高层主管的考核指标。

【案例6-1】

某汽车4S店汽车销售经理的主要KPI指标如表6-1所示。

表6-1　某汽车4S店汽车销售经理的主要KPI指标

序号	考核指标类别	KPI指标	指标定义
1	财务指标	零售台量预算完成率	即实际零售台量÷预算零售台量，其中零售台量指除二级网点销售、同行经销商调车、销往外地车辆以外的出库车辆
		新车投保达成率	即实际投保率÷目标投保率，其中投保率=投保台量（含赠送台量，但不含单保交强险台量）÷零售台量
		新车库存周转天数	指季度库存周转天数；新车季度库存周转天数=90天÷（季度销量÷季度平均库存）
		单台精品加装额完成率	即实际单台精品加装额÷预算单台精品加装额
		新车置换率	即收购台量÷总零售量
2	客户指标	公司客户满意度	指季度内客服部月度回访客户满意度平均值
		区域市场占有率	本地区市场占有率（以厂家公布数据为准）
		首保回厂率	即（$N-3$）月销售客户回厂台量÷（$N-3$）月总零售台量
3	流程指标	标准化流程检查得分	企管检查得分（百分制，四舍五入后取整数分值）
		改善项目报告质量	部门自身提报的改善项目报告符合评分标准的程度
4	成长指标	培训管理成效检查得分	含培训计划执行、培训成效、培训满意度等（附检查表）
		绩效管理成效检查得分	含目标管理、履职、员工管理等（附检查表）

（三）车辆管理

新车在销售前，不可避免地要停放一段时间，因此有必要采取一定的措施，以确保即使存放了很长一段时间的车辆仍具有较高的交付质量。同时，合适的保管场地是保护新车不受损伤的前提条件。

库存车管理规范（以某4S店为例）如下。

（1）库存商品车管理建议由专人负责。

（2）接车时应核对运输单上的车辆编号是否为计划订单车辆，交车过程中发现的质损应及时反馈给相关部门。

（3）车辆入库时应按照“××型车入库验收检查表”检查，一旦发现缺陷问题，应及时将缺陷信息反馈给××型车市场营销部物流室。

（4）库存车辆应摆放整齐，车头方向一致，保证在一条直线上。

（5）库存保管区域根据经销商销售目标和日后发展情况，应确保车位数量，方便车辆出入，有防火防盗措施。

（6）地面应平整无坑，有足够的承载能力；场地应有必备的排水设施。

（7）保管场地应有适当的照明装置，便于检查车辆。

（8）库存车辆前后车距应不小于250 mm，侧向距离应不小于600 mm（不得停放在树木或电线杆下面）。

（9）库存车辆每周应检查一次。检查内容包括车身漆面、电瓶、轮胎气压、各种油液、发动车辆时所有电器。

（10）库存期间所有车型轮胎气压在正常值范围内。

（11）存放3个月以上的商品车除每周检查项目外还要检查雨刮器和玻璃水，然后启动车辆行驶约500 m，多次轻踩制动。

（12）应确认所有用电器开关关闭。

（13）车辆销售前应按“××型车临卖状态检查表”对车辆进行检查和清洗。

（四）会议管理

1. 晨会制度

晨会内容具体如下。

（1）全体集合，清点人数。

（2）做早操或喊口号，检查仪容仪表及精神状态。

（3）落实厂家或专营店的各项政策、信息通报。

（4）表扬优良事迹或绩优人员。

（5）销售顾问讲述当天的重点工作及相关计划。

（6）展厅主管对当日的销售工作做好安排，明确工作目标及任务。

(7）礼仪训练、问候语演练。

晨会以鼓舞士气为主，兼检查员工着装和精神面貌。

时间：每日早晨上班时间前 15 ~ 30 min。

地点：展厅。

人员：销售部全体。

主持人：销售经理（或展厅主管）。

准备工作：在晨会之前，完成整理环境、展车等各项内部事务。

2. 夕会制度

夕会内容具体如下。

(1）全体集合，互相问候，清点人数。

(2）总结当日工作，确定次日工作重点，落实到个人。

(3）销售顾问填写或确认客户资料，由销售经理或展厅主管审核，提出意见。

(4）根据每个销售顾问的工作情况，相互沟通交流，由展厅主管提供支持或提出回访。

(5）针对保有及意向客户的情况、新产品知识、竞争对手动态、应对话术进行强化训练，选择 1 ~ 2 名销售顾问进行每人 15 min 的个别辅导，以协助其提升销售能力和谈判技巧。

(6）展厅主管制定次日销售活动行动表。

夕会以解决工作中的问题、宣布更新的销售政策为主，在解决问题的过程中要鼓励团体的协作精神。

时间：每日晚上下班时间后 60 min 以内。

地点：销售办公室。

人员：销售部全体（正在接待客户的销售顾问可免参加）。

主持人：销售经理（或展厅主管）。

准备工作：通过展厅观察、走动管理、与客户交谈、陪售过程，收集信息，拟订会议主题。

每天会议结束后，在第二天必须由会议记录人将会议内容记录到会议记录表单中。

3. 周会制度

周会内容具体如下。

(1）总结本周销售工作情况，包括周销售进度差异的检讨、督促，车辆交货期与库存管理情况分析研讨。

(2）本周战败及失控客户分析检讨，对于战败前 3 名的竞争车型，应拟定应对话术，预估下周销售有望成交台数。

(3）规划、布置展厅主管及销售人员的下周工作内容，拟定下周运营方针。

(4) 本周末执行营销活动规划说明，确定营销活动执行人员及执行措施。

(5) 第一周增加的内容包括上月销售目标完成情况的检讨、本月销售活动计划制定及工作说明、内部培训计划检讨及制定、区域市场整体分析、竞争对手分析。

(6) 第三周增加的内容包括预测月底的成交台数。

时间：原则上定于每周五下午，时间控制在 90 ~ 120 min 内。

地点：销售办公室。

人员：销售部全体（正在接待客户的销售顾问可免参加）。

主持人：销售经理（或展厅主管）。

会议记录内容：会议时间、主题、目标、主持人的名字、出席及缺席人名单，填写会议记录表。

4. 月会制度

月会内容具体如下。

(1) 各部门主管、分销渠道、销售顾问总结本月销售工作（业绩、业务）。

(2) 分析上月汽车市场情况，预测下月的销售走势。

(3) 制定下月销售策略，并上报公司。

(4) 总结本月培训并根据本月销售任务短板确定下月培训计划重点。

(5) 向公司提出合理化建议。

时间：每月厂家下发本月商务政策当日召开月度会议，时间控制在 120 min 左右，如遇特殊情况（如市场活动开展等）可以调整时间。

地点：会议室。

人员：专营店全体。

主持人：总经理（或销售经理）。

形式：以月度总结报告方式开展，参考会议记录表。

（五）关联业务管理

1. 按揭贷款

(1) 利益：有效开展按揭贷款业务可以提高产品销售量，增加专营店营业额。

(2) 操作关键点。

①设专人负责，与银行保持良好合作，保证按揭贷款业务的顺利开展，减轻消费者一次性付款压力，提高成交率。

②通过各种途径向消费者传播此业务（如：在展厅内悬挂横幅或布置相关物料向消费者传播此业务和流程规定；销售顾问必须向客户明确介绍此项业务；通过网站、广告等传播此业务等）。

③对销售人员制定有效的激励措施。

2. 保险

（1）利益：保险销售作为车辆销售的重要环节，往往能够给经销商带来更多利润。

（2）操作关键点。

①尽量与多家保险公司合作，以便满足各类消费者需求。

②对销售人员加强关于保险销售知识的培训，使其掌握销售技巧，能清楚地向客户说明购买各种商业险种给客户带来的利益。

③对销售人员制定有效的激励措施。

3. 精品装饰

（1）利益：精品装饰作为汽车后市场业务的一部分，具有易操作、利润高的特点，是目前汽车经销商的重要盈利构成。

（2）操作关键点。

①展厅内可设置专门的精品展示区，并且进行特色布置，能够激起客户的购买欲望。

②装饰一定要多样化，以满足各类消费者需求。

③精品装饰定价要合理。

④有实力的经销商可自行成立装饰部，以便赚取更多利润。

⑤可采取装饰套餐销售形式。

⑥对销售人员制定有效的激励措施。

4. 二手车

（1）利益：二手车置换或销售业务的开展能够提高集客率，促进新车销售，同时能为经销商带来额外收益。

（2）操作关键点。

①建议经销商成立专门二手车部，保证各项程序的有效开展。

②通过各种途径向消费者宣传此业务。

③对销售人员制定有效的激励措施。

（3）二手车拓展渠道。

①在专营店保有客户中进行业务拓展。

②在当地二手车交易市场中进行业务拓展。

③与专业二手车经营或经纪公司开展合作。

④进行各类二手车营销活动。

⑤组织或参加二手车拍卖会。

⑥利用互联网获取业务信息（如各类二手车专业网站、二手车交易论坛等）。

5. 新车上牌

（1）利益：新车上牌是销售业务流程开展的增值环节，既能够有效提升客户满意度，又能够详细掌握客户信息资源，能够对后续市场推广提供服务。

（2）操作关键点。

①可设定专职人员操作此项业务。

②通过各种途径向消费者传播、推广此项业务。

二、汽车销售展厅管理

汽车销售展厅（简称“展厅”）的硬件设施是专营店的主要资产，若勤于维护，便能延长资产的使用期。

要善于运用展厅，营造有利于销售的氛围，从而帮助增加销量。要营造舒适的工作与购买环境，提升员工与客户的满意度。

展厅的人员形象是树立专营店良好的品牌形象的根本，有利于客户建立对于品牌和专营店的信心。

（一）展厅外部环境管理

1. 展厅外观

（1）采用较耐久的现代化外观和受较多客户喜爱的设计，要对客户有吸引力。

（2）建筑物应添加鲜活的自然气息。

（3）对于结构上无法改变的缺陷，要加以掩饰。

（4）整体氛围营造要贴近产品定位、市场定位。

2. 展厅的标识牌

（1）明确销售时间，突出产品的宣传字样。

（2）标识醒目、字迹清楚。

（3）路线指引清晰。

（4）保持清洁如新。

3. 停车设施

（1）随时保持干净。

（2）客户停车场设有清晰的停车线和车辆引导线。

（3）与展厅有类似的车型群。

（4）针对新品车型，应有专属停车位。

（二）展厅内部环境管理

1. 展厅的内部设计原则

（1）内景安排要和谐统一，紧密结合最近的市场推广计划。

（2）设计应与展厅外观协调。

(3) 以吸引客户、提供便利、合理利用场地为目标。

(4) 要进行效果分析，不断改善更新。

(5) 要体现出产品的个性，并准确传达给客户。

(6) 展厅的内部设计原则——视觉。

①色彩：结合展厅的销售主题和一年四季变化，进行色彩的合理安排。

②灯光：展厅灯光要明亮，对于展车的主题区域，要用强光补强。

③装饰：内部装饰效果要能结合季节变化和促销活动进行调整。

(7) 展厅的内部设计原则——听觉。

①避免各种噪声的干扰，以提供安静的交谈环境。

②采用轻柔的背景音乐，为客户提供一个轻松宜人的购物环境。

③为销售营造一个良好的听觉环境。

(8) 展厅的内部设计原则——嗅觉。

①避免异味产生。

②展厅内可喷洒淡淡的空气清新剂，提供令人愉悦的香味。

2. 促销及广告宣传

(1) 海报、招贴、广告牌、装饰画。

(2) 各类得奖记录。

(3) 公司优良事迹。

(4) 各种优惠购车办法。

(5) 客户使用心得。

(6) 各种媒体正面报道。

3. 盆栽植物

(1) 落地窗前的盆栽确保不挡住客户由外向内的视线。

(2) 每日进行植物叶面的清扫打理，应多选用大叶面易清扫植物。

(3) 定期对植物进行修枝整理。

(4) 杜绝烟头杂物出现在盆栽盆中。

4. 商谈区

(1) 排列应避免过于集中，为提高利用率，建议将商谈区散布在展厅各部位，并配备圆形的商谈桌和有轮子的座椅。

(2) 要充分利用商谈区，给客户提供相关信息。

(3) 保持区域清洁，确保在客户离去后立即将商谈桌恢复原状。

5. 儿童区

(1) 儿童区应使用柔软、环保、清洁的儿童专用玩具、设备。

（2）儿童区四周应适当加网状或棍状围栏，以避免儿童因四处乱跑而造成事故。

（3）整体儿童区应保证从任何角度都可以观察到儿童行为动向。

（4）如有可能，可适当增加视听娱乐设备和电玩设备，以适应儿童娱乐的需求。

（5）如有儿童进入儿童娱乐区，应有专人看护。

6. 展车管理

在客户来到展厅后，为了让客户对车辆有直观、清晰、良好的印象，需要对展车进行严格的管理，保证客户看车后，对企业与产品印象深刻，促成成交。

1）展车摆放的原则

（1）要方便客户观赏及操作。

（2）要充分展现展车的卖点特性。

（3）展车要设置主题区，经过特别的规划后，要达到立即引起进门客户注意的效果。

（4）展车主题区尽量利用筒灯、射灯强化展车的美感。

（5）展车的车型、车色搭配建议进行经常性的轮换。

2）展车的卫生管理

（1）展车上有标明车型的前后牌。

（2）发动机室保持干净、无尘。

（3）行李箱干净、整洁、无杂物。

（4）保持轮胎导水槽整洁、无异物。内轮弧擦拭干净，及时上轮胎蜡。

（5）注意将轮圈上的标志摆正。

（6）车窗玻璃应内外擦拭干净，确保无手纹或水痕。

3）展车维护管理

（1）适当调整前后座椅的距离，椅背保持平行。

（2）调整好后视镜，转向盘应调到最高位置，座椅应调到最低位置。

（3）车身漆面要保持光滑、光亮，显示车辆的质感。

（4）注意保持充足的电力，及时充电。

（5）预先设定好电台。

（6）随时进行局部清洁整理工作。

（7）每日进行全面整洁清扫。

三、汽车整车销售管理

（一）汽车整车销售的概念

汽车整车销售是汽车销售企业为了满足消费者现实和潜在的购车需要及实现企业目标，通过市场达成汽车整车交易所开展的商务活动过程。

（二）汽车整车销售的特点

汽车作为社会经济生活中的重要工业品，因为体积大、价值高、使用寿命长等特点，其销售不同于一般商品。

1. 非现货交易

由于汽车具有体积大和价值高的特点，汽车整车销售店面不可能摆放数量较多的现车，一般只摆放几辆样车供客户挑选。因此，汽车销售一般不采取现货交易的方式，而是采取预付货款而后交车的方式。

2. 配套手续繁多

国家对汽车销售、使用、回收等都有一系列相应的规定，其中仅针对新车销售环节就有许多强制规定，如购买新车必须相应地购买车辆保险，新车上路还需要拍照等。因此，在买车时，相应服务是否便捷也是消费者是否选择购车的一个重要衡量指标。

3. 售后服务要求高

汽车不同于一般的商品，其具有使用寿命长、遭到意外损害可能性大的特点，使汽车维修、保养等售后服务成为消费者购车时关心的主要内容。

4. 汽车市场波动频繁

汽车作为社会经济生活的重要工业品，其市场行情随经济运行的波动而波动。这种波动呈现出明显的周期性特点，即每一波动周期在理论上均包括“衰退、萧条、复苏、高涨”四个阶段。

（三）汽车整车销售模式

汽车整车销售模式对于汽车销售企业开拓汽车市场具有举足轻重的作用。目前汽车整车销售模式总结起来有三种。

1. 代理模式

汽车在国内的销售从一开始就采用代理模式，最典型的是大卖场模式（即汽车超市），如图 6－4所示。代理的双方是一种代理关系，是以委托人（即厂商）的名义销售，签订销售合同，代理商的收入是佣金收入。利润获取方式是加价销售，代理只是在买卖双方之间起媒介作用，促成交易从中赚取佣金。目前汽车市场已经发展到代理模式 2.0 时代，即经销和代理混合模式。

图6－4　汽车超市

优点：接触更多的客户，拥有更强的价格控制力，在短时间内可以占据市场份额。

不足：大型的汽车经销集团在与一线汽车品牌合作的基础上，进而拓展与三线品牌的合作，让汽车生产厂家的话语权越来越弱，不利于其长期发展。

2. 独家经销模式

从广汽本田在广州开设国内第一家汽车4S店，到如今遍布全国范围内的4S店（如图6－5所示），这种经销模式可以说在国内乃至全世界范围内对汽车销售起了决定性的作用。从售前到售后的全流程掌控，让普通消费者感到放心，对品牌的品质提升也起了决定性作用。传统燃油车的4S店发展史可以说是典型的代表。

图6－5 红旗4S店

优点：汽车生产厂家与经销商签订单一经销协议（即采用4S店模式），不允许经销商经营竞争品牌，由此汽车生产厂家可以牢牢把控经销商的经营范围，该模式落地实施较为容易。

不足：缺乏在终端与客户直接接触的能力，只规定车辆指导价格，对其终端售价的把控能力较差；4S店易产生恶性竞争，大打价格战，产品加价情况屡见不鲜，对其产品品牌产生消极影响。

3. 直销模式

特斯拉公司可以称为现代电动汽车的开山鼻祖，其率先采用直销模式，开创了汽车新零售的先河。特斯拉公司的销售模式，由厂家自己投资的体验店和网络直营两种渠道构成，新车交付和售后服务也都由特斯拉公司自己负责。这种新模式的成功，促使国内其他新势力品牌纷纷效仿。蔚来、小鹏、理想等一批新能源车企的销售模式跟特斯拉公司如出一辙。特斯拉公司体验中心如图6－6所示。上海蔚来汽车体验中心如图6－7所示。

图6－6 特斯拉公司体验中心

图6－7 上海蔚来汽车体验中心

优点：与客户的零距离接触更能带来消费者对产品的最新反馈，对厂家调整其发展战略有十分重要的作用。全面管控产品价格，售前和售后的透明度能保证企业在很短的时间内建立良好的品牌形象。

不足：随着厂家开店数量的增多，对其资金的挑战也越来越大；不同地区有其自身的多样性，复制粘贴的模式免不了会“水土不服”。目前国内以直销模式为主的品牌大部分为新能源车。

（四）汽车整车销售流程管理

汽车整车销售流程（简称“销售流程”）就是客户在选购汽车产品时，销售人员帮助客户购买到汽车所采用的销售步骤和方法。在整个销售过程中，销售人员应遵循一定的服务规范为客户提供全方位、全过程的服务，在销售工作中满足客户要求，确保客户有较高的满意度，提高客户对所选产品的品牌忠诚度。

1. 销售流程的作用

（1）提高销售成交率。合理有效的销售流程可以引导销售人员快速顺利、专业规范地完成销售服务，让销售人员知道自己下一步要干什么，从而提高销售成交率。

（2）指引和规范。规范的销售流程可以使整个销售展厅看起来更加规范有序，也显得销售人员更加专业，从而提升公司形象。这个流程对于新员工尤其重要，根据流程进行销售，避免想当然地做一些不应该做的事情而造成不应有的损失。

2. 销售流程的具体内容

汽车销售核心业务流程如图 6－8 所示。

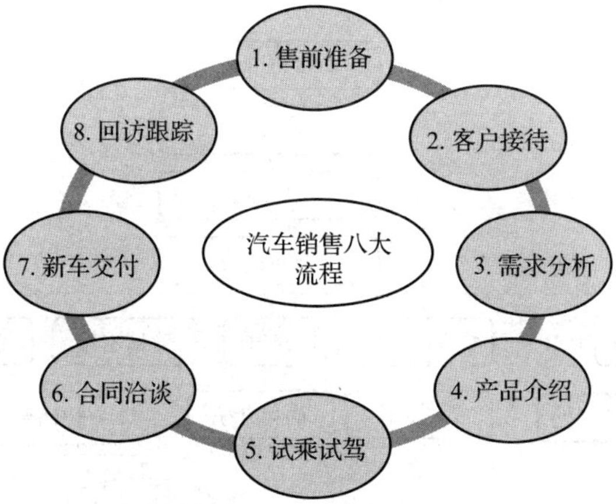

图 6－8　汽车销售核心业务流程

（1）售前准备。售前准备工作包括自我态度、产品知识、销售工具（衣着、文件夹、有关话题、问题与答案、销售技巧、消费行为）等方面的准备。留给客户第一印象的机会只有一次，第一印象一旦形成就很难改变，良好的第一印象等于成功了一半。

（2）客户接待。客户接待主要有来电接待和展厅接待。

①来电接待。来电接待流程如图6－9所示。

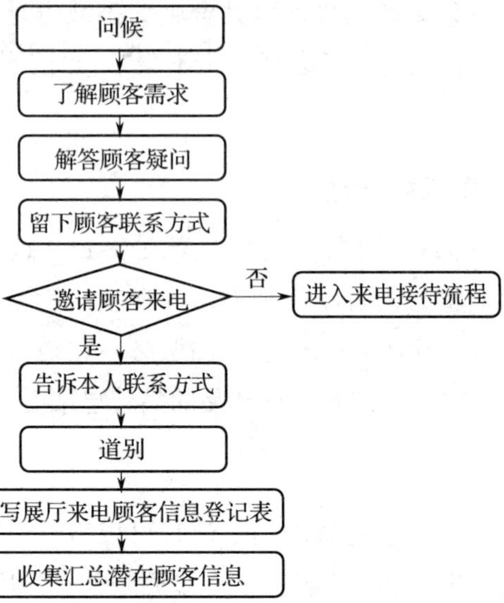

图6－9 来电接待流程

②展厅接待。汽车销售顾问应通过自己热情、真诚的接待工作消除客户的疑虑和戒备，并与客户建立信任关系，让客户在展厅逗留足够的时间，以充分了解汽车产品、体验汽车服务，使客户对经销商和汽车品牌产生正面的印象，愿意再次联系或来展厅进行进一步的洽谈。

展厅接待流程如图6－10所示。

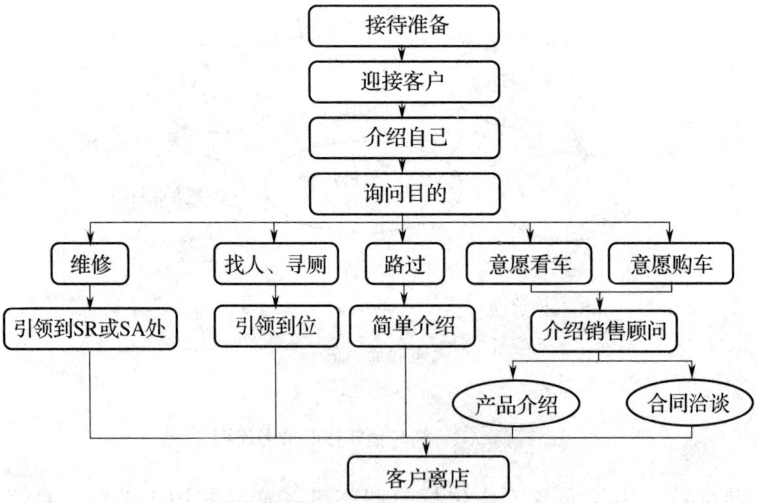

图6－10 展厅接待流程

（SR指维修接待员，SA指维修顾问）

（3）需求分析。需求分析的目的是分析出客户真正的潜在或显在的需求；引导客户说出需求，为推荐产品打下基础；提升客户的信任度。客户需求分析流程如图6－11所示。

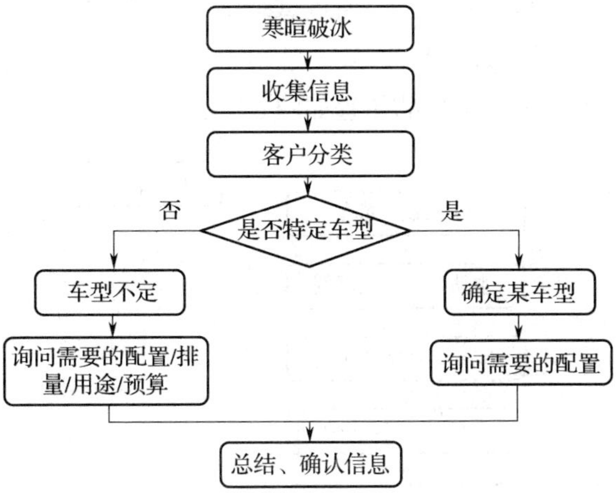

图6－11　客户需求分析流程

（4）产品介绍。产品介绍的目的是让客户明白销售顾问所介绍的商品是最符合他的需求的。产品介绍是在把握客户需求前提下有针对性的沟通和说服，让客户认同该车型是最能满足其主要需求的理想选择。产品介绍流程如图6－12所示。

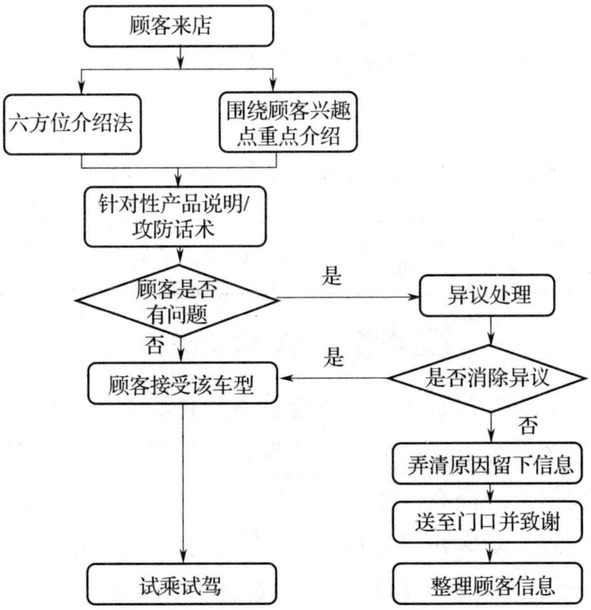

图6－12　产品介绍流程

（5）试乘试驾。

①试乘试驾目的。试乘试驾服务对于客户而言，是理性地了解车辆特征的最好机会，能够切身感受车辆的性能和驾驶的乐趣。客户可以通过切身的感受加深对销售顾问口头说明的认同，强化其购买决心。通过试乘试驾，客户可以体验“拥有”的感觉，可以激发购买欲望，做出购买决定。

②试乘试驾的流程。试乘试驾的流程如图6－13所示。

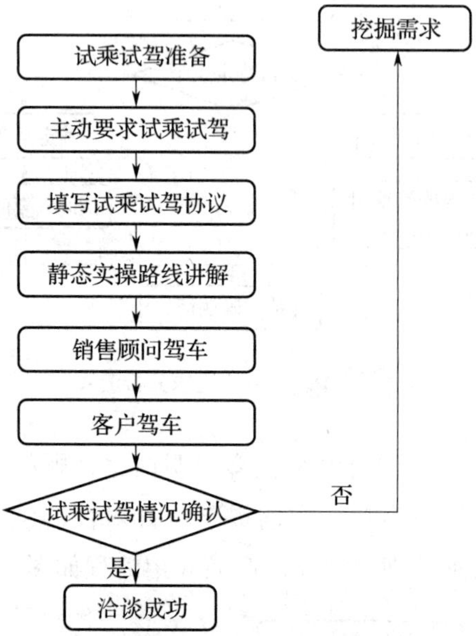

图6－13　试乘试驾流程

（6）合同洽谈。成交高于一切，所有的努力均是为了达成销售，如果没有实现成交，那么销售就是失败的。合同洽谈的执行要点如图6－14所示。

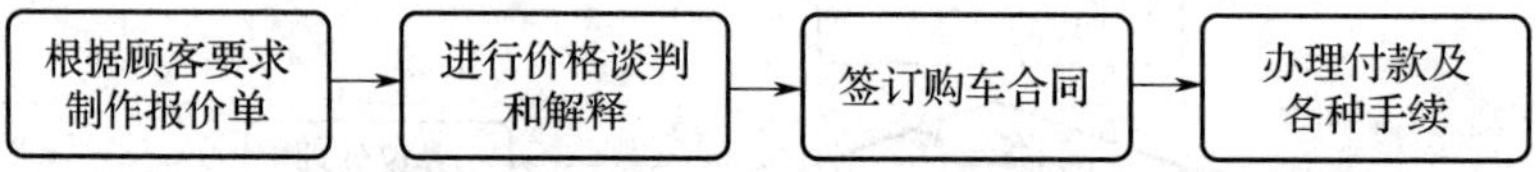

图6－14　合同洽谈的执行要点

（7）新车交付。在交车过程中，如果能让客户体验到优质的服务和经销商无微不至的关怀，就能赢得客户的信任，为与客户保持长期良好的关系奠定基础。规范的交车流程有助于经销商形象的提高，尤其是在客户已交款后，经销商还能以客户至上的态度完成整个交车流程，对客户满意度的提高是有极大帮助的。大部分客户是第一次接触汽车，交车过程的车辆解释和驾驶时需要注意问题的提醒，可以让客户全面了解车辆的使用方法，能够避免因为产品使用不当造成双方不必要的损失。交车流程如图6－15所示。

图 6-15　交车流程

（8）回访跟踪。回访跟踪是再次提高客户满意度的机会，是抓住客户的良好契机，是弥补上次服务中存在漏洞的机会。回访跟踪流程如图 6-16 所示。

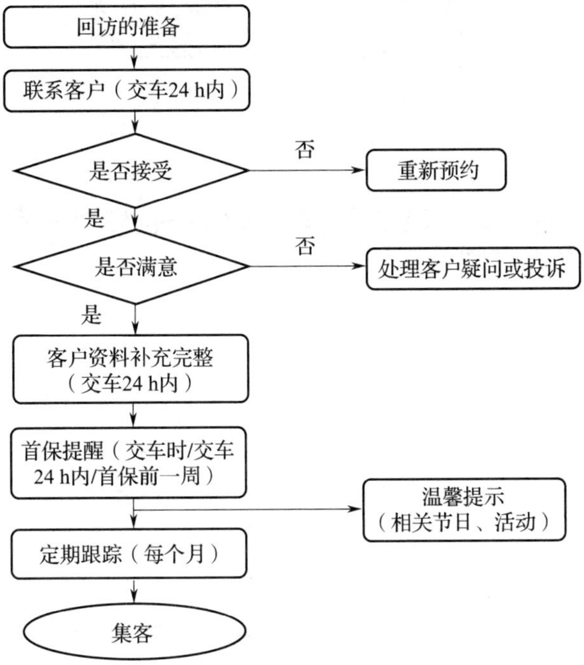

图 6-16　回访跟踪流程

任务实施

1. 任务工单描述

在掌握任务相关知识的前提下，能够进行汽车服务企业销售管理，根据所学知识解决情境导入中王先生需要解决的问题。

2. 任务实施记录

详见附录 1“任务实施记录表”。

任务评价

（1）以学习小组为单位，将“任务实施记录表”上传课程平台（或智慧课堂），各小组互评和教师点评。

（2）评价分值包含各小组对重要知识点的掌握程度（40%），任务完成及创新情况（40%），团队合作及职业素养（20%），详见附录2“任务评价表”。

可扫描二维码查看在线测试和知识拓展的相关内容。

在线测试　　知识拓展

任务2　汽车服务企业市场推广管理

任务导读

随着中国汽车市场的不断发展，越来越多的消费者开始购买汽车。人民收入水平的提升，使得汽车的消费需求越来越大，购车的选择也在不断增加，很多商家都在不断调整产品和营销策略，希望自己所经营的汽车更加受欢迎。而掌握市场推广活动运作，是汽车服务企业增加集客量、提升企业和品牌影响力的重要组成部分。

本任务通过案例、情境和任务工单等形式，帮助大家了解、掌握市场推广操作规范、市场推广活动运作等市场推广管理内容。

任务目标

学习目标	能力目标	素质目标
1. 了解市场推广的概念和关键因素； 2. 掌握汽车生产企业市场推广项目； 3. 掌握经销商市场推广运作要点	1. 能够正确认识市场推广； 2. 能够对汽车服务企业进行市场推广管理	1. 树立服务意识、规范意识； 2. 培养爱岗敬业的职业道德和严谨务实的工作作风

情境导入

王先生是某汽车4S店的负责人，因所售汽车品牌竞品较多，销量有所下滑，因此，他想通过市场推广来加强产品营销，增加销售数量和集客量。你应当如何来帮助王先生呢？

相关知识

一、市场推广概述

（一）市场推广的概念

市场推广是指企业为提高产品市场份额、产品销量和知名度，而将有关产品或服务的信息传递给目标消费者，激发和强化其购买动机，并促使这种购买动机转化为实际购买行为而采取的一系列措施。

（二）市场推广的关键因素

市场推广的关键因素主要包括以下几个方面。

1. 市场调查与分析

哪些信息是企业应该收集的、对企业的营销有影响的？这些信息基本归纳为四个方面：一是企业自身的信息（知己）；二是竞争对手的信息（知彼）；三是合作伙伴的信息（客户、物流）；四是客户、市场的信息（终端客户、消费者）。

企业对自己的信息可能比较清楚，但对于对手的信息能了解多少？对手的信息包括哪些？这些信息通过什么途径获得？这就要营销人员掌握市场调查与分析的技巧。企业要重视市场调查与分析，不能采取闭门造车的营销策略。为什么许多看起来创意很好的广告没有销售力？这是因为企业缺乏市场调研，凭自己主观的判断，对消费者的需求产生理解偏差。因此，一定要通过市场调查来了解消费者的想法，了解对手的想法，了解经销商、客户的想法，而不能关起门来自己想办法。没有调查就没有发言权。

2. 产品规划与管理

产品是有效推广的重要武器，是营销4P（即产品（Product）、价格（Price）、渠道（Place）、促销（Promotion））的重要一环。

产品策略组合应包括：如何提高企业自身产品的技术研发与应用？如何进行产品概念的提炼与包装？如何调整产品销售结构与组合？企业生存的目的是营利，提高企业盈利水平的方法：一是产品价格卖得比对手高；二是企业效率比对手高，成本控制比对手好；三是产品销售结构组合好。

营销与销售的根本区别是：销售是把产品卖出去；营销是持续地把产品价格卖上去。如何把自己产品的价格卖得比对手高，就需要有效地进行市场推广，进行有效的产品组合。

3. 终端建设与人员管理

在市场推广中，终端建设就像抢阵地，要想消灭对手就要占领有利的阵地，消灭对手的有生力量。人员管理体现为市场推广中的兵力较量，胜利的因素取决于兵力、素质、技能、领导、士气、团队精神等。在终端建设中，国产手机、家电企业在发展初期，分析自己在产品、技术方面的劣势后，都是采取了在终端增加促销人员、进行人海战术的办法才打败了外资品牌企业。如今在渠道同质化、产品同质化严重的竞争情况下，终端成为新的竞争点，越来越受到企业的重视。

4. 促销活动策划与宣传

促销活动策划与宣传即营销的战术。战争讲究战略和战术，战略是营销的方针，战术就是如何去做。营销 4P 包括产品、价格、渠道、促销四方面。前三个方面都可以归纳为战略。只有通过促销手段，才能促进战略的实施与执行。促销涉及产品、价格、渠道等几方面。

二、市场推广管理

以下就以汽车生产企业和汽车整车销售企业（也就是经销商）为例来介绍市场推广管理。

汽车生产企业和经销商在市场营销上的定位有所不同，汽车生产企业定位于全国，着眼于品牌的战略营销；而经销商则定位于本地，着眼于销售的战术营销。所以，在活动类型和促销手段的选择上是不同的。虽然两者重心不同，但是要协作、同步进行。两者要保持品牌传播的一致性、产品上市同步性等；同时，两者在整体市场与区域市场上也存在一定的互补协作性，因此经销商必须进行营销观念的转变，即市场推广的目的就是增加集客量。

（一）汽车生产企业统一组织的市场推广

汽车生产企业市场营销部策划处根据产品上市及促销规划，不定期开展全国性或重点区域的市场活动，其中涉及终端执行的，经销商要严格按要求执行，市场策划处要检查考核。

1. 车展

A 级车展：包括北京、上海、广州车展，主要作用是展示汽车生产企业的国际性品牌形象，主要由集团公司统一组织。

B 级车展：主要由中国汽车工业协会等国际性展览机构主办，展览面积在 50 000 m^2 以上，主要作用是提升汽车生产企业品牌形象、客户关注度和市场销量。

2. 广告

汽车生产企业根据区域市场特征和车型投放策略投放广告，经销商按要求提出相关广告宣传需求，由汽车生产企业审核批复，经销商参照汽车生产企业提供的标准广告模板投放广告，只能在规定部分填写广告信息，不得对模板做其他改动。投放完成后需向汽车生产企业反馈终端执行效果评估报告。

3. 终端布置

经销商按汽车生产企业统一要求布置或更换展厅物料，在规定时间内完成物料制作并布置到位，并将物料布置照片上报给区域市场部，由区域市场部统一汇总上报市场营销部策划处，区域市场部不定期进行检查。

4. 市场推广活动

经销商应按汽车生产企业统一要求，在规定时间内执行完成市场推广活动（如巡展、车展、老客户关怀等），并在规定时间内上报区域市场部，由区城市场部审核汇总后上报至市场营销部策划处。

（二）经销商自主进行的市场推广

1. 市场部的作用

（1）“锦囊袋”：制定市场推广规划，协助总经理制定市场营销策略。

（2）“听诊器”：掌握区域内竞争对手的销售策略、市场活动、广告促销等。

（3）“化妆镜”：制订并实施潜客开发计划，实施并评估市场活动计划。

（4）“瞄准器”：与媒体建立良好的合作关系；执行总部的促销政策。

2. 工作步骤与要点

（1）通过销售目标确定集客量。

（2）整合促销资源，结合汽车生产企业的促销活动及当地可以应用的市场、相关信息资源。

（3）确定推广促销主题。

（4）借用促销或公关推广平台，将促销方案呈报总经理，确定相关配合部门并由市场部牵头执行方案。

（5）活动结束后对执行效果进行评估，并提出相应的改进措施。

3. 市场信息分析

市场信息分析如图 6 – 17 所示。

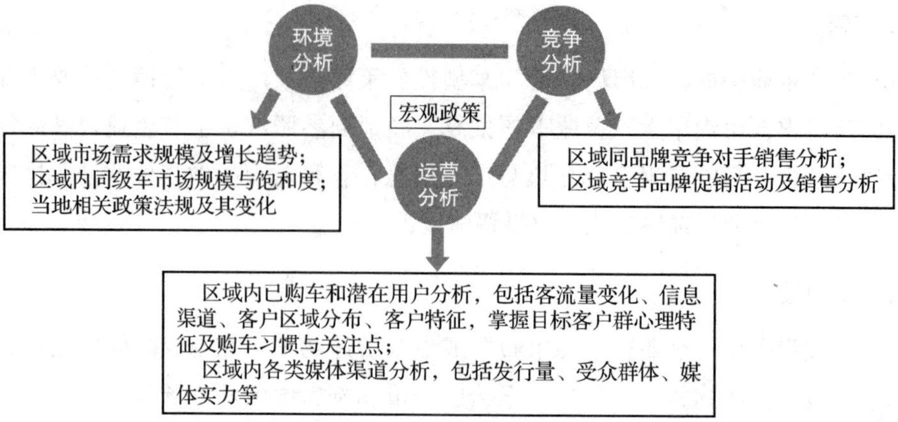

图6－17 市场信息分析

4. 推广手段的选择

推广手段的选择如表6－2所示。

表6－2 推广手段的选择

渠道	定义	工具
广告	以付费或变相付费的方式，通过公共媒介（或自有载体）对经销商所销售商品或服务进行夸张的、戏剧化的宣传，引起消费者（目标客户）对其商品或服务的关注，从而建立联系，影响其购买意向	电视、广播、电影； 网络广告； 平面广告； 户外广告； 特殊媒介广告； 口口相传
公关	通过与媒体及各类社会群体建立良好的长期合作关系，消除客户防卫心理，树立经销商在公众中的正面形象，取得有效潜在客户的高度信任	媒体关系； 赞助； 危机公关
交互活动	通过在一定空间和时间内进行人际关系培养，如组织少对多、多对多、多对少等群体面对面互动活动，使消费者（尤其是有效目标客户）亲身参与并体验经销商所提供的商品或服务，进而促进消费者的购买反应	店外活动； 店头活动
直复营销	以特定群体（尤其有效目标客户）为目标，向其及时提供定制化商品或服务的具体信息，增进联系，进而促进其购买意向	直邮； 人员直销； 经纪人推荐； 电话开拓； 大客户开发
销售促进	在一定时间范围内，刺激消费者购买，提高销量，并支持广告、公关、交互活动、直复营销四大开发渠道的市场营销活动	促销日（交易促销）； 抽奖（消费者促销）； 特殊装备（业务促销）

5. 经销商的广告宣传

1）原则

不可与汽车生产企业的诉求相违背。

不可伤害汽车生产企业的品牌形象。

不可做虚伪、欺骗、不实的广告伤及汽车生产企业的信誉。

必须遵守汽车生产企业品牌的规定。

必须遵守汽车生产企业车型的商务规则。

必须与汽车生产企业车型的广告相互配合。

2）广告媒体的选择

广告媒体的选择如图 6－18 所示。

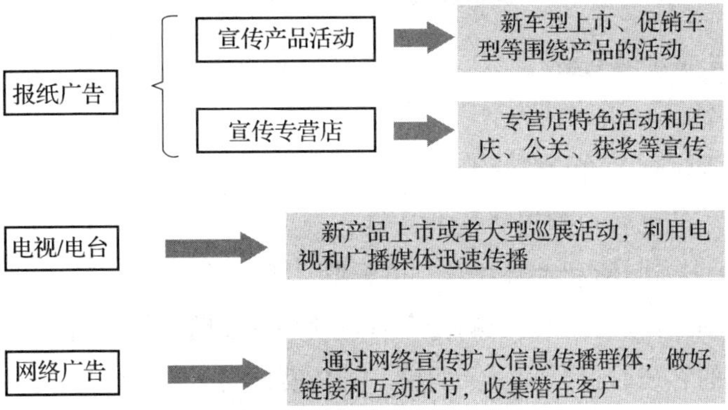

图 6－18　广告媒体的选择

6. 经销商的促销活动

促销活动重要的就是要考虑集客的“质”（目标客户）与“量”（人气），前提是必须赢得客户的满意与关注。另外，促销活动是一种市场竞争活动，需要有创意的构想、缜密的策划及长期积累的执行经验，才能达到预期的效果。

1）促销活动的功能

促销活动的功能如图 6－19 所示。

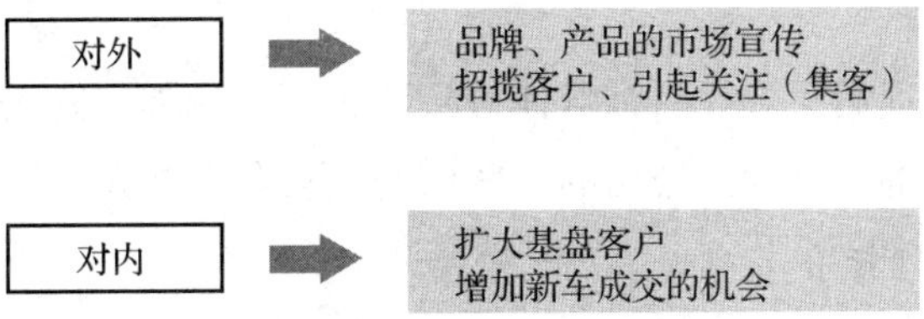

图 6－19　促销活动的功能

2）促销时机的选择

促销时机的选择如图6－20所示。

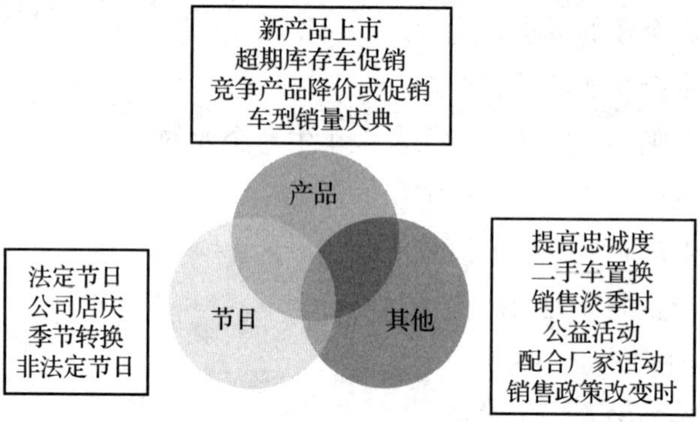

图6－20　促销时机的选择

3）有效的促销活动策略

（1）赠品促销。

①给到店试乘试驾的客户赠送彩票。

②向来买新车的老客户赠送回馈大礼包。

③赠送前30名参与活动者餐饮券、电影票、折扣券。

④与当地日用品商店合作，凡购新车者可获日用品购买券。

⑤购买新车的客户有机会和××明星一同免费旅游。

（2）季节性促销。

①在春季的第一周举办“迎春会”，到店者有机会获赠一束鲜花。

②在父亲节、母亲节开展特卖活动。

③12月到店客户有机会获赠圣诞礼物。

（3）竞赛促销。

①和汽车杂志联合举办“新车与我”征文比赛，获胜者可得保养券等赠品，文章将刊登于汽车杂志上。

②举办社区小学生的“新车海报”设计比赛，前3名作者可获赠奖学金。

③举办“猜猜看”活动：猜一猜装饰品的成本是多少，最接近者免费获得竞猜品。

（4）联合促销。

与其他行业联合促销，选择目标群体一致的公司，比如保险公司、摄影书法协会、大型超市、美容公司等。借助此公司的一些活动，联合举办大型的主题活动。

4）促销活动执行标准

（1）活动环境标准。

①展厅洁净，玻璃明亮，灯光充分，空调适当，5S（即整理（Seiri）、整顿

(Seiton)、清扫（Seiso）、清洁（Seiketsu）、素养（Shitsuke)）管理到位。

②展厅空间调整，必要时将部分展车移出。

③促进物（气球拱门、空飘、花篇、条幅、X 展架、刀旗、标识）布置恰当。

④绿色植物。

⑤舞台（地毯、背景看板、灯光、视频屏幕、展车）布置恰当。

⑥指示牌清晰。

⑦展车明亮光洁，符合展车标准。

⑧接待台及客户休息区（鲜花、饮料）整齐洁净。

2）活动内容标准。

①节目内容符合车型的风格、特性。

②强化产品介绍、宣传。

③活动节目须有脚本，预做彩排。

④谨慎挑选主持人、乐队音乐、车模、现代舞蹈。

⑤预先准备讲稿。

⑥总指挥全程跟进、指示、调整。

（3）活动集客标准。

①邀约客户：私营企业主、工商界人士、有影响力的企业单位主管、社会名流、潜在目标客户、忠诚车主。

②总经理出面邀约重要企业 VIP。

③市场部邀约媒体记者。

④设定邀请来店目标（例如 150 人），责任目标分配给销售顾问或服务顾问，在活动前确认来店参加活动客户名单。

⑤活动开始时，查核客户来店情况，展开催客行动。

（4）活动接待标准。

①保安人员负责交通指挥与停车引导。

②礼仪小姐负责来宾签到。

③专人服务酒饮、茶点、水果服务吧台。

④VIP 和媒体要受到特别接待。

⑤所有人员均为接待人员，穿着正式西服或活动制服，佩戴铭牌。

7. 经销商的新媒体营销

目前，互联网已成为汽车行业广告投放最多的媒体之一，尤其在经济发达的地区。国内某专业调研机构关于购车时的信息渠道的调查显示：通过互联网查找汽车信息的占比将近 90%。

网络营销能充分发挥企业与客户的互相交流优势，而且企业可以为客户提供个性化的服务。这是一种新型的、互动的、更加人性化的营销模式。常见的网络营销工具有如下几种。

1）企业网站

建立专营店自己的网站可以实现企业宣传、产品介绍、销售促进，并可以通过网站与客户交流。

自营网站的管理要点如下。

（1）做到实时维护，包括汽车生产企业新品信息、促销信息、本店促销信息等。

（2）多开辟具有商业效果的栏目，比如可以通过网上预约试乘试驾、预约商谈时间等。

（3）开辟与客户沟通的互动栏目，比如在线客服、试乘试驾报告以及车主交流、有奖竞猜、汽车展门票抽奖等活动。

（4）与汽车生产企业官方网站及一些知名门户网站、汽车垂直网站、地方门户网站建立友情链接以便于网友查找，同时提升自身网站的浏览量和关注度。

2）博客、微博营销

博客营销的曝光率与博主的知名度有直接关系，因此进行博客传播之前先要培养起自己博客的名气。建立一个4S店的官方博客或微博，然后经常性地发布一些软性的内容和驾驶知识之类的内容，可以逐渐吸引网友的关注。

3）视频营销

在抖音、快手、酷6网、优酷、新浪播客等视频类网站发布企业及产品宣传视频，引起客户关注。注意视频传播的特点，有特色的活动类、搞笑类视频更能引起网友的传看。

4）QQ群、电子邮件营销

在车辆销售过程中注意搜集客户的QQ、E-mail信息，并建立有针对性的QQ群、E-mail群，加强与客户的沟通和交流，维护客户关系，及时发布各类优惠、促销、维修保养信息，扩大信息传播渠道。

5）论坛（BBS）传播

论坛是网友互动的集散地，在论坛传播过程中切忌直接发布优惠促销、产品或4S店广告信息。在论坛可以第三方的角度讲述4S店开展的各类活动（如以车友的角度讲述其参加此活动的感受），以多图、谐趣的内容形式进行更容易引起网友的互动。

【案例6-2】

朋友圈广告助力蔚来汽车新店开业集聚潜客

（1）潜客三维定向，精准种草目标用户。

在人群属性、热力图和基于移动位置服务（LBS）定位上共同发力，精准锁定并触达目标客群，提升到店转化。

人群属性：圈选目标潜客，吸引到店。

热力图：巧用腾讯地图热力图，找出潜客群体，定点范围推送。

LBS 定位：以新店地址为中心，进行周围 5 km 的辐射定向，提升用户到店率。

（2）场景化素材展示，轻松抓住用户注意力。

采用朋友圈标签式卡片的广告形式，轻松抓住潜在用户的注意力。

在文案上，配合大图重点展示车型、门店地址等新开门店关键信息。

通过 LBS 展示门店地理位置，赋予用户更强的归属感。

（3）定制创意落地页，一键预约轻松留资（即留下个人联系方式或资料）。

针对落地页头图、一键预约、新店介绍三部分结构进行详细规划，构建出助力用户高效留资的落地页。

落地页头图：展示车型信息、优惠信息。

一键预约：提升用户留资效率。

新店介绍：多角度展示门店特征。

朋友圈广告助力蔚来汽车新店开业集聚潜客，线索转化率超行业均值 3 倍。

任务实施

1. 任务工单描述

在掌握本任务相关知识的前提下，能够进行汽车服务企业市场推广管理，根据所学知识解决情境导入中王先生需要解决的问题。

2. 任务实施记录表

详见附录 1“任务实施记录表”。

任务评价

（1）以学习小组为单位，将“任务实施记录表”上传课程平台（或智慧课堂），各小组互评和教师点评。

（2）评价分值包含各小组对重要知识点的掌握程度（40%），任务完成及创新情况（40%），团队合作及职业素养（20%），详见附录 2“任务评价表”。

可扫描二维码查看在线测试和知识拓展的相关内容。

在线测试　　知识拓展

任务3　汽车服务企业客户关系管理

任务导读

目前汽车服务企业竞争相当激烈，在产品质量相同的情况下，增强服务意识，加强客户关系管理，已经成为汽车服务企业的共识。加强客户关系的管理能够在很大程度上为汽车服务企业创造更大的经济效益，提升其市场竞争力，改善残酷的市场竞争形势。

本任务通过案例、情境和任务工单等形式，帮助大家掌握如何进行客户关系管理，如何提升服务质量，如何提升客户满意度。

任务目标

学习目标	能力目标	素质目标
1. 了解客户关系管理的定义以及意义； 2. 掌握客户满意度的提升对策及客户投诉的处理方式； 3. 掌握提升客户忠诚度的策略	1. 能够进行客户满意度分析； 2. 能够正确处理客户投诉； 3. 能够掌握客户忠诚度的管理方法	1. 树立服务意识、规范意识； 2. 培养爱岗敬业的职业道德和严谨务实的工作作风

情境导入

一天，一位气冲冲的客户来到一家汽车4S店的售后部，说他的车子质量有问题。通过和客户的交流，服务经理发现客户抱怨车辆油耗偏高，在做了喷油嘴和节气门清洗后效果不明显，于是客户感觉被骗了。

如果你是服务经理，该如何处理这个问题呢？

相关知识

一、客户关系管理概述

最早开展客户关系管理的国家是美国，其在1980年初便有所谓的接触管理（Contact Management），即专门收集、整理客户与公司联系的所有信息；1999年，世界著名的IT系统项目论证与决策权威机构——加特纳集团（Gartner Group）公司提出了客户关系管理（Customer Relationship Management，CRM）的概念。经历了几十年的不断发展与完善，对 CRM 概念的理解逐渐趋于成熟，即 CRM 是企业为发展与客户之间的长期合作关系、提高企业以客户为中心的运营性能而采用的一系列理论、方法、技术、能力和软件的总和。

二、客户关系管理的重要意义

（一）有利于提高企业的盈利能力

1. 实施 CRM 可以降低企业的经营成本

有资料表明，企业用于增加一个新客户的成本是维持一个老客户的成本的 5 ~ 8 倍。哈佛大学商学院曾经对整个采购生命周期内服务于客户的成本和收益进行了研究分析，并得出结论：对于每个行业来说，早期为赢得客户所付出的高成本使得客户关系不能带来盈利，但在随后几年，随着服务老客户成本的下降及老客户购买额的上升，这些客户关系带来了巨大收益。另有研究表明：每提升 5% 的客户保持率将使得客户的收益率增加 35%~95%，从而使得企业利润大幅度增加，其增加的幅度依行业不同而不同。因为寻找新的客户需要花费大量成本，CRM 通过服务和客户忠诚度计划维系企业的现有客户，并通过客户的口碑效应扩大企业的影响，提升企业形象，吸引新客户，大大降低了企业的经营成本。

2. 实施 CRM 可以使企业获得更多的收入

CRM 能为企业带来满意的忠诚客户。忠诚客户会重复购买，增加投入的份额，对价格的敏感程度相对较低，也会推荐其他人前来购买。CRM 使企业的管理重点由短期交易变为长期交易，并通过客户分类识别最有价值的客户。

（二）有利于降低企业的经营风险

当今企业的经营环境高度不确定、不稳定，且变化迅速，表现为客户需求的不确定性增强、多元化趋势加剧、变化快。企业传统的“为产品找客户”“以产品为中心”的经营理念正在承受极大的挑战与风险，因为产品一旦开发失败，将受到“灭顶之灾”。而“为客户找产品”“以客户为中心”的经营理念却可以为企业缓冲市场扰动造成的冲击，最大限度地降低企业经营风险。

（三）有利于为企业创造竞争优势

开发一个新客户的成本等于留住五个老客户的成本，也就是说留住老客户是最具性价比的选择。如何留住老客户，如何提高老客户的重复购买率，是很多企业面临的问题。

CRM 是企业竞争的利器，它关注、识别、保留和发展有价值的客户，通过客户满意度计划和忠诚度计划提高客户满意度和忠诚度。

（四）成为企业提高交易效率的重要途径

CRM 从长期的投资回报考虑，建立企业与客户之间不可或缺的互动关系，企业充分考虑到客户的各种要求，为客户创造性地设计各种交易结构，使买卖双方均为了支持对方而进行有价值的投资，形成一种持续性的依赖关系。这种交易结构有助于降低交易成本，提高交易的效率。这种依赖关系越持久，双方从彼此处获得的收益越大。

【案例 6-3】

三大价值体系支撑，长安汽车与用户携手共创未来

长安汽车表示，未来将聚焦于“体验提升”与“价值创造”，从“伙伴”“科技”两个方向，赋予用户更新的身份，不仅是伙伴，还提供平台，提升用户体验的同时，带来“新服务、新体验、新关系”三大核心价值。

新服务针对服务升级，提倡“以用户为中心，构建品牌生态”，以“新服务”核心价值为基础。长安汽车还推出了“伙伴 + 无界服务”业务，全面聚焦用户用车全生命周期，精准提供标准化和差异化的贴心服务，分为悠行守护、悠行智创、悠行连接三部分。其中，悠行守护包括诚信服务五大承诺和安全守护两方面；悠行智创则可提供 5G 远程服务及智能维保；悠行连接将带来车辆异常主动提醒，同时还有“超级星期三”和“聚惠星期五”为用户提供售后维保及限时优惠等活动。

而新体验则更强调“以用户为导向，驱动品牌价值”，提倡倾听用户心声，以开展共创和用户活动的形式增强用户对品牌的参与感。基于新体验衍生的“伙伴 + 智行体验”旨在重构新产品开发模式，通过趣享关怀、趣享空间、趣享盛会三大业务为用户用车、出行提供智慧体验。比如，长安汽车每月 21 日举办的“UNI 星球日”就是趣享关怀的案例之一，主要目的是通过开展用户活动强化固定记忆。趣享空间更多是通过圈层运营加深品牌与用户之间的联系，并形成固定的品牌 IP，目前长安汽车已经运营了“UNI Glamping”“U 行者”IP，前者通过露营场景，辅以多地形道路试驾、户外露营课堂、特色活动体验、野营互动、美景打卡等活动形式，传达品牌精神；后者则以自驾游为核心，为用户提供试驾路线，在旅途中感受多元文化；此外，还有 Openday、Freeday、Superday 等节日加深品牌印象。

新关系对用户来说最有价值感，因为它主张“为用户代言，彰显品牌人设”，能够实实在在为用户提供价值感。以新关系为基础，长安汽车推行了“伙伴 + 益路同行”业务，并且打造用户活动，共创公益、盈利平台。其中，“熠星一益”主攻公益，通过打造用户互助平台与公益机构合作，每季度组织不同主题的公益活动，用户可以参与活动，也可以自发组织活动，实现个人价值的提升。而“熠星闪耀”可以为用户带来真实的效益，比如城市合伙人计划，通过邀请用户参与产品共创成为合作人，可以享受产品销售利润分红。

三、客户满意度管理

（一）客户满意度的内涵

客户满意度也叫客户满意指数，是一个相对的概念，是客户期望值与客户体验的匹配程度。换言之，就是客户通过对一种产品可感知的效果与其期望值相比较后得出的指数。

客户满意度有五种测评程度，包括很不满意、不满意、一般满意、满意、很满意。具体来说，分别为以下五种情形。

（1）当实际感受远远低于预想时，客户感到很不满意，因此会对企业的产品和服务产生抱怨，对企业进行投诉。企业如果可以妥善处理客户的不满，降低客户的不满意的感觉，便可以使客户由很不满意向满意过渡。

（2）当实际感受略低于预想时，客户感到不满意，因此会对企业的产品和服务产生抱怨。企业如果可以妥善处理客户的不满，降低客户的不满意的感觉，便可以使客户由不满意向满意过渡。

（3）当实际感受接近预想时，客户感到一般满意，会继续接受企业的产品和服务。但是这类客户是不稳定的，如果企业竞争者对客户进行拉拢，那么客户可能会放弃企业的产品和服务，而转投竞争者的怀抱。

（4）当实际感受大于预想时，客户感到满意，会继续接受企业的产品和服务。并且这类客户是比较稳定的，因为他们对企业有一定的忠诚度。

（5）当实际感受远远大于预想时，客户感到很满意，会继续接受企业的产品和服务。这类客户是很稳定的，因为他们对企业非常忠诚，尽管企业竞争对手会运用各种主动营销方法来争取客户，但是客户依然不会离开企业。

（二）客户满意度的评价指标

客户满意度评价指标一般选择客户最希望的因素和客户最多抱怨的因素，以上两种因素决定的评价标准对客户满意度有着很大的影响。但是决定客户满意度的因素较多。汽车服务企业售后服务部门一般采用正面沟通交流、电话调查和邮件访问等方式进行客户满意度的调查。在确定售后服务标准时，一般涉及以下指标。

1. 服务内容价值

服务内容价值是汽车服务企业售后服务的内容，这些内容是多种多样的，有维修、保养、保险理赔、装饰美容、汽车金融等，而这些服务都是依附在汽车产品这一实体之上的，属于无形产品价值层次的范畴，作为有形产品价值层次的汽车产品只是一种客观的存在形式，是汽车售后服务活动的载体。因此，服务内容价值是指依附于汽车产品这一载体之上能给客户带来的效用，即购买汽车产品的客户所获得的超越汽车产品价值的额外的利益。对于汽车服务企业而言，服务内容价值是客户利益的载体，其他形式的价值都依附在服务内容价值之上。

2. 超越服务价值

超越服务价值是指汽车服务企业客户在获得基本的汽车售后服务的基础上所获得的超出服务内容价值部分的利益。例如，在汽车服务企业售后服务中，售后服务人员发现汽车发动机有积炭现象，虽然没有达到需要进行维修的程度，但是已经影响到汽车的经济性，售后服务人员建议客户清洗发动机积炭，接受清洗服务后，客户节约了用油成本，因此给客户带来的价值就属于超越服务价值范畴。在汽车服务企业竞争日益激烈的大环境下，售后服务同质化严重，消费者已不满足于汽车服务企业所提出的基本的售后服务，而需要汽车服务企业提供更多的超越服务价值，所以超越服务价值在客户综合价值中越来越重要。

3. 服务文化价值

服务文化价值是指在客户接受汽车服务企业售后服务时，对企业所有员工的总体印象。服务文化价值包括很多内容，例如，企业员工的业务水平、服务积极性和主动性，全体员工的服务意识，员工在为客户提供服务时所体现出来的人格魅力。所有这一切的集合体便反映出了服务文化价值。

4. 服务形象价值

企业的服务形象价值是指汽车服务企业所提供的售后服务水平在汽车服务行业中所处的名次，以及其服务水平的先进程度和专业化程度给客户所带来的额外增值，表现为汽车服务企业所提供的售后服务在客户心目中的品牌形象。优良的企业品牌服务形象会使企业客户感受到额外的价值，所以客户在接受汽车服务企业所提供的售后服务时，所得到的感受在很大程度上受到企业品牌服务形象的影响，因此服务形象价值在客户综合价值中占有一定的地位。

（三）客户满意度的提升对策

客户满意的心理根源在于客户感知服务质量，客户感知服务质量决定客户满意度，客户满意度可以部分决定客户忠诚度，因此企业必须在总资源的限度内，在保证其他利益攸关者（员工、供应商、股东）能够接受的情况下，尽力提高客户满意水平。

1. 树立企业形象

汽车服务企业应在内外形象和用户环境上下功夫，树立良好的企业整体形象，建立自己的品牌。多数高档汽车乃至一些经济型汽车的车主在选择售后服务时，大多数倾向于选择品牌企业，汽车服务企业可以通过统一企业的品牌形象，建立宽敞明亮的接待大厅和维修车间，配备设施齐全、温馨舒适的客户休息室来树立良好的企业形象。

2. 采用一站式售后服务模式

一站式售后服务包括维修、喷漆、轮胎养护、常规保养、洗车、美容、装饰、年检、保险等全方位服务。目前国内汽车售后服务多以单一或多项服务的形式存在，对客户的服务也仅仅是局部服务。当客户需要多项服务时，很多汽车服务企业往往因不能满足客户的需求而使客户流失。汽车服务行业应该学习零售业先进科学的经营理念，在现有条件下增加服务项目，提高服务附加值，导入汽车全方位服务理念。

3. 采用先进的技术和设备

在现实生活中，汽车维修费用的高低同样会受到客户的关注，汽车服务企业若想降低维修费用，必须提高效率，缩短维修周期，降低维修成本，而要实现这一点，除了需要借助维修人员的专业技术外，还需要借助专业化、现代化的汽车诊断、检测与维修设备和仪器，才能快速诊断出故障并加以解决。有些汽车服务企业已开始提供汽车远程故障诊断技术服务，对所属网点可快速处理复杂疑难技术问题，极大地提高了服务质量。

4. 提高服务人员的素质

汽车售后服务是一项技术性很强的工作，因此汽车服务企业需要建立一支既懂得汽车基本原理，又懂得汽车新结构、新技术，适应机电一体化的售后服务维修队伍。汽车服务企业选择服务人员时应该有严格的用人标准，服务人员除了具有相应的学历标准外，还应具有较高的服务水准。为此汽车服务企业应制订相应的培训计划，特别是综合素质方面的培训计划。汽车服务企业还要定期开展业务技术培训，有条件的企业可以委托高校进行代培，不断充实员工的专业技术知识，只有这样，才能使技术人员适应不断变化的市场形势，更好地开展售后服务工作。

5. 完善价格体系

价格是影响客户满意度的因素之一，所以建立合理的价格体系，给消费者提供良好的消费环境，也是提高客户满意度的重要方法。只有按照统一、透明、公开的原则，将市场价格稳定下来，让客户对自己选择的产品和服务更加明确，才能使客户觉得物有所值。

6. 建立详细、规范的服务标准

汽车服务企业必须有详细、规范的服务标准，建立统一的信息管理系统，以此对服务行为进行规范和管理。通过规范的管理，使各项工作有序进行，出现问题可以追查到具体的责任人，这极大地增强了员工的责任意识，提高了服务水平，同时给客户提供了标准一致的服务，使客户更加放心，也提高了客户的满意度。

7. 定期进行客户回访

定期进行客户回访，可以征求客户的满意程度，表达感谢之意，转达企业领导关心之情，还可以提高企业自身形象，培养忠实客户群体。此外，对客户不满意的情况可以及时沟通，消除分歧，赢得理解并予以足够的重视，及时整改，避免由此造成客户的失望和流失，影响企业的声誉。可以采取的方式包括：电话回访，在交车一周之内（最好在3天内）打电话回访客户，征询客户的满意程度，若存在某些令人不满意的地方，必须马上设法纠正，并将信息及时反馈给有关部门；定期由客户服务经理带队，选择一定比例的客户进行上门访问；利用维修档案，通过手机短信、电子邮件等方式提醒客户做车辆定期维护，顺便进行客户回访，并做好详细记录，一般应提前3周进行首次通知，并在日期将至时再次通知；可以采用意见征询表、座谈会等多种形式与客户定期保持联系，询问车辆使用情况、对维修企业的意见和建议，或向客户介绍新的服务项目等。

四、客户投诉的处理

（一）客户投诉的含义

1. 客户投诉的定义

客户投诉，是指客户对企业产品质量或服务不满意而提出的书面或口头上的异议、抗议、索赔和要求解决问题等行为。如今社会投诉发生频率越来越高，这是一种进步的表现，也促使竞争更为激烈，产品质量更好，服务态度更好。

2. 客户投诉的意义

很多人认为对汽车服务企业来说，客户投诉会带来负面的影响，是一种弊端极大的行为。其实，我们应该理性地看待客户投诉。

那些向企业提出中肯意见的客户，都是对企业依然寄有期望的人，他们期望企业的产品或服务能够加以改善，为此会无偿提供很多信息。不投诉的客户，有时是因为他不相信问题可以得到解决或者说他觉得他的投入和产出会不成比例；而投诉的客户往往是忠诚度很高的客户。因此，投诉的客户对于汽车服务企业而言是非常重要的。

（1）令人满意的客户投诉处理，可以培养客户的忠诚度。

（2）客户投诉可以促进企业成长。

（3）巧妙处理客户投诉可以帮助企业提升形象。

（4）客户投诉可以帮助企业发现隐藏的商机。

（二）客户投诉的应对

1. 投诉处理的基本要求

1）明确处理客户投诉的负责人

处理客户投诉的主要负责人是业务接待员、业务经理或服务经理，严重投诉时企业主要负责人应出面处理。除了上述负责人，企业的其他人员均有责任将客户抱怨反映给相关负责人，由负责人处理客户投诉。一般工作人员，如维修人员、配件保管员、后勤人员等，不宜直接处理客户投诉。

最适合担任投诉处理的人员是与客户关系良好、思维敏锐的工作人员，因此处理客户投诉的负责人日常要与客户建立良好的关系。

2）明确客户的需求

在处理客户投诉或抱怨之前，要再次明确客户进厂维修的需求。客户的需求分为以下两个方面。

（1）实质需要：又称为理性需求，具体包括产品质量、价格合理和按时交车。

（2）精神需要：又称为感性需求，具体包括感到受欢迎、舒适、被理解和感到自己很重要。

明确客户的需求可以帮助我们了解哪些原因造成了客户的不满，并学会主动引导客户情绪。

3）明确客户投诉的主因

（1）不被尊重。客户感觉没有受到应有的尊重，或没有受到与其他人一样的尊重。

（2）与期望相差太大。出现此种情况一是由于客户与过去的经历做比较，主要是价格上的比较，感觉受到了不平等的待遇；二是由于与客户沟通不够，随意增加了维修项目等。

（3）多次不满的积累。累积多次不满而产生抱怨，最终投诉。

（4）受骗的感觉。企业有意欺瞒而导致客户不满。

4）明确客户投诉的心理

（1）求发泄。

（2）求尊重。

（3）求赔偿。

5）要有良好的仪容仪表

接待人员的仪容仪表很影响客户的心情，因此应引起我们的注意。

（1）外表：穿着、精神面貌。

（2）身体语言：眼神、脸部表情、肢体动作。

（3）情绪上的表现：语音、语调。

6）需要专业知识

处理客户投诉或抱怨一定要具备专业知识，否则处理问题时言辞不当，可能会进一步激化矛盾。

2. 处理投诉的原则

1）基本原则

（1）先处理心情，再处理事情。

（2）不回避。

（3）第一时间处理。

（4）了解客户背景。

（5）找出原因，界定控制范围。

（6）必要时让上级领导参与，运用团队智慧解决问题。

2）谈判原则

（1）寻求双方认可的服务范围。

（2）不做过度的承诺。

（3）争取双赢。

（4）必要时，要坚持原则。

3. 处理投诉的技巧

1）运用身体语言的技巧

（1）正面的信息。

①表情自然放松。

②微笑，表示关怀。

③交谈或倾听时保持眼神交流。

④认真倾听客户的抱怨或投诉。

⑤自我情绪要控制好。

⑥体验客户的心情，换位思考。

（2）负面的信息。

①表情紧张严肃。

②动作紧张匆忙。

③交谈或倾听时没有眼神交流。

④忽略客户的感受。

⑤抢答，语调激动。

2）稳定客户情绪的技巧

（1）单独交谈。将情绪不稳定的客户与其他客户隔离，将其请到单独的房间进行交流。这样可以稳定客户情绪，有的人越在人多的地方情绪越容易激动。另外，将情绪不稳的客户与其他客户隔离也可以避免造成负面影响。

（2）表示歉意。

（3）让客户放松。请客户坐下，给客户提供饮品。

（4）不争辩。客户不满意说明企业的工作有不到位之处，在客户有情绪时与他争辩只会适得其反，当然更不能把自己的想法强加给客户。

（5）暂时转移话题。例如，问一下工作单位、住址等。

3）与客户交谈的技巧

（1）认真倾听，并表示关怀，让客户感觉到我们确实在为他解决问题。

（2）确认投诉的最主要内容。

（3）善用提问发掘客户的不满。

（4）必要时认同客户的情感，对其抱怨或投诉表示理解。

4）与客户谈判的技巧

（1）转移法：不做正面答复，以反问的方式提醒客户双方的责任。

（2）递延法：以请示上级领导为由，争取时间。

（3）否认法：对客户所提问题有明显差异的，应予以否认。

（4）预防法：在预估事情可能要发生时，先予以提醒。

5）不同类型投诉人及应对

不同类型投诉人及应对如表6－3所示。

表6－3　不同类型投诉人及应对

投诉人类型	表现	对策
消极型	态度消极、冷漠；使用简单的语言；二次来厂率不高	深切表示关怀；主动告知如何处理；发掘抱怨或投诉的原因
善言型	把遭遇告诉别人；坚持己见；容易把问题复杂化	隔离群众；先行认同；弄清抱怨或投诉的主因
易怒型	主动告诉他人不满之处；语言、语调等肢体语言夸大；要求更高层次领导与其交谈	隔离群众；倾听意见，带有同情心；告知上报其意见
危险型	语带威胁；明确要求赔偿条件；可能有其他行动	隔离群众；提供2～3个解决方案；追踪观察

6）投诉结果处理

（1）结果公平：投诉处理的结果符合投诉者的期望。

（2）程序公平：投诉处理程序符合国家有关法律法规。

（3）互动式公平：投诉处理的结果与投诉者的期望不符，但客户受到了尊重、理解。

4. 投诉的预防

1）首问责任制

谁接待的客户由谁负责到底，也称为“一票到底的服务”。

2）自行抽检

企业从接待、维修、质检到电话跟踪，实行抽检，对发现的问题，及时查找原因，制定对策。一些汽车生产厂家对特约服务站实行的“飞行检查”很值得借鉴。生产厂家的检查人员在不通知特约维修企业的情况下，在某一客户的车辆上设计几个故障，然后由客户开车到维修站检查维护，通过对维修站检查维护效果的检查，来考查维修站的服务规范、服务水平及故障排除能力。生产厂家的检查人员有时会假设一个需救援的车辆，打电话让维修站前去救援，以考察维修站的反应和救援能力。

3）预警制度

对一些挑剔、易怒的客户，提前通知各部门，让每位员工都提高警惕，做好准备。

4）标准工作流程的落实

企业有了标准工作流程，就要抓好落实，人人都按照工作流程做事，就会堵塞漏洞，避免或减少客户投诉。

5）员工培训

通过培训让员工了解客户投诉也是一份礼物，这份礼物对企业有着多方面的促进作用，要正确看待客户的抱怨或投诉，冷静客观地进行处理。通过培训，员工都能清晰地认识到不能有以下的错误行为。

（1）同客户争吵、争辩。

（2）打断客户讲话，不了解客户关键需求。

（3）批评、讽刺客户，不尊重客户。

（4）强调自己的正确，不承认错误。

（5）不了解客户需求前随意答复客户要求。

（6）员工之间不团结，表达给客户的意见不一致。

五、客户忠诚度管理

（一）客户忠诚和客户忠诚度

1. 客户忠诚

客户忠诚是指客户对企业的产品或服务表现出依恋或爱慕的感情，它主要通过客户的情感忠诚、行为忠诚和意识忠诚表现出来。其中情感忠诚表现为客户对企业的理念、行为和视觉形象的高度认同和满意；行为忠诚表现为客户再次消费时对企业的产品和服务的重复购买行为；意识忠诚则表现为客户具有的对企业的产品和服务的未来消费意向。

在营销实践中，客户忠诚定义为客户购买行为的连续性，是指客户对企业产品或服务的依赖和认可度，坚持长期购买和使用该企业产品或服务所表现出的在思想和情感上的一种高度信任和忠诚的程度，是客户对企业产品或服务在长期竞争中所表现出的优势的综合评价。

2. 客户忠诚度

客户忠诚度指客户忠诚的程度，它是一个量化概念，指由于质量、价格、服务等诸多因素的影响，客户对某一个企业的产品或服务产生感情，形成偏爱并长期重复交叉购买该企业产品或服务，同时向他人进行推荐的程度。

（二）提升客户忠诚度的策略

1. 建立客户数据库

为提升客户忠诚度而建立的数据库应具备以下特征。

（1）一个动态的、整合的客户管理和查询系统。

（2）一个忠诚客户识别系统。

（3）一个客户流失显示系统。

（4）一个客户购买行为参考系统。

企业运用客户数据库，可以使每一个服务人员在为客户提供产品或服务的时候，了解客户的偏好和购买行为习惯，从而提供更具有针对性的个性化服务。

建立和管理客户数据库本身只是一种手段，而不是目的。企业的目的是将客户资料转变为有效的营销决策支持信息和客户知识，进而转化为竞争优势。实践证明，企业利润的 80% 来自其 20% 的客户。只有与核心客户建立关系，企业稀缺的营销资源才会得到最有效的配置和利用，从而明显地提高企业盈利能力。

2. 识别核心客户

识别核心客户最实用的方法是回答三个互相交叠的问题。

（1）哪部分客户最有利可图、最忠诚？注意那些对价格不敏感、付款较迅速、服务要求少、偏好稳定、经常购买的客户。

（2）哪些客户将最大购买份额放在企业所提供的产品或服务上？

（3）哪些客户对企业比企业的竞争对手更有价值？

通过对这三个问题的回答可以得到一个清晰的核心客户名单，而这些核心客户就是企业实行客户忠诚营销的重点管理对象。

3. 超越客户期望，提高客户满意度

客户的期望是指客户希望企业提供的产品或服务能满足其需要的水平，达到了这一期望，客户会感到满意；否则，客户就会感到不满意。所谓超越客户期望，是指企业不仅能达到客户的期望，还能提供更完美、更关心客户的产品和服务，超过客户预期的要求，使其得到意想不到的甚至感到惊喜的服务和好处，获得更高层次上的满足，从而对企业产生一种情感上的满意，并发展成为稳定的忠诚客户群。

4. 正确对待客户投诉

要与客户建立长期的相互信任的伙伴关系，就要善于处理客户抱怨。有些企业的员工在面对客户投诉时，常常表现出不耐烦、不欢迎、敷衍了事，甚至流露出反感。其实这是一种非常危险的做法，往往会使企业丧失宝贵的客户资源。

5. 提高客户转换成本

一般来说，客户转换购买对象或转换卖主，会面临一系列有形或无形的转换成本。对单个客户而言，转换购买对象，需要花费时间和精力重新寻找、了解和接触新产品，放弃原产品所拥有的折扣优惠，改变使用习惯，还可能面临一些经济、社会或精神上的损失；对机构来说，更换使用另一种产品设备，则意味着人员再培训和产品重置成本。提高客户转换成本就是要研究客户的转换成本，并采取有效措施，人为增加其转换成本，以减少客户退出，保证客户对本企业产品或服务的重复购买。

6. 提高内部服务质量，重视员工忠诚度的培养

哈佛大学商学院的教授认为，客户保持率与员工保持率是相互促进的。这是因为企业为客户提供的产品和服务都是由内部员工尤其是一线员工完成的，他们的行为及行为结果是客户评价服务质量的直接来源。一个忠诚的员工会主动关心客户，热心地为客户提供服务，并为客户的问题得到解决而感到高兴。因此，企业在培养客户忠诚的过程中，除了做好外部市场营销工作，还要重视内部员工的管理，努力提高员工的满意度和忠诚度。

7. 加强退出管理，减少客户流失

退出是指客户不再购买企业的产品或服务，终止与企业的业务关系。正确的做法是及时做好客户的退出管理工作，认真分析客户退出的原因，总结经验教训，利用这些信息改进产品和服务，最终与这些客户重新建立起正常的业务关系。分析客户退出的原因，是一项非常复杂的工作。客户退出可能是单一因素引起的，也可能是多种因素共同作用的结果。

任务实施

1. 任务工单描述

在掌握任务相关知识的前提下，根据所学知识解决情境导入中服务经理需要解决的问题。

2. 任务实施记录

详见附录 1“任务实施记录表”。

任务评价

（1）以学习小组为单位，将“任务实施记录表”上传课程平台（或智慧课堂），各小组互评和教师点评。

（2）评价分值包含各小组对重要知识点的掌握程度（40%），任务完成及创新情况（40%），团队合作及职业素养（20%），详见附录 2“任务评价表”。

可扫描二维码查看在线测试和知识拓展的相关内容。

在线测试　　知识拓展

项目七
汽车服务企业车间管理与质量管理

任务1　车间7S管理

任务导读

作为汽车服务企业，其关于汽车整车的各种维护保养均需要在车间现场工位实施，维修技师、现场设备与工具、整车、各种配件来回出入，要想保证现场井然有序并且效率最高，就需要一套行之有效的管理方法。而7S管理模式经实践证明是一种先进的、实用性强的现场管理系统方法，包括整理、整顿、清扫、清洁、素养、安全、节约七个部分，主要功能是为企业解决用好空间、用足空间、保持环境清洁、形成良好习惯、重视安全、节约等问题。成功地导入7S，可以改善和提高企业形象，促进工作效率提高，降低生产成本，切实保障安全，提高社会效益和经济效益。

本任务通过案例、情境和任务工单等形式，帮助大家掌握7S管理的内涵及作用，掌握实施7S的主要步骤。

任务目标

学习目标	能力目标	素质目标
1. 掌握车间7S管理的内容及作用； 2. 掌握车间实施7S管理的方法	能结合所学知识，对自己所处的环境实施7S管理	1. 培养精益求精的工作作风和认真的工作态度； 2. 培养重视实践、理论联系实际的学风

情境导入

王先生的汽车到了保养日期，于是根据与4S店约定的时间来4S店进行维护保养。王先生把车辆开进4S店保养车间，发现车间灯光昏暗，地面存在油污，维修技师工作服也脏乎乎的，怀疑该4S店的维修保养质量，于是询问旁边的接待专员，接待专员信誓旦旦地保证没有问题。维修保养后王先生取车并上路行驶，结果发现发动机舱内有异响，再次来到4S店进行检查，经过拆检在发动机油底壳内发现了一个13 mm长的套筒。王先生要求4S店对其进行赔偿。如果你是4S店的车间主管，该如何杜绝以上问题的发生呢?

相关知识

一、7S管理简介

(一) 7S管理的发展和内容

1. 7S管理的起源与发展

7S管理起源于日本，是指在生产现场对人员、机器、材料、方法、信息等生产要素进行有效管理，这是日本企业独特的管理办法，因为整理（Seiri）、整顿（Seiton）、清扫（Seiso）、清洁（Seiketsu）、素养（Shitsuke）是日语外来词，在罗马文拼写中，第一个字母都为S，所以日本人称之为5S。近年来，随着人们对这一管理办法认识的不断深入，有人又添加了安全（Safety）、节约（Save）等内容，称之为7S。

1955年日本提出2S口号，即“安全始于整理整顿，终于整理整顿”，后因生产控制和品质控制的需要，逐步提出3S，即清扫、清洁、素养。第二次世界大战后日本丰田公司推行5S，对塑造企业形象、降低成本、准时交货、安全生产、高度标准化、工作环境的改善起了巨大作用，之后5S得到推广。后来加入节约和安全发展为7S，它是现场管理最重要的“法宝”之一，被美国人认为是“管家概念”，旨在改进工作条件和促进过程。

2. 7S管理的定义和内容

7S就是整理、整顿、清扫、清洁、素养、安全、节约的简称，是车间各项管理的基础。

通过7S管理方式，企业能够健康、稳定、快速地成长，并且至少达到四个方面的满意：投资者满意、客户满意、员工满意、社会满意。通过推行7S管理，企业能够有效提高现场管理水平，创造整洁的工作环境，提升员工素养，提高工作效率，保障安全生产，促进节约，提高经济效益，实现企业与员工的双赢。

7S管理每项管理的具体内容如下。

(1) 整理：增加作业面积；保持物流畅通，防止误用等。

(2) 整顿：工作场所整洁明了，一目了然，减少取放物品的时间，提高工作效率，保持井井有条的工作秩序。

(3) 清扫：清除现场内的脏污和作业区域的物料垃圾。

（4）清洁：使整理、整顿和清扫工作成为一种惯例和制度，是标准化的基础，也是一个企业形成企业文化的开始。

（5）素养：让员工成为遵守规章制度并具有良好工作素养的人。

（6）安全：保障员工的人身安全，保证生产连续、安全、正常地进行，同时减少因安全事故而带来的经济损失。

（7）节约：对时间、空间、能源等进行合理利用，以发挥它们的最大效能，从而创造一个高效率的、物尽其用的工作场所。

（二）推行 7S 管理的目的及作用

1. 推行 7S 管理的目的

7S 管理在推行过程中，通过开展整理、整顿、清扫等基本活动，使之成为制度性的清洁，最终能够提高员工的职业素养。

7S 管理是环境与行为建设的管理文化，它能有效解决工作场所凌乱、无序的问题，有效提升个人行动能力与素质，有效改善文件、资料、档案的管理，有效提升工作效率和团队业绩，使工序简洁化、人性化、标准化。

推行 7S 管理的最终目的是把各专项管理的目标纳入生产现场目标管理体系中，在系统整体优化的前提下，使各种科学和技术成果在系统内得到综合运用和优化，保证生产现场始终处于有序的状态中。

2. 推行 7S 管理的作用

7S 管理活动是企业基础管理活动的缩影，推行 7S 管理对企业各方面的提升作用主要有以下几点。

（1）提高和改善企业形象：整洁、清洁的工作环境易于吸引客户，让客户有信心；同时由于口碑相传，企业会成为其他公司的学习对象。

（2）促进效率的提高：良好的工作环境和工作气氛，有修养的工作伙伴，物品摆放有序，员工可以集中精神工作，工作兴趣高，效率自然会提高。

（3）提高库存周转率：整洁的工作环境，有效的保管和布局，彻底进行最低库存量管理，做到必要时能立即取出有用的物品。工序间物流通畅，能够减少甚至消除寻找、滞留时间，提高库存周转率。

（4）减少甚至消除故障，保障品质：优良的品质来自优良的工作环境。通过经常性的清扫、点检，不断净化工作环境，避免皮棉污物损坏机器，维持设备的高效率，提高品质。

（5）保障企业安全生产：储存明确，物归原位，工作场所宽敞明亮，通道畅通，地上不会随意摆放不该放置的物品。如果工作场所有条不紊，意外的发生也会减少，安全就会得到保障。

(6) 降低生产成本：通过实施7S管理，可以减少人员、设备、场所、时间等的浪费，从而降低生产成本。

(7) 改善员工精神面貌，使组织活力化：员工都变得有修养，有尊严和成就感，对自己的工作尽心尽力，并带动改善意识形态（可以实施合理化提案改善活动），增强组织的活力。

(8) 缩短作业周期：由于实施了"一目了然"的管理，异常现象明显化，减少了人员、设备、时间的浪费，生产顺畅，提高了作业效率，缩短了作业周期。

3. 推行7S管理的效果

虽然7S管理只有七个方面，但是推行7S管理创造出来的效果却有八个"零"。

(1) 7S管理为最佳的推销员——亏损为零。实施7S管理的工厂在行业内被称赞为最干净、整洁的工厂；整理、整顿、清扫、清洁和素养维持良好，并且成为习惯，以整洁为基础的工厂有很大的发展空间。

(2) 7S管理是品质零缺陷的护航者——不良为零。产品按标准要求生产；检测仪器正确地使用和保养，是确保品质的前提；环境整洁有序，异常现象一眼就可以发现；干净整洁的生产现场，可以增强员工品质意识；机械设备正常使用和保养，可以减少次品产生。

(3) 7S管理是节约能手——浪费为零。实施7S管理能减少库存量，排除过剩生产，避免零件、半成品、成品在库过多；避免库房、货架过剩；避免卡板、台车、叉车等搬运工具过剩；避免购置不必要的机器、设备；避免"寻找""等待""避让"等动作引起的浪费；消除"拿起""放下""清点""搬运"等无附加价值动作。

(4) 7S管理是安全的软件设备——事故为零。整理、整顿后，通道和休息场所等不会被占用；物品放置、搬运方法和积载高度要充分考虑安全因素；工作场所宽敞、明亮，使物流一目了然；人车分流，道路通畅；"危险""注意"等警示明确；员工正确使用保护器具，不会违规作业；所有的设备都进行清洁、检修，能预先发现存在的问题，从而消除安全隐患。

(5) 7S管理是标准化的推动者——投诉为零。做好7S管理，人们能正确地执行各项规章制度；去任何岗位都能立即上岗作业；谁都明白工作该怎么做，怎样才算做好了；工作方便又舒适；每天都有所改善、有所进步。

(6) 7S管理是交货期的保证——故障为零。工厂无尘化；无碎屑、碎块和漏油，经常擦拭和保养，机械稼动率高；模具、工装夹具管理良好，调试、寻找时间减少；设备产能、人员效率稳定，综合效率可把握性高；每日进行点检，防患于未然。

(7) 7S管理是高效率的前提——切换产品时间为零。模具、夹具、工具经过整顿，不需要过多的寻找时间；整洁、规范的工厂机器正常运转，作业效率大幅上升。

（8）7S 可以创造出快乐的工作岗位——缺勤率为零。一目了然的工作场所，没有浪费、勉强、不均衡等弊端；工位明亮、干净，无灰尘、无垃圾的工作场所让人心情愉快，不会让人厌倦和烦恼；工作已成为一种乐趣，员工不会无故缺勤旷工；实施 7S 管理能给人“只要大家努力，什么都能做到”的信念，让大家都亲自动手进行改善；在有活力的一流工厂工作，员工都由衷感到自豪和骄傲。

二、7S 管理实施

（一）7S 管理解读

1. 整理

整理是指在工作现场，首先要将工作中使用的物品分为三类，即经常使用的、不经常使用的、不需要的，然后进行妥善的处理，使杂乱的物品变得一目了然，能够被迅速利用起来，使物品的流动如行云流水般顺畅。

2. 整顿

整顿是指对经常使用的物品进行定位置（放在哪里）、定容器（规定容器颜色、材质和规格）、定储量（规定合适的最大、最小储量）管理，合理地放置和摆放，并设置标识，以便最快速地取到所需之物，用完立即归还原位；对不经常使用的物品选择合适位置存放，并设置标识，用完归还原位。

3. 清扫

清扫是指将设备和场地上看得见和看不见的地方都打扫干净，发现并消除污染源。

4. 清洁

清洁是指坚持高标准，保持整理、整顿、清扫的成果，并做到规范化、制度化，培养良好的工作习惯。

5. 素养

素养是指通过宣传、教育培训和相关规章制度，促使员工养成严谨细致、认真负责的工作习惯，以及诚实守信、文明礼貌、团结协作的处事习惯。其本质是培养具有好习惯的员工。

6. 安全

安全是指通过制度和措施来提升安全管理水平，防止事故发生。安全的要点如下：强化安全意识，加强现场的安全教育；提高安全操作技能，加强实操的培训；做好安全防范的具体措施。

7. 节约

节约是指消除一切不必要的消耗，降低成本，提高效益。节约的目的是降低生产成本，赢得客户信任，提高企业竞争力。节约的作用是提高企业和员工的绩效，获得持续改善的动力，使企业精益求精，提高团队、员工的素养水平，进而反哺企业。

（二）7S 管理实施要领

1. 整理

将工作场所有用与无用的物品分开，有用的留下，无用的移走。工作场所包括天上、空中、地面、地下等；物品包括设备、产品、物料、工具、物件等。其实施要领如下。

（1）对工作场所范围进行全面检查，包括看得到和看不到的地方。

（2）按照标准清理不需要的物品。

（3）制定不必要物品的处理方法，并按此方法清理不必要的物品。

整理首先在于区分物品的“要”与“不要”、“必需品”与“非必需品”。所谓必需品是指经常使用的物品，如果没有它，就必须购入替代品，否则影响正常工作的物品。非必需品则分为两种：一种是使用周期较长的物品，例如 1 个月、3 个月甚至半年才使用一次的物品；另一种是对目前的生产或工作无任何作用，或者需要报废的物品，例如已无用的样品、图纸、零配件、报废设备、各种垃圾等。

2. 整顿

将留下的物品有序摆放，规定放置区，明确标识，做到取用方便、安全、美观、节约、定置、目视化。其实施要领如下。

（1）落实整理工作。

（2）决定放置场所。

（3）决定包装、放置方法。

（4）标识物品，画线定位，用颜色区分开来。

整顿也是研究效率提高的科学，它研究怎么样才可以立即取得物品，以及如何才能立即放回原位，将寻找的时间尽量缩短，如果有异常能马上发现，不同的人做的结果一样，可以说是标准化的一种。整顿实施有“三定”（定点、定容、定量）原则。定点就是明确具体的放置位置，定容就是明确使用的容器大小、材质，定量就是规定合适的摆放数量。整顿的“三要素”是场所、方法、标识。场所就是什么物品应放在哪个区域要明确且一目了然，方法就是所有物品原则上都要明确其放置方法，标识就是任何人都能十分清楚任何一堆物品的名称、规格等参数。

3. 清扫

对工作场所、设备、物品等做卫生打扫工作，保持环境和物品的干净清爽。清扫即点检，其实施要领如下。

（1）划分清扫责任区域。

（2）管理者带头来做。

（3）执行例行扫除，清除脏污。

（4）调查污染源，予以杜绝或隔离。

经过整理、整顿，必需物品处于立即能取得的状态，但取出的物品还必须完好可用，这是清扫最大的作用，所以清扫就是对环境和设备的维护和点检。尤其是在强调高品质、高清洁度要求的维修现场，更不容许有垃圾或灰尘的污染，以免造成产品的不良。我们应该认识到清扫并不仅仅是打扫，而是整车维修过程中重要的一部分，清扫是用心来做的。

4. 清洁

将整理、整顿、清扫进行到底，并且做到标准化、制度化，有长效机制和制度，比如有7S领导和分工、有7S检查标准、有7S值日表、定期进行7S检查评比和表彰、7S持续整改、定期召开7S会议等。其实施要领如下。

（1）全员贯彻7S意识，寻找有效的激励方法。

（2）坚持不懈，不能半途而废。

（3）一时养成的坏习惯，要花十倍的时间去改正。

（4）彻底贯彻前面的3S工作。

（5）推行“透明管理”制度化。

为机器、设备清除油垢、尘埃谓之“清扫”，而长期保持这种状态就是“清洁”。针对设备漏水、漏油现象设法找出原因彻底解决，根除不良产品和脏乱的源头，这是“清扫”；对解决方法标准化，这是“清洁”。

5. 素养

帮助全体员工熟悉7S管理的知识和技能，让他们在日常行动上落实并形成习惯。其实施要领如下。

（1）制定企业员工服装、臂章、工作帽等识别标准。

（2）制定企业有关规则、规定。

（3）制定员工礼仪守则。

（4）教育训练（新进人员强化7S教育、实践）。

（5）推动各种精神提升活动（晨会、例行打招呼、礼貌运动等）。

（6）推动各种激励活动，遵守规章制度。

素养不但是7S管理的最终“结果”，更是企业界各级领导期盼的“终极目的”。如果每位员工都有良好的习惯，能遵守规定的事项，那么企业管理一定非常轻松，工作命令能贯彻，现场纪律亦能整齐划一，各项活动的推动也能严格落实。在7S管理活动中，各级管理人员不厌其烦地指导员工做整理、整顿、清扫、清洁，其目的不仅仅在于希望员工将物品摆放好、设备擦拭干净，更主要的是员工可以透过细琐、简单的动作，潜移默化地改变气质，养成良好的习惯。

6. 安全

保证人员、场所、设备、物品等符合安全规范，按规范运行，消除安全隐患，预防安全事故的发生，保证过程和结果安全。其实施要领如下。

（1）加强安全教育。

（2）开展安全技能培训。

（3）执行安全操作规程，宣传防护措施。

（4）车间坚持每周一次的安全日活动。

（5）建立安全巡查制度。

安全管理是一切管理工作的基础，没有安全谈任何管理和发展都毫无意义。企业每一位员工都要树立“安全责任重于泰山”的意识，始终坚持“安全第一、预防为主、综合治理”的方针，树立安全发展理念，从源头上防范、化解安全风险。

7. 节约

企业、部门和个人的一切活动都以节约成本、减少浪费为前提，为过程，为结果。其实施要领如下。

（1）能用的东西尽可能利用。

（2）以自己就是主人的心态对待企业的资源。

（3）切勿随意丢弃物品，丢弃前要思考其剩余使用价值。

节约是对时间、空间、能源等方面的合理利用，是对整理工作的补充和指导。收起有用物品，清理掉无用垃圾，随时清理，既提高了工作效率，节约了时间，又减少了浪费，节约了企业成本。节约也是安全的保证，通过随时擦拭、保养设备，可以保证设备的良好工作状态，延长使用寿命，节约采购设备成本，减少生产安全事故，保证生产安全。

【案例7-1】

一位管理人员发现，自己一天中寻找东西的时间占了工作总时间的15%。原来，这位管理人员的桌子上堆满了待处理、处理完的资料，他认为待处理的资料放在桌子上有利于查询，而处理完的资料以后也有用。这位管理人员该应用7S管理中的哪一项来减少自己找东西的时间呢？

解析：从这个例子中可以看出，如果不考虑资料的必要性和重要性而一味地保留，以“将来这都可能有用”的基准来处理资料，就会导致资料堆积如山、查找效率低下、工作效率难以提升。所以，我们要通过确定基准来区分，保留需要的东西，撤除不需要的东西，这就是7S管理中的整理要求。

【案例7－2】

A员工经常向邻近的B员工借工具，而B员工每次都很快速地向他提供。A员工的工具箱里其实也有这些工具，只不过他每次都没有把东西放在固定的地方，用的时候才到处找。B员工是用了7S管理中哪一项来快速地找到工具呢？

解析：对比A、B两位员工的表现，差距是非常明显的，A员工有工具却找不到，B员工却对自己的工具一清二楚，很快就能找到。7S管理中，整顿就是将物品有序摆放，规定放置区，明确标识，做到取用方便。可见B员工对物品的整顿做得非常到位。

（三）7S管理各项目之间的关系

7S管理中各项目并不是各自独立、互不相关的，它们之间是相互关联、密不可分的关系。整理是整顿的基础，整顿是整理的巩固和深化；清扫是保持和提升整理与整顿水平的手段，是对整理与整顿的日常检查和改善；清洁是保持前3S的成果，并使之制度化；素养是通过持续推行前4S来培养员工的自律精神，使员工养成遵章守纪的良好习惯，自觉开展整理、整顿、清扫、清洁活动；安全和节约是整理、整顿、清扫的提升目标，是5S管理的进一步深化。

7S之间的关系可以用下面几句口诀来进行形象的描述。

只有整理没整顿，物品真难找得到；
只有整顿没整理，无法取舍乱糟糟；
整理整顿没清扫，物品使用不可靠；
3S效果怎保证，清洁出来先一招；
标准作业练素养，安全生产最重要；
日积月累勤改善，公司管理水平高。

从图7－1可知，整理、整顿、清扫是基本行为，清洁是前3S的保持和制度化，素养是自觉执行而逐渐形成习惯的过程，安全是企业实现可持续发展的保障，节约是实现精益价值的方法。图7－1中的“三定”是指定点、定容、定量；“三要素”是指场所、方法、标识。概括起来说，整理、整顿、清扫是方法，清洁是动力，素养是核心，安全是目标，节约是方向。所以，企业只有全面推行7S管理才能取得显著成效，不断提高管理水平。

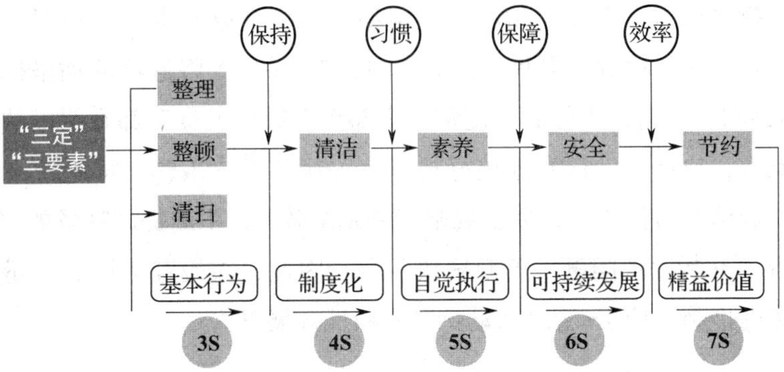

图7－1　7S关系图

(四) 7S管理实施的原则

1. 自我管理原则

一方面，良好的工作环境，不能单靠添置设备，也不能指望别人来创造，应当充分依靠现场人员，由现场的当事人员自己动手为自己创造一个整齐、清洁、方便、安全的工作环境，使他们在改造客观世界的同时，也改造自己的主观世界，产生“美”的意识，养成现代企业生产所要求的遵章守纪、严格要求自己的风气和习惯。另一方面，正因为是自己动手创造的成果，也就容易保持和坚持下去。通过自我管理，把“要我改善”变为“我要改善”，增强员工改善工作环境的自觉性。

2. 坚持“三现”原则

所谓“三现”是指现状、现场、现物。7S管理活动是以现场为中心而推行的一项基础管理活动，坚持“三现”原则就是指在实施7S管理过程中，必须分析现状，亲临现场，查看现物，只有不断地深入现场，发现问题，解决问题，自己动手改变现场环境，创造亮点，才能推进7S管理深入持久地坚持下去。

3. 勤俭办厂原则

开展7S活动，会从生产现场清理出很多无用之物，其中，有的只是在现场无用，但可用于其他的地方；有的虽然是废物，但应本着废物利用、变废为宝的精神，该利用的应千方百计地利用。需要报废的也应按报废手续办理并收回其“残值”，千万不可只图一时处理痛快，不分青红皂白地当作垃圾一扔了之。对于那种大手大脚、置企业财产于不顾的“败家子”作风，应及时制止、批评、教育，情节严重的应当给予适当处分。

4. 持之以恒原则

7S活动开展起来比较容易，可以搞得轰轰烈烈，在短时间内取得明显的效果，但要坚持下去、持之以恒、不断优化就不太容易。不少企业发生过“一紧、二松、三垮台、四重来”的现象。因此，开展7S活动，贵在坚持。为将这项活动坚持下去，企业首先应将7S活动纳入岗位责任制，使每一个部门、每一名员工都有明确的岗位责任和工作标准；其次，要严格、认真地搞好检查、评比和考核工作，将考核结果同各部门和每一个人的经济利益挂钩；最后，要坚持PDCA循环，不断提高现场的7S管理水平，即要通过检查，不断发现问题，不断解决问题。因此，在检查考核后，还必须针对问题，提出改进的措施，使7S管理活动持续不断地开展下去。

5. 兼顾“三易”原则

7S管理是对生产现场的各种生产要素进行合理配置、优化组织，在7S管理实施中，为了提高工作效率，执行现场物件定点、定量、定容时，要考虑易取、易放、易管理的“三易”原则。

（五）7S管理实施的方法

1. 检查表法

根据不同的场所制定不同的检查表，即不同的7S管理操作规范，如车间检查表、货仓检查表、厂区检查表、办公室检查表、宿舍检查表等。通过检查表进行定期或不定期的检查，发现问题及时采取纠正措施。

2. 红色标签警示战略法

利用红色可以表示警示的作用，制作一批红色标签，红色标签上的不合格项有整理不合格、整顿不合格、清洁不合格，将其配合检查表使用，为7S管理实施不合格物品贴上红色标签，限期改正，并且记录。公司内分部门、部门内分个人绘制“红色标签比例图”，时刻起警示作用。

3. 目标管理法

根据相关标准、要求，制定具体的目标，按目标进行管理，直观明了，在7S管理实施中运用，效果也不错。

4. PDCA循环法

7S管理活动的目的是要不断改善生产现场，7S管理活动的坚持不可能总在同一水平上徘徊，而是要通过检查不断发现问题，不断解决问题，要在不断坚持中去提高。因此，在推行7S管理活动后，要检查，要考评，要针对存在的问题和企业发展的需要，提出改进的措施和计划，并组织实施。通过PDCA循环，使7S管理活动得以坚持，水平不断提高。

5. 看板管理法

看板管理法可以使工作现场人员，看一眼就知道何处有什么东西、有多少，也可将整体管理的内容、流程以及订货、交货日期与工作议程制作成看板，使工作人员易于了解，以便进行必要的作业。

任务实施

1. 任务描述

针对自己所在的教室、宿舍、实训车间等场所，结合今天所学习的 7S 管理内容，对自己所在现场进行整理、整顿、清扫、清洁、素养、安全、节约管理。

2. 任务实施记录

详见附录 1“任务实施记录表”。

任务评价

（1）以学习小组为单位，将“任务实施记录表”上传课程平台（或智慧课堂），各小组互评和教师点评。

（2）评价分值包含各小组对重要知识点的掌握程度（40%），任务完成及创新情况（40%），团队合作及职业素养（20%），详见附录 2“任务评价表”。

可扫描二维码查看在线测试和知识拓展的相关内容。

在线测试　　　　知识拓展

任务 2　车间质量管理

任务导读

车间质量管理是指企业对于每一个交货的产品都必须有详尽的产品质量控制记录，可以有效监控和追踪一个产品在整个生产过程中的质量控制，从中可以找出质量控制不力的地方，逐步加以改善，提高产品的生产加工质量。它是企业管理中的重点环节，是保证企业发展的核心环节。

本任务通过案例、情境和任务工单等形式，帮助大家掌握质量管理的概念与理论，并掌握常用的质量管理工具。

任务目标

学习目标	能力目标	素质目标
1. 熟悉并掌握质量管理的概念、构成与功能； 2. 掌握常用的质量管理工具	具备根据车间工作内容，正确使用质量管理工具对生产任务进行质量监控和管理的能力	1. 正视质量管理； 2. 培养严谨细致的职业价值观念

情境导入

王同学进入一家汽车制造企业之后担任审核员，在装配车间检查工作时要查看本月的检验记录。他在翻阅时询问检验员："检验员在检验记录上签名表示什么意思?"检验员回答："表明已完成检验工作。"但是王同学发现，检验记录上检验员签名已签到31日，而今天才20日。检验员说："反正是我一个人检验，这样是为了方便，所以就提前签完名了。"王同学认为这样做不规范，于是紧急向上级反映了此问题，同时销售部门也反馈近期该车间出厂的产品存在个别质量问题。企业紧急启动了库存质量审查流程，及时筛查出个别不合格件，保护了企业的形象和口碑，王同学也受到了企业的表彰。试想一下，如果王同学也随波逐流，企业会陷入如何的困境呢?

相关知识

一、质量管理的发展史

（一）质量管理的概念

1994版的ISO 9000标准："质量是反映实体满足明确或隐含需要能力的特征的总和。"

2000版和2005版的ISO 9000标准：质量是指客体的一组固有特性满足要求的程度。

2016版的ISO 9000标准："质量是客体的若干固有特性满足要求的程度。"其中要求是指明示的、通常隐含的或必须履行的需求或期望。

质量即一种固有特性满足明示的、隐含的或必须履行的需求或期望的程度。

质量管理是指在质量方面指挥和控制组织的协调的活动，包括制定质量方针和质量目标以及进行质量策划、质量控制、质量保证和质量改进。

（二）质量管理发展的三个阶段

1. 质量检验阶段

此为初级阶段，特点是以事后检验为主。在此之前，人们对质量管理的理解还只限于质量的检验。在由谁来检验把关方面，也有一个逐步发展的过程。专门的质量检验部门和专职的质量检验员，使用专门的检验工具，业务比较专精，对保证产品质量起了把关的作用。

这一阶段的质量管理存在着以下不足。

（1）对产品质量的检验只有检验部门负责，没有其他管理部门和全体员工的参与，尤其是直接操作者不参与质量检验与管理，容易与检验人员产生矛盾，不利于产品质量的提高。

（2）主要采取全数检验，不仅检验工作量大、检验周期长，而且检验费用高。

（3）质量检验主要是在产品制造出来后才进行的，没有在制造过程中起预防和控制作用，即使检验出废品，也是“既成事实”，质量问题造成的损失已难以挽回。

（4）全数检验有时在技术上变得不可能，如破坏性检验，判断质量与保留产品之间产生了矛盾。

2. 统计质量控制阶段

特点：从单纯依靠质量检验、事后把关发展到过程控制，突出了质量的预防性控制。

1926 年，美国贝尔电话研究室工程师休哈特（见图 7－2）提出了“事先控制，预防废品”的概念，并且应用概率论和数理统计理论，于 1928 年发明了具有可操作性的控制图，用于解决事后把关不足的问题。

第二次世界大战爆发后，由于战争对强可靠性军需品的大量需求（见图 7－3），质量检验的缺点严重影响了军需品的供应。为此，美国政府和国防部组织了一批统计专家和技术人员，研究军需品的质量和可靠性问题，促使数理统计应用在质量管理中。这一时期，美国先后制定了三个战时质量控制标准，标志着质量管理进入了统计质量控制阶段。

从质量检验阶段发展到统计质量控制阶段，质量管理的理论和实践都发生了飞跃，从事后把关变为预先控制，很好地解决了全数检验和破坏性检验的问题，但也存在许多不足之处，具体如下。

图7-2 休哈特

图7-3 第二次世界大战中的军需品生产

（1）仍然以满足产品标准为目的。

（2）仅偏重工序管理，而没有对产品质量形成的整个过程进行管理。

（3）统计技术难度较大，主要靠专家和技术人员，难以调动广大工人参与质量管理的积极性。

（4）质量管理与组织管理没有密切结合起来，质量管理仅限于数学方法，常被忽略。

3. 全面质量管理阶段

促使统计质量控制向全面质量管理过渡的原因有以下几个方面：①科学技术的进步促使许多高精尖产品涌现，这些产品对安全性、可靠性等方面的要求越来越高，统计质量控制的方法已不能满足高质量产品的要求；②随着生活水平的提高，人们对产品的品种和质量有了更高的要求，而且通过保护消费者权益的运动也向企业提出了质量责任问题，这就要求质量管理进一步发展；③系统理论和行为科学理论等管理理论的出现和发展，对企业组织管理提出了变革要求，并促进了质量管理的发展；④激烈的市场竞争要求企业深入研究市场需求情况，制定合适的质量标准，不断研制新产品，同时要做出质量、成本、交货期、用户服务等方面的经营决策。

这一切均需要科学管理进行指导，现代管理科学因此得到迅速的发展。正是在这样的历史背景和社会经济条件下，美国的费根堡姆和朱兰提出了“全面质量管理”的概念。具体如下。

（1）质量管理仅仅靠数理统计方法是不够的，还需要一整套的组织管理工作。

（2）质量管理必须综合考虑质量、价格、交货期和服务，而不能只考虑狭义的产品质量。

（3）产品质量有一个产生、形成和实现的过程，因此质量管理必须对质量形成的全过程进行综合管理，而不应只对生产过程进行管理。

(4) 质量涉及企业的各个部门和全体人员，因此企业的全体人员都应具有质量意识，承担质量责任。

从统计质量控制阶段发展到全面质量管理阶段，是质量管理工作的一个新的飞跃。全面质量管理活动的兴起标志着质量管理进入了一个新的阶段，它使质量管理更加完善，成为一种新的科学化管理技术。

图7-4　刘源张

1957 年，刘源张（见图 7-4）在中国科学院力学研究所运筹学研究室创建了中国第一个质量控制研究组，1976 年开始提倡全面质量管理，在中国宣传推广。

二、质量管理理论及相关术语

(一) 质量管理理论

1. 大众模式

按产品的生产过程，质量管理可划分为四个部分：批量生产前的质量保证、外协零部件的质量保证、自产零部件的质量保证、消费者手中的产品质量。

2. 丰田模式

从源头保证产品质量，以自动化为质量控制的重要手段，以方针目标管理为全公司开展质量管理活动的组织制度，以加强供应链质量管理来保证产品整体质量。

(二) 质量管理相关术语

1. 质量管理：在质量方面指挥和控制组织的协调的活动

这些活动包括制定质量方针和质量目标以及进行质量策划、质量控制、质量保证和质量改进。它以质量管理体系为载体，通过制定质量方针和质量目标，对实施规定的质量目标进行质量策划，实施质量控制和质量保证，开展质量改进等活动予以实现。质量管理的中心任务是建立和实施一个有效的质量管理体系并持续改进其有效性。

2. 质量方针：由组织最高管理者正式颁布的该组织总的质量宗旨和质量方向

从定义可知，质量方针是一个组织总方针的重要组成部分，由最高管理者批准颁布，但质量方针的制定与实施是与组织中的每一个成员密切相关的。管理者应将质量方针正式地文件化以保证所有有关的人员理解该方针，并且采用适当的步骤全面实施。

3. 质量策划：质量管理的一部分，确定质量以及采用质量体系要素的目标和要求的活动

质量策划"指导"与质量有关的活动，也就是"指导"质量控制、质量保证和质量改进的活动。在质量管理中，质量策划的地位低于质量方针，是设定质量目标的前提，高于质量控制、质量保证和质量改进。

质量策划是质量管理诸多活动中不可或缺的中间环节，是连接质量方针和具体的质量管理活动之间的桥梁和纽带。

4. 质量控制：质量管理的一部分，致力于满足质量要求的活动

从定义中可知，质量控制的目的是确保产品、过程或体系的质量能满足组织自身、客户及社会三方面所提出的要求。

质量控制是为了达到规定的质量要求，预防产生不合格产品而采取的重要手段和措施，组织应对影响产品、过程和体系质量的有关人员、技术和管理三方面的因素予以识别，在实施质量控制时，首先应进行过程因素分析，找出起主导作用的因素并加以控制，这样才能取得预期效果。

质量控制应贯穿产品形成和体系运行的全过程。每一个过程都有输入、转换和输出三个环节，通过对每一过程三个环节实施有效的控制，对产品质量有影响的各个过程才能处于受控状态，才能持续提供符合规定要求的产品。质量控制程序为：①对影响产品质量各环节、各因素制订计划和程序，建立质量控制计划和标准；②在实施过程中进行连续评价和验证，发现问题进行分析，对异常情况进行处理并采取纠正措施，防止再发生。

为了使质量控制发挥作用，必须注重以下环节：①对影响达到质量要求的各种作业技术和活动都要制订计划和程序；②保证计划和程序的实施，并在实施过程中进行连续的评价和验证；③对不符合计划和程序活动的情况进行分析，对异常活动进行处置并采取纠正措施。

5. 质量保证：质量管理的一部分，致力于对达到质量要求的产品提供信任的活动

从定义中可知，质量保证的核心是使人们确信产品或服务能满足质量要求。根据目的的不同，质量保证可分为内部质量保证和外部质量保证两类。

（1）内部质量保证：使组织的最高管理者确信组织的产品、过程或体系能满足质量要求；组织中应有一部分管理人员专门从事监督、验证和质量审核活动，以便及时发现质量控制中的薄弱环节，提出改进措施，促使质量控制更有效地实施。

（2）外部质量保证：在合同或其他外部条件下，向客户或第三方提供信任，使客户或第三方确信本组织已建立了完善的质量管理体系且对合同产品有一整套完善的质量控制方案、办法，对组织提供的产品能达到合同所规定的质量要求有信心；必须有证实文件。

6. 质量管理体系：在质量方面指挥和控制组织的体系

管理体系是指建立方针和目标并实现这些目标的相互关联或相互作用的一组要素。一个组织可以有若干个管理体系，如质量管理体系、环境管理体系和职业健康安全管理体系等。

质量管理体系是组织若干个管理体系中的一个，它致力于建立质量方针和目标，并为实现质量方针和目标确定相关的组织机构、过程、活动和资源。质量管理体系由管理职责、资源管理、产品实现和测量、分析与改进四个过程（要素）组成。

7. 质量改进：质量管理的一部分，致力于提升组织满足质量要求的能力

从定义可知，质量改进的对象是产品或服务质量以及与它有关的工作质量。质量改进的最终效果是获得比原来目标高得多的产品或服务。

组织应确保质量管理体系推动和促进持续的质量改进，使其质量管理工作的有效性和效率令客户满意，并为组织带来持久的效益。

对组织质量管理活动而言有效性和效率之间是密不可分的关系。离开效率，将付出高昂的代价换得有效性的结果；离开有效性，高效率的后果将是可怕的。

组织开展质量改进应注意以下几点。

（1）质量改进是通过改进过程来实现的。组织产品质量的提高，必须通过改进形成质量的过程来实现。

（2）质量改进致力于寻找改进机会，而不是等问题暴露后再捕捉机会。对于质量改进的识别主要基于组织对降低质量损失的考虑和与竞争对手比较中存在的差距。

（3）对质量损失的考虑依据三个方面的分析结果：客户满意度、过程效率和社会损失。这三个方面的质量损失问题既为质量改进制造了机会，也为质量改进效果的评价提供了分析比较的依据。

【案例7－3】

汽车行业获得中国质量奖的情况

中国质量奖是中国质量领域的最高荣誉，于2012年经中央批准设立，每两年评选一次。中国质量奖旨在推广科学的质量管理制度、模式和方法，促进质量管理创新，

传播先进质量理念，激励引导全社会不断提升质量，推动建设质量强国。中国质量奖评选表彰工作由国家市场监督管理总局负责组织实施。汽车行业共计有 3 家企业获得中国质量奖，见表 7-1。

表 7-1　中国质量奖汽车行业获奖组织名单

组织名称	获奖内容	荣获奖项
株洲中车时代电气股份有限公司	“双高双效”高速牵引管理模式	第二届中国质量奖
潍柴动力股份有限公司	潍柴 WOS 质量管理模式	第三届中国质量奖
博世汽车部件（苏州）有限公司	博世 Q 4.0 质量管理模式	第四届中国质量奖

三、常用的质量管理方式

（一）质量责任制

质量责任制明确规定质量形成过程各个阶段、各个环节中每个部门、每个程序、每个岗位、每个人的质量责任，明确其任务、职责、权限及考核标准等，使质量工作事事有人管，人人有专责，办事有标准，工作有检查、有考核，职责分明，功过分明，从而把与产品质量有关的各项工作与全体员工的积极性结合起来，使企业形成一个严密的质量责任系统。

内容包括企业各级领导、职能部门和工人的质量责任制，以及横向联系和质量信息反馈的责任。

（二）质量控制计划

质量控制计划是为了达到公司质量目标而制订的质量计划，它应形成书面文件，是质量体系文件的组成部分。要保证产品质量，必须对生产过程的质量加强控制。

目的是监视过程并排除质量环节导致不满意的因素，以确保产品质量。

（三）计量管理

计量管理是实现单位统一、保障量值准确可靠的活动。具体地说，就是采用计量器具对物料以及生产过程中的各种特性和参数进行测量。

要求如下。

（1）计量器具和测试设备必须配备齐全。

（2）根据具体情况选择正确的计量测试方法。

（3）正确合理地使用计量器具，保证量值的准确和统一。

（4）严格执行计量器具的检定规程，计量器具应及时修理和报废。

（5）做好计量器具的保管、验收、储存、发放等组织管理工作。

（6）设置专门的计量管理机构并建立计量管理制度。

（四）质量信息管理

质量信息为有关质量方面的有意义的数据，是指反映产品质量和企业生产经营活动各个环节工作质量的情报、资料、数据、原始记录等。质量信息的功能包括如下几方面。

（1）识别信息需求。

（2）识别并获得内部和外部的信息来源。

（3）将信息转化为对组织有用的知识。

（4）利用数据、信息和知识来确定并实现组织的战略和目标。

（5）确保适宜的安全性和保密性。

（6）评估因使用信息所获得的收益，以便对信息和知识的管理进行改进。

【案例 7－4】

五菱汽车工业有限公司 QMS 系统

QMS（质量管理体系）系统实现了 PDM（产品数据管理）系统产品清单集成、WOMS（订单管理系统）进货信息集成，完成了进货检验结果数据实时集成、交互及回写，通过访问 AD（活动目录）域，获取人员组织账号作为 QMS 登录账号。QMS 系统包括以下子系统。

（1）进货检验管理子系统：涵盖零件检验标准维护、零部件进货检验状态变更管理、抽样方案维护、检验任务管理、统计分析的功能。

（2）制造质量管理子系统：包含基础维护、过程检验管理、监控项目合格率录入、统计分析的功能。

（3）问题管理子系统：包含基础维护、速报发布、PPSR（问题解决报告）发布、CPIP（全面永久性改进计划）发布、经验教训库、统计分析的功能。

（4）SPC（统计过程控制）子系统：基于过程计量型质量控制需要及 SPC 系统展开，涵盖过程自定义、质量特性自定义、控制图、直方图分析、统计量分析、质量特性对比、过程能力考评等功能。

（5）质量监控管理子系统：主要针对进货质量和过程质量等展开监控、预警功能，以提升管理人员工作效率。根据进货检验、过程质量和售后质量指标自定义监控预警规则，包括自定义预警条件、字段、时间、通知人员、消息等，灵活应用，以期达到高效的监控机制。

(6) 问题追溯管理子系统：集成车桥厂齿轮追溯系统信息，实现质量管理系统与车桥厂齿轮追溯系统的信息共享，在质量管理系统中可查询及查看齿轮印痕图档。

(7) 权限管理子系统：支持功能授权和数据授权。支持数据按部门进行权限划分，支持对重要数据设置特定人员数据查阅权限，如只能看到本人或特定部门的数据。

(五) 标准化管理

标准是对重复性事物和概念所做的统一规定。它以科学、技术、实践经验的综合成果为基础，经过有关方面协商一致，由主管部门批准，以特定形式发布，最终成为大家共同遵守的准则和依据。

1. 技术标准

技术标准是对标准化领域中需要协调统一的技术事项所制定的标准，它是从事生产、建设及商品流通所共同遵守的技术依据。技术标准的类型如图7-5所示。

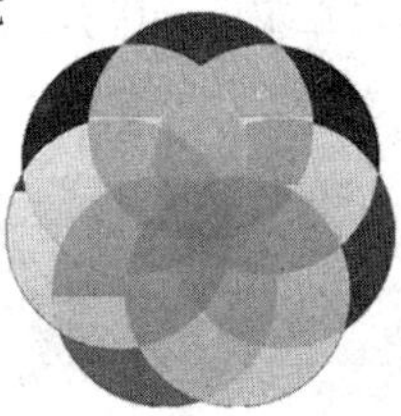

图7-5 技术标准的类型

2. 管理标准

管理标准是对标准化领域中需要协调统一的管理事项所制定的标准，能正确处理生产、交换、分配和消费中的相互关系，使管理机构更好地行使计划、组织、指挥、协调、控制等管理职能，有效地组织和发展生产。它把标准化原理应用于基础管理，是组织和管理生产经营活动的依据和手段。

四、常用的质量管理工具

(一) 调查表

定义：又称检查表、统计分析表，是一种收集整理数据和粗略分析质量原因的工具，是为了调查客观事物、产品和工作质量，或为了分层收集数据而设计的图表。实质上它是利用统计表对数据进行整理和初步分析原因的一种工具。表7-2所示即一种不合格原因调查表。

表7-2　不合格原因调查表

设备	操作者	星期一		星期二		星期三		星期四		星期五	
		上午	下午	上午	下午	上午	下午	上午	下午	上午	下午
机器Ⅰ	A										
	B										
机器Ⅱ	A										
	B										
注：○表面擦伤　×砂眼　●外形异常　□其他　△最终不合格											

特点：简单、实用、有效，格式可多种多样。

要求：调查表应设计得简单明了、突出重点，应填写方便、符号好记；填写好的调查表要定时、准确地更换并保存；数据要便于加工整理，分析整理后要及时反馈。

（二）排列图

定义：又称为帕累托图、主次因素分析图，是将质量改进项目（或影响质量的各种因素）从最重要到最次要进行排列的一种图表技术。它建立在帕累托原理（“80/20”法则）基础上，即少数的因素往往产生主要的影响（关键的少数和次要的多数），因此又叫帕累托图，如图7-6所示。

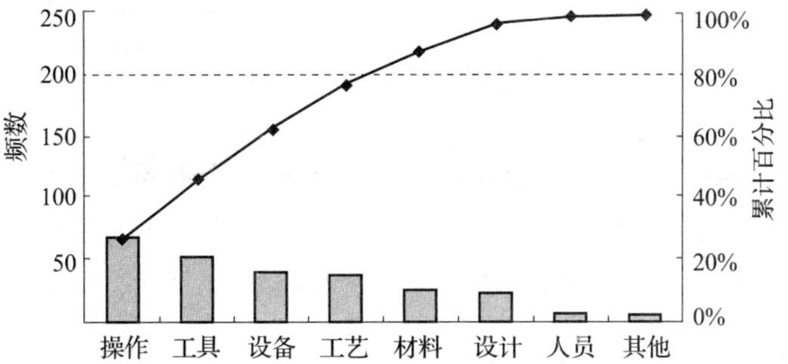

图7-6　不合格品原因分析排列图

特点：由两个纵坐标、一个横坐标、几个直方图和一条曲线组成。左边的纵坐标表示频数，右边的纵坐标表示累计百分比，横坐标表示影响产品质量的各个因素，按影响程度的大小从左至右排列；直方形表示因素影响的大小；曲线表示各因素影响大小的累计百分比，这条曲线称为帕累托曲线。

（1）主要因素：累计百分比为 0 ~ 80% 。

（2）次要因素：累计百分数为 80% ~ 90% 。

（3）一般因素：累计百分比为 90% ~ 100% 。

（三）因果图

定义：用来表示和分析质量问题与其潜在原因的关系的一种图表，以结果为特性，以原因为因素，它们之间用箭头联系起来。表示因果关系的图形，又称为特性要因图，或形象地称为树枝图或鱼刺图，如图 7－7 所示。

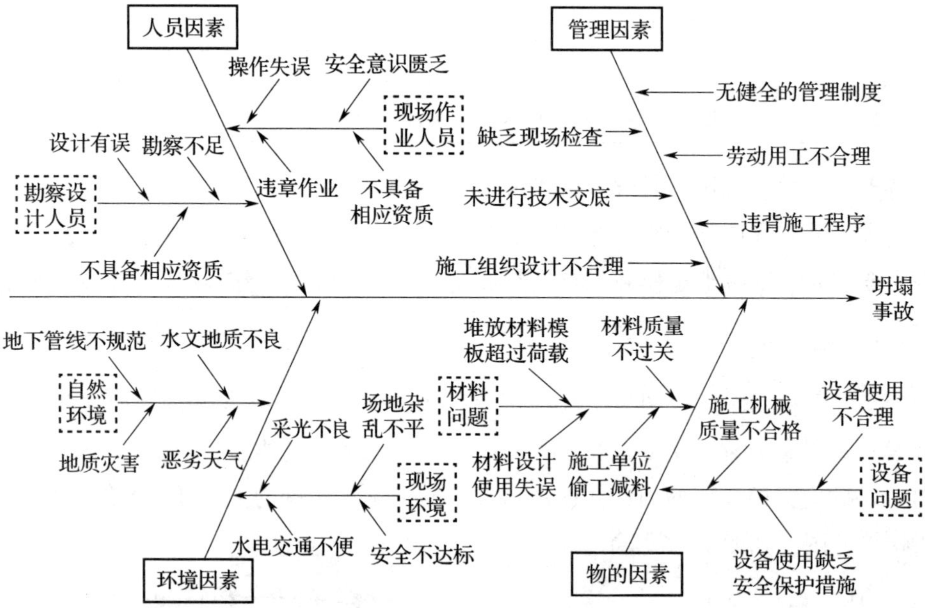

图 7－7　不合格原因的因果图

应用方法：它从产生问题的结果出发，首先找出产生问题的大原因，然后通过大原因找出中原因，再进一步找出小原因，依此类推，步步深入，一直找到能够采取措施为止，是一种有效的定性分析方法。

（四）分层法

定义：分析产品质量原因的一种常用的统计方法，能使杂乱无章的数据和错综复杂的因素系统化和条理化，有利于找出主要的质量原因并采取相应的技术措施。

原则：使同一层内的数据波动尽可能小，而层与层之间的差别尽可能大，否则就起不到归类汇总的作用。如图 7－8 所示。

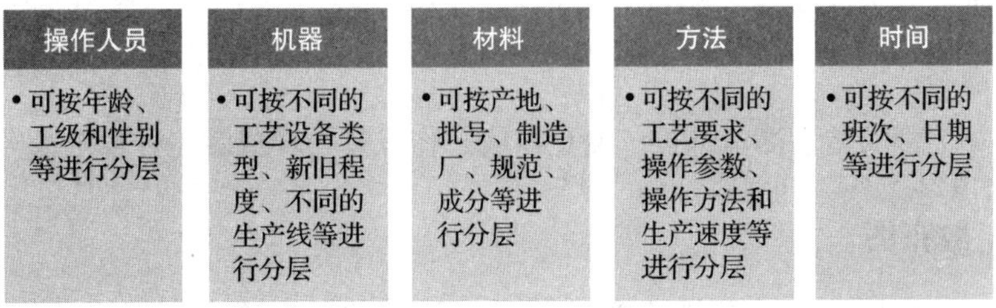

图 7－8　分层法示意图

（五）直方图

定义：又称为质量分布图，是通过对测定或收集来的数据加以整理，来判断和预测生产过程质量和不合格品率的一种常用工具。

适用范围：适用于对大量计量值数据进行整理加工，找出其统计规律，分析数据分布的形态，以便对其总体的分布特征进行分析。

基本图形：直角坐标系下若干依照顺序排列的矩形，各矩形底边相等，称为数据区间，矩形的高为数据落入各相应区间的频数。

直方图的制作步骤如下。

（1）找出最大值 L、最小值 S。

（2）设定分级数 n，一般取 10 或 $\sqrt{n}$ 或 $1+3.32\lg n$，组数不宜过多或过少。

（3）决定级柱宽，以测量的最小单位对第二步算出的级间距取整，得出级柱宽。

（4）定出各级的界限值。界限值一般精确到最小测量单位的 1/2。

（5）作出频度分布表。

（6）作出直方图（如图 7－9 所示）。

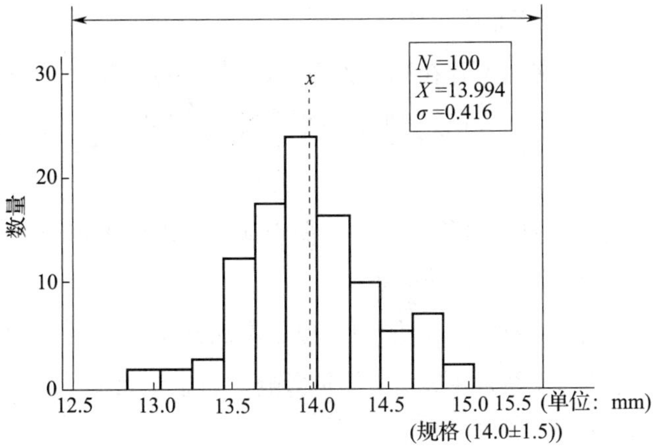

图 7－9　直方图

直方图的绘图还应注意如下事项。

（1）横轴画出级的界限值，并标上数值。

（2）纵轴标上度数（个数）。

（3）画出柱形。

（4）写上部品名、测量部位、测量时间、作成日、作成者、数据个数等必要事项。

（六）散布图

定义：又称相关图，是描绘两种质量特性值之间相关关系的分布状态的图形，即将一对数据看成直角坐标系中的一个点，多对数据得到多个点组成的图形即为散布图。

作用：直观判断两种对应数据之间有无相关性，相关关系是一种什么状态；相关数数值为进一步的回归分析提供依据，是进一步建立有效模型的前提条件。

制作步骤如下。

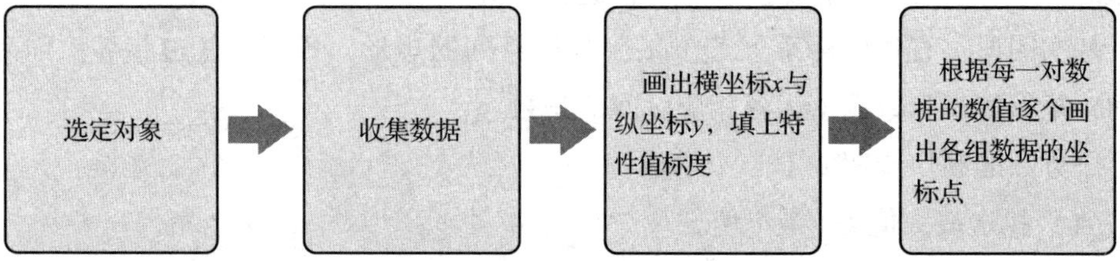

散布图的几种典型形状，如图 7－10 所示。

（1）强正相关：x 增加，y 也明显增加，说明 x 是影响 y 的显著因素，原因与结果有相对的正相关关系。

（2）弱正相关：x 增加，y 也增加，但不显著，说明 x 是影响 y 的因素，原因与结果有一定的相关关系，但不是唯一因素。

（3）不相关：x、y 之间不存在相关关系，说明 x 不是影响 y 的因素。

（4）强负相关：x 增加，导致 y 明显减少，说明 x 是影响 y 的显著因素，x、y 之间相关关系明显。

（5）弱负相关：x 增加，导致 y 减少，但不显著，说明 x 是影响 y 的因素，但不是唯一因素，x、y 之间有一定的相关关系。

（6）非直线相关：x 增加，y 也增加，但 x 增加到某一值后，y 反而开始减少，说明 x、y 之间存在着某种非线性关系，x 仍是影响 y 的显著因素。

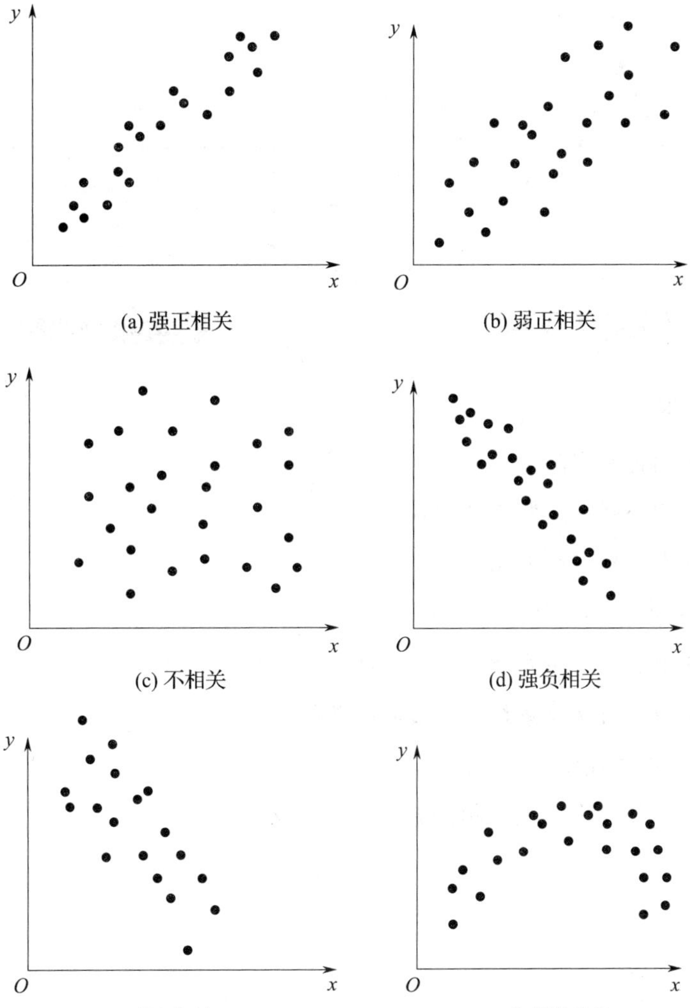

(a) 强正相关　(b) 弱正相关
(c) 不相关　(d) 强负相关
(e) 弱负相关　(f) 非直线相关

图 7－10　散布图

(七) 控制图

定义：又称为管理图，最早是由美国贝尔电话研究室工程师休哈特于 1928 年首先发明的一种质量控制工具，如图 7－11 所示。控制图区域的划分图如图 7－12 所示。

作用：控制图是根据数理统计学的相关理论构造出的一种图，可以对生产工序过程进行动态控制，用来区分引起质量波动的原因是偶然的还是系统的，还可以提供系统原因存在的信息，从而判断生产过程是否处于受控状态，具有稳定生产、保证质量、积极预防的作用。

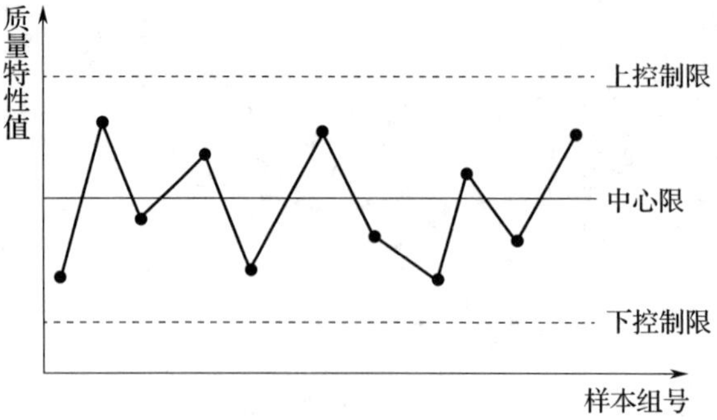

图7-11 控制图

图7-12 控制图区域的划分图

发生异常如下。

（1）点子越出控制界限。

（2）点子在中心线的一侧连续出现7次以上。

（3）连续6点出现递增或递减。

（4）连续14点中的相邻点总是上下交替。

（5）连续3个点中至少有2点在上方或下方A区以外出现。

（6）连续5点中有4点落在中心线同一侧的C区以外。

（7）连续15点落在中心线同两侧C区之间。

（8）连续8点落在中心线两侧且无1点在C区中。

任务实施

1. 任务工单描述

通过案例介绍，了解维修车间今天的生产任务（某型号汽车空调系统质量问题排查），运用课程学习的知识，确定质量管理工具的选用，并能根据现场沟通、采集获得的数据，分析该型号车辆空调质量故障的主要原因和次要原因，提出合理的改进措施。

2. 任务实施记录表（如表7-3所示）

（1）小组领取任务工单。通过深入调查、阅读记录数据和现场采访等方式，了解生产任务和质量问题现象。

（2）小组分工，选择正确的质量管理工具，对质量问题数据进行分析，完成质量问题分析报告。

表7-3　任务实施记录表

小组		班级		日期	
工作组					
序号	姓名	学号	工作任务分工	备注	

案例背景1：

某汽车品牌直营4S店，今天接到了一单热门车型的空调故障检修任务，要求针对本次故障进行排查，确定质量故障件，并进行登记（使用鱼骨图完成故障排查，记录质量问题件，并分析主要原因和次要原因）。

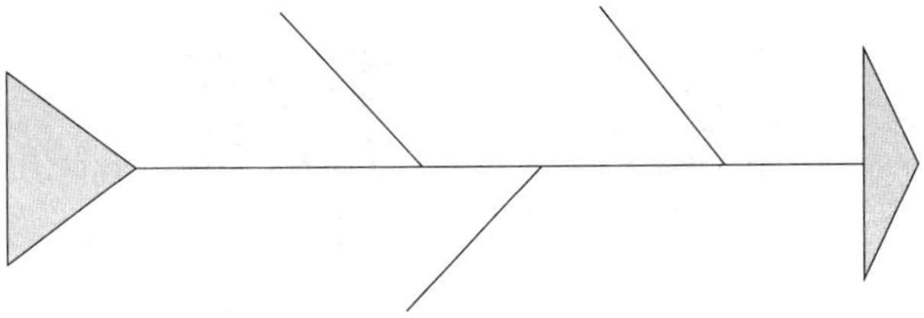

任务实施记录

步骤序号	排查位置	操作过程描述	使用方法/工具	结论
1	控制面板			
2	出风口			
3	传感器			
4	高低压管路			
5	压缩机			
6	冷凝器			

案例背景2：

本季度该热门车型的空调故障已经是第22起，店长要求本次检修任务完成后，要对该车型质量故障进行统计，提报生产设计部门。请正确使用质量管理工具，对质量原因进行初步分析。

（请自行选择质量管理工具，完成质量问题的初步统计与分析工作）

本季度某车型空调故障排查中质量故障件统计数据（22起）

鼓风机	风门电机	压缩机	冷凝器	冷媒管路泄漏	传感器
12	2	4	1	16	2

质量分析总结

经过对本季度热门车型空调故障检修数据的分析，初步判定该车型在空调系统中存在部件质量问题。

存在质量问题零部件有______、________。

对于零部件质量问题的建议如下：

1. ____

2. ____

任务评价

（1）作业过程质量评价。

①案例了解全面详细。

②质量问题确认完整。

③正确选择质量管理工具对数据进行统计。

④基于数据分析结果，提出质量问题的主要原因、次要原因和改进措施。

（2）以学习小组为单位，按照项目任务的评价内容与评价标准进行评价（详见附录2“任务评价表”）。

可扫描二维码查看在线测试和知识拓展的相关内容。

在线测试　　知识拓展

项目八 汽车服务企业产品质量担保与索赔管理

任务1 汽车产品质量担保

任务导读

现在市场上的所有商品都有质保期，即商品的质量担保期。汽车也一样，但汽车价值较高，出现质量问题后对消费者影响较大。特别是新车购买后出现相关质量问题，将严重影响汽车品牌在消费者心中的形象，若出现维修情况也会对消费者的经济利益造成损害。因此，消费者要明确汽车的质量担保（特别是汽车三包）是如何实施的。另外，汽车的组成很复杂，每个零件的材料及工作状态相差较大，发生故障的期限差别也较大，因此要明确汽车整车及不同零部件的质量担保期。

本任务通过案例、情境和任务工单等形式，帮助大家了解汽车产品的质量担保及三包，熟悉家用汽车三包实施的相关要求，掌握汽车整车及相关零部件的质量担保要求。

任务目标

学习目标	能力目标	素质目标
1. 掌握汽车三包实施的产品范围； 2. 掌握汽车三包有效期和保修期的期限要求； 3. 掌握汽车整车及相关零部件的质量担保要求	1. 能够判断相关车型是否属于汽车三包范围； 2. 能够根据汽车故障及里程判断是否可以更换车辆	1. 培养学生养成遵守法律法规的行为习惯； 2. 培养重视实践、理论联系实际的工作作风

情境导入

2022 年 5 月 8 日，李先生打 12315（消费者申诉举报热线）电话投诉，称自己于 2021 年 8 月 17 日在某 4S 店购买一辆汽车，三包期内在使用过程中显示 ESP（车身电子稳定系统）需要检测，且自动挡汽车无法挂挡，造成汽车无法正常行驶。这一故障已经维修7次，仍然无法正常行驶，找4S店要求更换车辆，却遭到对方的拒绝，因此李先生要求给予帮助，协助解决问题。那4S店到底应不应该给客户换车呢？

相关知识

一、汽车质量担保简介

（一）汽车质量担保及三包

1. 汽车质量担保

汽车质量担保指的是汽车产品制造商、销售商、修理商在质量担保期内保证产品持续符合国家相关质量要求，并履行满足需求方需要的义务。其中最常见的就是汽车三包。

2. 汽车三包

汽车三包是指汽车产品制造商、销售商、修理商在质量担保期内对汽车的免费修理、更换、退货责任及行为。为了维护汽车产品消费者的合法权益，明确家用汽车产品修理、更换、退货责任，根据有关法律法规，国家市场监督管理总局于2021年7月22日公布了《家用汽车产品修理更换退货责任规定》（以下简称《规定》），明确了家用汽车产品三包责任由销售者依法承担，同时明确了生产者、销售者和修理者的义务。该规定自2022年1月1日起实施。

家用汽车产品是指消费者为生活消费需要而购买和使用的乘用车，家用汽车产品不包括专用乘用车和商用车辆。专用乘用车是运载乘员或物品并完成特定功能的乘用车，它具备完成特定功能所需的特殊车身或装备，如旅行车、防弹车、救护车、殡仪车等；商用车辆是在设计和技术特性上用于运送人员和货物的汽车，如客车、半挂牵引车、货车、挂车等。

同样，出租车和公务车不在家用汽车产品三包适用范围内。例如，有两辆相同的汽车，一辆登记在消费者个人名下，一辆登记在公司（或机关、事业单位）名下，那么登记在个人名下的车辆就是《规定》中所称的家用汽车产品，在汽车三包的范围内；而登记在公司（或机关、事业单位）名下的汽车不属于家用汽车产品，也就不在汽车三包的范围内。另外，出租车或者在打车软件平台注册为“专车”等参与营运的家用汽车，也都不在汽车三包的范围内。

【案例8-1】

某用户因车辆左前门玻璃升降器失灵与4S店发生争议，要求4S店按照汽车三包规定提供免费修理服务，4S店告知用户车辆所有人为公司而非个人，所以不享受汽车三包服务。

解析：《规定》第二条规定："在中华人民共和国境内销售的家用汽车产品的三包，适用本规定。"汽车三包规定主要适用于消费者为生活消费需要购买和使用的乘用车。汽车三包规定以保护为生活消费需要购买和使用汽车产品的消费者的权益为主旨。企业、事业单位、政府机关为生产、公务等购买的汽车产品的三包责任不属于汽车三包规定的调整范围，其三包责任可依据《中华人民共和国产品质量法》等其他有关法律法规的规定和双方约定执行。

（二）汽车三包实施

1. 汽车三包各方义务

《规定》明确指出，在我国境内销售的家用汽车产品的三包责任由销售者依法承担。销售者依照《规定》承担三包责任后，属于生产者的责任或者属于其他经营者的责任的，销售者有权向生产者、其他经营者追偿，从中华人民共和国境外进口家用汽车产品到境内销售的企业，视为生产者。鼓励家用汽车产品经营者做出更有利于维护消费者合法权益的严于本规定的三包责任承诺，承诺一旦做出，应当依法履行。家用汽车产品经营者不得故意拖延或者无正当理由拒绝消费者提出的符合《规定》的三包责任要求。

生产者应当严格执行出厂检验制度，未经检验合格的家用汽车产品，不得出厂销售。

销售者应当建立并执行进货检查验收制度，验明家用汽车产品的随车文件。销售者应当向消费者交付合格的家用汽车产品，并履行下列规定。

（1）与消费者共同查验家用汽车产品的外观、内饰等可以现场查验的质量状况。

（2）向消费者交付随车文件以及购车发票。

（3）按照随车物品清单向消费者交付随车工具、附件等物品。

（4）对照随车文件，告知消费者家用汽车产品的三包条款、包修期、三包有效期、使用补偿系数、修理者网点信息的查询方式。

（5）提醒消费者阅读安全注意事项并按照产品使用说明书的要求使用、维护、保养家用汽车产品。

包修期内家用汽车产品因质量问题不能安全行驶的，修理者应当提供免费修理咨询服务；咨询服务无法解决的，应当开展现场服务，并承担必要的车辆拖运费用。包修期内修理者用于修理的零部件应当是生产者提供或者认可的合格零部件，并且其质量不得低于原车配置的零部件质量。修理者应当建立并执行修理记录存档制度。修理记录应当包括送修时间、行驶里程、消费者质量问题陈述、检查结果、修理项目、更换的零部件名称和编号、材料费、工时及工时费、车辆拖运费用、提供备用车或者交通费用补偿的情况、交车时间、修理者和消费者签名或者盖章等信息，并提供给消费者一份。消费者因遗失修理记录或者其他原因需要查阅或者复印修理记录，修理者应当提供便利。

2. 汽车三包责任

汽车三包责任主要指家用汽车产品的三包有效期和包修期。

三包有效期是指销售者因汽车产品质量问题，向消费者提供免费修理、更换或退货服务的期限。家用汽车产品三包有效期自购车发票开具之日算起，不得低于 2 年或者行驶里程 50 000 km（以先到者为准）。

包修期是指销售者因家用汽车产品质量问题，对汽车产品提供免费维修服务的期限。家用汽车产品包修期自购车发票开具之日算起，不得低于 3 年或 60 000 km（以先到者为准）。

在三包有效期内，销售者按三包规定对汽车质量问题承担修理、更换或退货三种责任，而在三包有效期结束后剩余的包修期内，销售者对汽车质量问题只承担修理责任。

家用汽车产品包修期和三包有效期自销售者开具购车发票之日起计算；开具购车发票日期与交付家用汽车产品日期不一致的，自交付之日起计算。

以下六种质量问题消费者可以凭购车发票、三包凭证选择更换家用汽车产品或者退货。

（1）自三包有效期起算之日起 7 日内，因质量问题需要更换发动机、变速器、动力蓄电池、行驶驱动电机或者其主要零部件的。

（2）自三包有效期起算之日起 60 日内或者行驶里程 3 000 km 之内（以先到者为准），因质量问题出现转向系统失效、制动系统失效、车身开裂、燃油泄漏或者动力蓄电池起火的。

（3）因严重安全性能故障累计进行 2 次修理，但仍未排除该故障或者出现新的严重安全性能故障的。

（4）发动机、变速器、动力蓄电池、行驶驱动电机因质量问题累计更换 2 次，仍不能正常使用的。

（5）发动机、变速器、动力蓄电池、行驶驱动电机、转向系统、制动系统、悬架系统、传动系统、污染控制装置、车身的同一主要零部件因质量问题累计更换 2 次，仍不能正常使用的。

（6）因质量问题累计修理时间超过 30 日，或者因同一质量问题累计修理超过 4 次的。

销售者为消费者更换家用汽车产品或者退货，应当赔偿消费者下列损失。

①车辆登记费用。

②销售者收取的扣除相应折旧后的加装、装饰费用。

③销售者向消费者收取的相关服务费用。

相关税费、保险费按照国家有关规定执行。

消费者依照上述要求更换家用汽车产品或者退货的，应当向销售者支付家用汽车产品使用补偿费。补偿费的计算方式为：补偿费 = 车价款（元）× 行驶里程（km）/1 000（km）× n。使用补偿系数 n 由生产者确定并明示在三包凭证上。使用补偿系数 n 不得高于 0.5%。

【案例 8－2】

消费者王某于 2021 年 3 月份购买了一辆车。2021 年 8 月首次出现空调不制冷的现象，后又因同一质量问题维修了 4 次，并于 2022 年 9 月再次出现同样的问题。经销商同意为王某办理退换车手续，但车辆使用补偿费的金额双方无法达成一致。王某要求按照第一次出现故障的时间来计算车辆使用补偿费，经销商不同意。

解析：《规定》第二十七条规定："消费者依照本规定第二十四条第一款规定更换家用汽车产品或者退货的，应当向销售者支付家用汽车产品使用补偿费。补偿费用的计算方式为：补偿费 = 车价款（元）× 行驶里程（km）/1 000（km）× n。"其中行驶里程指的是家用汽车产品在达到退换车条件下，消费者向销售者申请退换车时的行驶里程。争议车辆第一次出现故障时，还没有达到规定的退换车条件，故不应该按照第一次出现故障时的行驶里程来计算车辆使用补偿费。

3. 汽车三包凭证

三包凭证是消费者在家用汽车产品出现质量问题时，享受三包权利的凭证，它由生产者随车配备，消费者购买车辆后由销售者移交给消费者。消费者遗失三包凭证的，可以向销售者申请补办。销售者应当及时免费补办。

三包凭证应当包括下列内容。

（1）产品品牌、型号、车辆类型、车辆识别代号（VIN）、生产日期。

（2）生产者的名称、地址、邮政编码、客服电话。

（3）销售者的名称、地址、邮政编码、客服电话、开具购车发票的日期、交付车辆的日期。

（4）生产者或者销售者约定的修理者（以下简称修理者）网点信息的查询方式。

（5）家用汽车产品的三包条款、包修期、三包有效期、使用补偿系数。

（6）主要零部件、特殊零部件的种类范围，易损耗零部件的种类范围及其质量保证期。

（7）家用纯电动、插电式混合动力汽车产品的动力蓄电池在包修期、三包有效期内的容量衰减限值。

（8）按照规定需要明示的其他内容。

根据《家用汽车产品三包主要零部件种类范围及三包凭证》（GB/T 29632—2021）相关要求，三包凭证基本样式如图 8－1 所示。

三包凭证编号：	
产品信息	
产品品牌：	型号：
车辆类型：	生产日期：
生产者信息	
名称：	邮政编码：
地址：	客服电话：
销售者信息	
名称：	邮政编码：
地址：	客服电话：
修理者信息	
网点信息的查询方式：	
交付信息	
开具购车发票的日期：	支付车辆的日期：
三包条款	
汽车产品保修期：	
汽车产品三包有效期：	
退换车的使用补偿系数及计算公式：	
其他三包责任承诺：	
销售者签章：	

图 8－1　三包凭证基本样式

二、汽车质量担保要求

所有的汽车生产企业都会给出质量担保期的两个限定条件（行驶时间和行驶里程），以先到者为准。

（一）整车质量担保要求

（1）从公司正常售出的家用产品新车的包修期限为 3 年或行驶里程 60 000 km，以先到者为准；三包有限期为 2 年或者行驶里程 50 000 km，以先到者为准。

（2）整车的质量担保期从汽车购买之日算起，汽车购买之日以购车发票上的日期为准。

（3）三包凭证须经经销商正确填写相关信息并签章后生效。

（4）出租营运用途的新购汽车，质量担保期为 12 个月或行驶里程 10 000 km，以先到者为准。

（5）除了出租营运用途外的所有其他用途的新购汽车，质量担保期为 3 年或行驶里程 60 000 km，以先到者为准。

（6）在质量担保期内，如果用户变更了所购买的轿车的用途，所购买的轿车仍然享受原来的质量担保期，质量担保的期限和里程不作变更。

（7）如果处于质量担保期内的汽车出现了质量问题，由相应品牌经销商予以免费修理。质量担保期内，生产质量问题经公司确认技术上无法修理时，予以更换车辆。如用户购买车辆符合国家《规定》所规定的条件，则车辆质量担保期和质量担保内容及范围按该规定执行。

（二）汽车主要总成或系统及备件的质量担保要求

新能源车中与传统汽车类同的主要总成或系统的质量担保期应按照传统汽车执行。

1. 发动机、变速器主要零部件

汽车产品售出后 30 日之内，制造商在三包凭证中明示的发动机、变速器的主要零部件发生质量问题的，消费者可选择更换总成。其中，制造商明示的主要零部件应至少包括表 8－1 所列出的内容。

表 8－1　发动机和变速器的主要零部件

总成	主要零部件名称
发动机	缸盖总成
	活塞、曲柄、连杆结构
	缸体总成
	配气机构
	润滑系统
变速箱及分动器	箱体
	液压元件
	箱内传动部件
	液力变扭器
	齿轮、轴类
	阀体

2. 其他主要总成或系统及其主要零部件

在整车三包期内，制造商在三包凭证中明示的其他总成或系统，因同一主要零部件产品质量问题更换2次后，仍不能正常使用的，消费者可以选择退货、更换、修理。其中，制造商应明示的其他总成或系统及其主要零部件应至少包括表8-2所列出的内容；新能源汽车还应包括表8-3所列出的内容。

表8-2　其他主要总成或系统及其主要零部件

总成或系统	主要零部件
车架	车身骨架
	纵梁、横梁
	前后车门
	副车架
转向系统	转向机总成
	转向拉杆
	转向柱总成
	转向节
	液压泵、助力电机
	球头
制动系统	制动主缸
	制动器分缸
	制动器盘（鼓）
	助力器、液压泵、真空泵
	驻车制动器
	液压控制模块
悬架系统	弹簧（螺旋弹簧、扭杆弹簧、钢板弹簧、空气弹簧、液压弹簧）
	控制臂
	稳定杆
前后桥	桥壳
	主减速器、壳体
	传动轴（含半轴）、万向节

表 8-3　新能源汽车还应明示的主要总成或系统及其主要零部件

总成或系统	主要零部件
电机控制器	整车控制器
	电池组控制器
	电机控制器
储能装置	电池组
	电容
	压力容器

3. 损耗件及其他零部件

损耗件及其他零部件的质量担保期达不到整车三包有效期的，其所属的总成或系统、零部件名称和质量担保期等三包条款由制造商明示在三包凭证上。

制造商明示的损耗件及其他零部件质量担保期目录及期限应不低于表 8-4 所示的要求。

表 8-4　损耗件及其他零部件质量担保目录及期限

名称	质量担保期
雨刮片	3 个月/5 000 km
制动摩擦片、离合器摩擦片	6 个月/10 000 km
全车玻璃	3 个月/5 000 km
轮胎	3 个月/5 000 km
灯泡	6 个月/10 000 km
保险丝、熔断器	3 个月/5 000 km
蓄电池	12 个月/20 000 km
火花塞	6 个月/10 000 km

（三）质量担保条件

在三包有效期内，汽车产品出现质量问题，消费者可按国家有关规定办理免费修理、更换、退货等质量担保事宜，但下列情况除外。

（1）未按产品说明书或维修技术要求进行定期检查、保养和调校造成的故障。

（2）擅自对车辆进行加装、改装以及改变车辆用途导致的车辆故障。

（3）未使用原厂零部件、油液及辅料所产生的故障或使用对汽车有损害的用品导致的故障。

（4）超出产品中指定之外的驾驶方法（赛车或汽车拉力赛等）或超出产品技术规格许可范围（如最大允许质量、允许汽油标号、允许胎压范围等）造成的故障。

(5) 使用者未按使用说明书要求存放、保管、使用或因环境因素（如烟尘、污染腐蚀物、鼠害）造成的故障。

(6) 自然磨损引起的零部件消耗。

(7) 自然灾害、火灾、车祸，以及基于这些因素引起的二次损伤而造成的损坏或故障。

(8) 超出担保期限的故障。

【案例8-3】

江苏某消费者投诉：在三包有效期内，车辆发动机出现故障，4S店通过排查后确认发动机需更换零部件，但此车辆从未在任何厂家授权的修理场所做过车辆保养和检查，4S店表示不予免费维修。

解析：经营者不得要求消费者必须在授权的修理场所进行保养和维修。《规定》第三十二条规定：包修期内，消费者未按照使用说明书或者三包凭证要求，使用、维护、保养家用汽车产品而造成的损坏，可以免除经营者的三包责任。本案例中，如车辆发动机故障与消费者未按照厂家要求保养车辆有关，4S店可以不予免费维修，但不应免除4S店应承担的其他三包责任。

(四) 更换零部件的质量担保

更换零部件的质量担保期限以制造商和销售商提供的三包凭证明示为准，制造商和销售商可根据更换零部件的各种情况制定不同的更换零部件质量担保期限，但不可不提供更换零部件质量担保。

在整车三包有效期内，更换零部件质量担保的执行应满足以下要求。

(1) 若只发生一次零部件更换，则更换零部件质量担保在更换零部件质量担保期限和三包有效期中取有利于消费者的期限执行，即发生更换零部件质量担保期执行完毕期限已经超过整车三包有效期的情形，以该更换零部件的质量担保期为准。

(2) 若发生两次及以上零部件更换，且第一次更换零部件质量担保期执行完毕期限已经超过整车三包有效期，以第一次更换零部件质量担保期结束时间为准，更换零部件质量担保期不再顺延。

任务实施

1. 任务工单描述

调查不同汽车品牌整车和备件的质量担保规定，小组完成PPT制作并进行相关展示。

2. 任务实施记录表

详见附录 1 “任务实施记录表”。

任务评价

（1）以学习小组为单位，将“任务实施记录表”上传课程平台（或智慧课堂），各小组互评和教师点评。

（2）评价分值包含各小组对重要知识点的掌握程度（40%），任务完成及创新情况（40%），团队合作及职业素养（20%），详见附录 2 “任务评价表”。

可扫描二维码查看在线测试和知识拓展的相关内容。

在线测试　　知识拓展

任务 2　汽车产品索赔管理

任务导读

随着国家法律法规的健全，汽车及配件的质量保修索赔制度也在完善，但是汽车的组成很复杂，用的消耗性配件也很多，所以如何界定哪些零件在索赔范围内要有明确的规定。另外，汽车产品索赔管理关系着企业和消费者的利益，做好索赔管理也能为企业树立品牌形象，赢得售后服务市场。汽车召回也是汽车生产企业经常开展的一种活动，其召回到底是因为产品质量差还是为用户负责，需要我们对汽车召回有一个深入的了解。

本任务通过案例、情境和任务工单等形式，帮助大家掌握汽车零部件索赔条件、索赔范围，索赔零部件的处理以及汽车生产企业对索赔管理的要求，了解汽车召回的含义及其流程。

任务目标

学习目标	能力目标	素质目标
1. 掌握汽车产品索赔条件、索赔范围； 2. 掌握汽车产品索赔工作流程； 3. 了解汽车召回的含义及流程	1. 能够区分汽车零部件是否在索赔范围内； 2. 能够按照索赔条件和程序完成索赔审核	1. 培养坚持原则、秉公办事、廉洁服务的职业道德； 2. 培养全身心投入的爱岗敬业精神

情境导入

王先生购买了一辆车，在开车过程中发现发动机漏油。4S 店检修后认为属于厂家生产质量问题，而且在车辆包修期内，因此免费为王先生进行了维修。过了几日，因为下大雨雨刮器无法将前窗玻璃的雨水刮干净，王先生再次来到 4S 店，认为雨刮器有质量问题，而且车辆在包修期内，要求 4S 店进行免费更换。4S 店索赔专员检查后告诉王先生，雨刮器无法包修，若要更换需要自费。王先生对此不认可，为什么发动机漏油就可以免费维修而雨刮器不能免费更换呢？如果你是 4S 店索赔专员，该如何向王先生解释汽车的索赔政策呢？

相关知识

一、汽车产品索赔概述

汽车索赔是汽车生产企业针对所生产的汽车产品为客户提供的一种质量担保形式。汽车生产企业在其规定的质量担保期内，为其制造并经合法登记、正常使用的汽车提供免费保修服务，包括对整车、零部件（或配件）及自费更换的原厂备件的免费服务承诺。

在质量担保期内，客户在规定的使用条件下使用车辆，由于车辆制造、装配及材料质量等原因所造成的各类故障或零部件的损坏，经过特许经销商检验并确认后均由汽车生产企业提供无偿维修或更换相应零件的费用（包括工时费和材料费），这就是索赔。

索赔对于汽车生产企业有着非常重要的意义。

（1）获得客户信赖：客户所购买的车辆出现问题，会影响客户对商品的期待与信任，通过保修服务能够恢复客户对商品的信赖，提高客户满意度。

（2）收集市场的保修信息：收集市场上汽车整车及零部件的保修索赔信息，有利于推动和改善汽车整车及零部件品质工作，生产使客户更满意的产品。

二、汽车产品索赔条件及流程

（一）汽车产品索赔条件

1. 汽车产品索赔前提

汽车产品索赔必须满足以下前提条件方可实施。

（1）整车或零件必须在规定的保修索赔期内。

（2）用户必须遵守保修保养手册的规定，正确驾驶、保养、存放车辆。

（3）所有保修服务工作必须由汽车生产企业设在各地的特约销售服务站实施。

（4）必须是由特约销售服务站售出并安装在车辆上的配件，方可申请保修。

2. 汽车产品索赔范围

（1）在保修期内，车辆正常使用情况下整车或配件发生质量故障，修复故障所花费的材料费、工时费属于保修索赔范围。

（2）在保修期内，车辆发生故障无法行驶，需要特约销售服务站外出抢修，特约销售服务站在抢修中的交通、食宿等费用属于保修索赔范围。

（3）汽车生产企业为每一辆车提供两次在特约销售服务站进行免费保养的机会，两次免费保养的费用属于保修索赔范围。

（4）不同行驶里程免费保养项目如表 8－5 所示。

表 8－5　不同行驶里程免费保养项目

免费保养项目	项目内容
2 000 km 免费保养项目	1. 更换机油及机油滤清器； 2. 检查传动带； 3. 检查空调暖风系统软管和接头； 4. 检查冷却液； 5. 检查冷却系统软管及卡箍； 6. 检查通风软管和接头； 7. 清洗空气滤清器滤芯； 8. 检查油箱盖、油管、软管和接头； 9. 检查制动液和软管； 10. 检查、调整驻车制动器； 11. 检查轮胎和充气压力； 12. 检查灯、喇叭、雨刮器和洗涤器

（续）

免费保养项目	项目内容
6 000 km 免费保养项目	1. 更换机油及机油滤清器； 2. 检查冷却液； 3. 检查冷却系统软管及卡箍； 4. 检查通风软管和接头； 5. 清洗空气滤清器滤芯； 6. 检查油箱盖、油管、软管和接头； 7. 检查排气管和安装支座； 8. 检查变速器、差速器油； 9. 检查制动液和软管，必要时添加制动液； 10. 检查、调整驻车制动器； 11. 检查、调整前后悬架； 12. 检查、调整底盘和车身的螺栓和螺母； 13. 检查动力转向液，必要时添加； 14. 检查轮胎和充气压力； 15. 检查灯、喇叭、雨刮器和洗涤器； 16. 检查空调暖风； 17. 检查空调滤清器

3. 汽车产品无法索赔的情况

当出现以下情况时，汽车产品无法进行索赔。

（1）正常磨损。车辆正常例行保养和车辆正常使用中的损耗件不属于保修索赔范围，如：润滑油、机油和各类滤清器；火花塞；刹车片、离合器片；清洁剂和上光剂；灯泡；轮胎；雨刮片。

（2）保养手册不合格。在汽车生产企业特许经销商处购买的每一辆汽车都随车配有一本保修保养手册，该保修保养手册须盖有售出该车的特许经销商的印章，经购车客户签名后方可生效。不具有保修保养手册，或保修保养手册上印章不全或发现擅自涂改保修保养手册情况的，汽车特约销售服务站有权拒绝客户的保修索赔申请。

（3）保养缺失。车辆因为缺少保养或未按保修保养手册上规定的保养项目进行保养而造成的车辆故障，不属于保修索赔范围。如未按规定更换变速箱油而造成的变速器故障。用户每次做完保养后，汽车特约销售服务站会在保修保养手册规定位置记录下保养情况并盖章，并提醒用户下次保养的时间和内容。

（4）未按规定用车。由于用户不遵守使用说明书及保修保养手册上的相关规定使用汽车，或超负荷使用轿车（如用作赛车），或驾驶习惯不当给汽车零部件造成的损坏，不属于保修索赔范围。

（5）私自维修或改装车辆。车辆上装有未经汽车生产企业许可使用的零部件，或车辆未经汽车生产企业许可改装过，汽车生产企业有权拒绝用户的索赔要求。在非汽车生产企业授权的特许经销商处保养、维修过的车辆，用户私自拆卸更换里程表或更改里程表读数的车辆（不包括汽车特约销售服务站对车辆故障诊断维修的正常操作），不属于保修索赔范围。

（6）因为环境、自然灾害、意外事件（如酸雨、树胶、沥青、地震、冰雹、水灾、火灾、车祸等），造成的车辆故障不属于保修索赔范围。

（7）因为发生过交通事故造成的汽车损坏不属于保修索赔范围。

（8）由于经销商本身操作不当造成的损坏，经销商应承担责任并进行必要的修复。

（9）间接损失不属于保修索赔范围。因车辆故障引起的经济、时间损失（如租赁其他车辆或在外过夜等）不属于保修索赔范围。

（10）在保修期内，用户车辆出现故障后未经汽车生产企业（或汽车特约销售服务站）同意继续使用而造成进一步损坏的，汽车生产企业只对原有故障损失（须证实属产品质量问题）负责，其余损失的责任由用户承担。

（11）车辆发生严重事故时，因用户未保护现场或因丢失损坏零件以致无法判明事故原因的，汽车生产企业不承担保修索赔费用。事故原因应经汽车生产企业和有关方面（如保险公司等）鉴定，如属产品质量问题，汽车生产企业将按规定支付全部保修及车辆拖运费用。

4. 其他保修索赔事宜

（1）库存待售成品车辆的保修。对车辆因放置时间较长而出现油漆变（褪）色、锈蚀、车厢底板翘曲变形等外观缺陷，由汽车生产企业索赔管理部批准后可以保修。保修工作由汽车生产企业设在各地的特约销售服务站完成。汽车生产企业会派出技术服务代表定期（至少每 3 个月 1 次）对中转库和代理商（经销商）展场的车辆进行检查，各地特约销售服务站配合其工作。

（2）保修期满后出现的问题。对于超过保修期而又确属耐用件存在质量问题的车辆，由汽车生产企业技术服务代表和汽车特约销售服务站共同对故障原因进行鉴定，并在征求汽车生产企业索赔管理部同意后方可按保修处理。

（3）更换仪表的特殊事宜。因仪表有质量问题而更换仪表总成的，汽车特约销售服务站应在用户保修保养手册上注明旧仪表上的里程数及更换日期。

（4）故障原因和责任难以判断的问题。对于故障原因和责任难以判断的情况，如果用户确实按使用说明书规定使用和保养车辆且能出示有关证据，如保养记录，经汽车制造厂索赔管理部同意后可以保修。

（二）汽车产品索赔工作机构

汽车产品索赔工作机构由汽车生产企业索赔管理部和汽车特约销售服务站索赔员组成。

1. 汽车生产企业索赔管理部

汽车生产企业索赔管理部是隶属汽车生产企业的售后服务机构。售后服务机构负责售后业务，主要部门有售后服务部、配件供应部、索赔管理部。

（1）售后服务部：负责售后服务设备、培训、技术支持、资料手册编辑、特约销售服务站服务工作的协调监督等业务。

（2）配件供应部：负责配件筹集、订单处理、库存管理、配件运送协调、配件价格体系制定、特约销售服务站配件工作协调及监督等业务。

（3）索赔管理部：负责整车、配件保修期内的保修索赔以及再索赔工作，主要包括索赔工时、故障代码的制定和校核，索赔单据的审核和结算，产品质量信息的收集与反馈，再索赔结算及协调等业务。

2. 汽车特约销售服务站索赔员

每个汽车特约销售服务站必须配备一名专职索赔员，专职从事保修索赔、免费保养和质量信息反馈工作。每一位专职索赔员都是汽车生产企业保修索赔工作的代表，其工作职责如下。

（1）充分理解保修索赔政策，熟悉汽车生产企业保修索赔工作的业务知识。

（2）对待用户要热情礼貌、不卑不亢，认真听取用户的抱怨，实事求是做好每一辆提出索赔申请故障车的政策审核和质量鉴定工作。

（3）严格按照保修索赔政策为用户办理索赔申请。

（4）准确、及时地填报汽车生产企业规定的各类索赔表单和质量情况报告，完整地保管和运送索赔旧件。

（5）向用户宣传和解释保修索赔政策。

（6）积极协助用户做好每一次免费保养和例行保养。

（7）在用户的保修保养手册上记录好每一次保修和保养情况。

（8）严格、细致地做好售前检查。

（9）及时准确地向汽车生产企业索赔管理部提交质量信息报告。遇到重大质量问题时及时填写重大故障报告单，传真至汽车生产企业索赔管理部。

3. 各机构工作职责

1）汽车生产企业的工作职责

（1）建立汽车特约销售服务站，对特约销售服务站的人员进行培训，帮助特约销售服务站提高技术水平和管理水平。

（2）向各区域派出汽车生产企业的技术服务代表，检查各特约销售服务站保修索赔的执行情况，评估各特约销售服务站索赔员的业务能力。

（3）遇到疑难问题，汽车生产企业将通过函电指导或派代表及技术人员现场提供技术支持。

（4）特约销售服务站在保修索赔服务中如被发现有欺骗行为（如伪造索赔单等），汽车生产企业将拒付索赔费，并视情节给予罚款处理，甚至取消其索赔资格。如造成了严重的社会影响，将追究其相关法律责任。

2）汽车特约销售服务站工作职责

（1）向所有符合保修索赔条件的用户提供令其满意的保修索赔服务。

（2）必须按汽车生产企业的规定配置相关的硬件和软件。硬件包括专用质量鉴定设备、索赔申请提交设备、专职人员、专用仓库等，软件包括电脑管理软件、专业培训、专业鉴定技术等。

（3）贯彻汽车生产企业保修索赔政策，实事求是为用户提供保修索赔服务，既不可推脱责任，也不可为用户提交虚假的索赔申请。

（4）特约销售服务站在进行保修索赔工作中，首选的措施是有效地调整和维修，当调整和维修无法达到应有的技术要求时可以更换必要的零件或总成。

（5）特约销售服务站有责任配合汽车生产企业处理好用户的质量投诉。

（6）为了提高产品质量，特约销售服务站应按规定向汽车生产企业索赔管理部提供有效的质量情况反馈。

（7）妥善保管在索赔服务中更换的零配件，严格执行汽车生产企业的索赔旧件管理制度。

3）汽车经销商工作职责

（1）执行汽车生产企业的新车交付验收标准，出现疑问，及时向汽车生产企业反映。

（2）执行汽车生产企业的新车仓库管理制度，按规定做好新车保养。

（3）及时向汽车生产企业技术服务代表或汽车生产企业索赔管理部反馈车辆库存中的质量信息，避免因延误处理而产生不应有的质量损失。

（4）如果因车辆移动造成事故，或者因保管不善造成零部件丢失或损坏，经销商应负责将车辆恢复到符合技术标准的状态，不得向用户出售不符合要求的车辆。

（5）及时向汽车生产企业反映用户的意见或要求，协助汽车生产企业处理市场反馈的产品质量信息。

（6）帮助汽车生产企业建立与用户的联络渠道，共同提高服务用户的能力和水平。

（三）汽车产品索赔工作流程

1. 汽车产品索赔工作流程

（1）用户至特约销售服务站报修。

（2）业务员根据用户报修情况、车辆状况及车辆维护记录，预审用户的报修内容是否符合保修索赔条件（特别要检查里程表的工作状态），如不符合请用户自行付费修理。

（3）把初步符合保修索赔条件的车辆送至保修工位，索赔员协同维修技师确认故障点及引起故障的原因，制定相应的维修方案并审核是否符合保修索赔条件。如不符合保修索赔条件通知业务员，请用户自行付费修理。

（4）索赔员在确认用户车辆符合保修索赔条件后，根据情况登记车辆相关数据，为用户分类提交索赔申请。特殊索赔需事先由汽车生产企业索赔管理部审批通过，然后及时给予用户车辆保修。

（5）保修结束后，在索赔件上挂上索赔旧件悬挂标签，送入索赔旧件仓库统一保管。

（6）索赔员每天对当天的索赔申请进行统计，填写索赔申请表。

（7）每月在规定时间内向汽车生产企业索赔管理部提交一次索赔申请表。

（8）索赔员每月一次按规定时间，把索赔旧件按规定包装（见索赔旧件处理规定）由第三方物流负责运回汽车生产企业索赔管理部。

（9）经汽车生产企业索赔管理部初步审核不符合条件的索赔申请将予以返回，索赔员根据返回原因立即修改，下次提交索赔申请时一起提交，以待再次审核。

（10）汽车生产企业索赔管理部对符合条件的索赔申请进行审核后，将索赔申请结算单返给各特约销售服务站，特约销售服务站根据结算单金额与汽车生产企业索赔管理部进行结算。

2. 售前索赔

通过汽车生产企业检验的车辆，在第三方物流、特许商、最终用户的各道接车检查的过程中检查出了一些厂方检漏的质量问题，这些质量缺陷的保修属于售前索赔。

为了规范交接各方检验的程序，分清新车受损的责任方，一般有以下规定。

（1）物流商承接新车时，装车前必须认真做好新车交接检验程序。特别检查油漆、玻璃、外装饰件、内饰、轮胎及其外装饰、随车附件工具资料等，如果发现问题，及时请汽车生产企业销售公司解决。检验合格经双方签字确认后，物流商将负责全程完好地运输新车，运输途中造成的一切损失将由物流商承担。

（2）经销商承接新车时，必须认真做好新车交接检验程序。特别注意油漆、玻璃、外装饰、内饰、轮胎及其外装饰、随车附件工具资料等，检验合格后经双方签字确认。

（3）检验中，发现新车存在制造质量问题，记录在新车交接单上，经双方签字确认。其中发生的维修费用，由经销商提交售前索赔申请经汽车生产企业索赔管理部审定后予以结算。

（4）检验中发现新车存在非制造质量问题，要确认责任人是谁，再进行相关弥补措施。若属物流商责任，由经销商负责修复，维修费用由物流商当场支付，维修费用按索赔标准结算。若交接双方存在分歧，由当地区域销售经理和区域服务经理现场核定。若区域销售经理和区域服务经理无法及时到达现场，在新车交接单上记录下问题（必要时拍摄照片），并经双方签字确认，事后由经销商提交给索赔管理部审定。

（5）检验中，发现新车存在不明原因的问题，在新车交接单上记录下问题（必要时拍摄照片）并经双方签字确认，事后由经销商提交给索赔管理部审定。

3. 配件索赔

（1）从客户在维修企业购买零件并在维修企业更换之日起（日期以发票为准），如果所购买的备件在1年内出现质量问题且汽车行驶里程不超过100 000 km（一汽大众汽车公司的规定，不同的汽车生产企业规定可能不同），客户有权向维修企业提出索赔（特殊件和易损件按相关规定执行）。

（2）关于备件索赔的有关规定说明。

①对于蓄电池的索赔：有的汽车生产企业对于在中转库存存储的车辆，需要检查商品车的出厂日期，如果蓄电池发生故障的日期距离出厂日期超过1年，只有蓄电池断路故障才可以向汽车生产企业提出索赔申请，对于蓄电池电量不足的情况，不能向汽车生产企业提出索赔申请。

②对于传动轴总成、空调系统及后桥总成的索赔：汽车生产企业原则上不予受理。如果有特殊原因需要索赔，经销商必须做出对索赔原因的书面说明，并传真至售后维修部门的负责人，审核通过后，才能办理传动轴总成、空调系统及后桥总成的索赔。

三、汽车产品索赔件管理

（一）汽车产品索赔件库管理规定

1. 索赔件存放要求

汽车生产企业的特许经销商的索赔件库为独立库房（独立区间），不得与其他厂家产品混放。索赔件应分区、分类存放，国产件、进口件分开存放。

2. 索赔件存放时限及货架标识

索赔件库存放的索赔件应为近一个月以内的索赔件，索赔件必须粘贴或拴挂相应的条形码，索赔件库货架上应粘贴相应的分类、分组标签。

（二）汽车产品索赔件处理规定

1. 索赔件的所有权

被更换下来的索赔件的所有权归汽车生产企业所有，各特约销售服务站必须在规定时间内按指定的方式将其运回汽车生产企业索赔管理部。

回运前索赔员需要填写索赔件回运清单，注明各索赔旧件的装箱编号。索赔旧件必须统一装箱，在箱子外部按规定贴上索赔旧件回运装箱单并把箱子封牢固。

汽车生产企业索赔管理部对回运的索赔旧件进行检验后，将返回或取消存在问题的索赔申请。被取消索赔申请的旧件，各特约销售服务站有权索回，但须承担相应的运输费用。

2. 索赔件标识

更换下来的索赔件应挂上索赔旧件悬挂标签，保证粘贴牢固并按规定填写好标签，零件故障处需要详细填写，相关故障代码和故障数据也须填写完整。索赔旧件悬挂标签由汽车生产企业索赔管理部统一印制，特约销售服务站可以向索赔管理部申领。

故障件的缺陷、破损部位一定要用红色或黑色等不易脱落的颜料或记号笔做出明显标记。

3. 索赔旧件悬挂标签填写与悬挂要求

应在悬挂标签上如实填写所有内容，保证字迹清晰和不褪色。如果遇到特殊索赔，在悬挂标签备注栏内一定要填写授权号。所有标签应该由索赔员填写并加盖专用章。保证一物一签，物和签要对应。悬挂标签一定要牢固。如果无法悬挂，则用透明胶布将标签牢固粘贴在索赔件上，同时保证标签正面朝外。

4. 索赔件状态保证

应尽可能保持索赔件拆卸下来后的原始故障状态，一般规定不可分解的零件不可擅自分解，否则将视该零件的故障为拆卸不当所致，不予索赔。

旧机油、变速箱油、制动液、转向助力液、润滑油脂、冷却液等不便运输的索赔旧件无特殊要求不必运回，按当地有关部门规定自行处理（应注意环保）。

（三）汽车产品索赔件清洁和装运要求

1. 索赔件清洗要求

对于存有机油、汽油、冷却液等液体的索赔件，必须将其排放干净。符合该要求的索赔件有发动机、变速箱、汽油箱、汽油泵、水箱、冷却液罐、动力转向机、转向助力泵、转向助力油罐、制动分泵等。

索赔件上若沾有油污、泥土等污物，必须清洗干净。符合该要求的索赔件有发动机总成及散件、变速箱总成及散件、汽油箱、减振器，内、外等速万向节及护套、转向机、消音器等。

2. 索赔件装运要求

（1）更换下来的索赔件必须统一装箱，即相同索赔件集中装在同一包装箱内。

（2）在每个包装箱外牢固贴上该箱索赔件的索赔旧件回运装箱单，注明装箱号与索赔件的零件号、零件名称和零件数量。

（3）各个装箱清单上的索赔件种类和数量之和必须与索赔件回运清单上汇总的完全一致，索赔件回运清单一式三联，经物流公司承运人签收后，第一联由特约销售服务站保存，第二联由物流公司保存，第三联由物流公司承运人交索赔管理部。

（4）包装箱在规定时间由物流公司返运到特约销售服务站。

四、汽车召回

（一）汽车召回简介

1. 汽车召回的含义

汽车召回是指汽车生产企业按照《缺陷汽车产品召回管理条例》规定的程序，由缺陷汽车产品制造商进行的消除其产品可能引起人身伤害、财产损失的缺陷的过程，包括制造商以有效方式通知销售商、修理商、车主等有关方面关于缺陷的具体情况及消除缺陷的方法等事项，并由制造商组织销售商、修理商等通过修理、更换、收回等具体措施有效消除其汽车产品缺陷的过程。

汽车缺陷是指由于设计、制造等方面的原因而在某一批次、型号或类别的汽车产品中普遍存在的具有同一性的缺陷，具体包括汽车产品存在危及人身、财产安全的不合理危险，以及不符合有关汽车安全的国家标准、行业标准两种情形。

2. 汽车召回制度发展

世界上最早的汽车召回制度起源于 20 世纪 60 年代的美国。现在英国、德国、法国、日本、韩国、加拿大、澳大利亚、中国等很多国家都实行了汽车召回制度。在美国、日本以及欧洲国家，无论是轿车、客车还是一些专业车辆，当产品被发现存在缺陷时很多厂家都会采取主动召回的方式，避免消费者受到缺陷车辆的影响。

我国于 2004 年 3 月 15 日发布了《缺陷汽车产品召回管理规定》，自 2004 年 10 月 1 日起开始正式实施。《缺陷汽车产品召回管理规定》由原国家质量监督检验检疫总局、国家发展和改革委员会、商务部、海关总署联合制定并发布。经过衍变，2012 年 10 月 10 日，《缺陷汽车产品召回管理条例》（以下简称《汽车召回条例》）通过国务院常务会议，并于 2013 年 1 月 1 日正式实施。2014 年 10 月 10 日，国家质量监督检验检疫总局在其官网上发布了《缺陷汽车产品召回管理条例实施办法》（征求意见稿）。2015 年11 月27 日，国家质量监督检验检疫总局发布第 176 号总局令，《缺陷汽车产品召回管理条例实施办法》（以下简称《实施办法》）正式出台，并于2016年1月1日起实施。此实施办法于2020年10月23日又进行了修订。

（二）《实施办法》主要内容

《实施办法》共有6章43条，分为总则、信息管理、缺陷调查、召回实施与管理、法律责任、附则共6个部分。

1. 第一章　总则

主要规定了立法目的、适用范围、国家市场监督管理总局与地方质检部门及技术机构的职责分工，明确规定汽车产品生产者是缺陷汽车产品的召回主体，同时也明确规定国家市场监督管理总局统一负责全国缺陷汽车产品召回监督管理工作。国家市场监督管理总局根据工作需要，可以委托省级市场监督管理部门负责缺陷汽车产品召回监督管理的部分工作。此外，还规定技术机构按照国家市场监督管理总局的规定，承担缺陷汽车产品召回信息管理、缺陷调查、召回管理中的具体技术工作。

2. 第二章　信息管理

主要对缺陷汽车产品召回信息管理系统的建立与作用、生产者及相关经营者的信息报送义务及有关要求、国家市场监督管理总局与国务院相关部门的信息沟通与共享机制做了规定。其中规定生产者应当建立健全汽车产品可追溯信息管理制度，确保能够及时确定缺陷汽车产品的召回范围并通知车主；同时明确规定生产者应当保存汽车产品设计、制造、标识、检验等方面的信息。

3. 第三章　缺陷调查

对生产者自行开展的调查分析的程序以及有关法律义务、市场监督管理部门开展缺陷调查的程序以及职责权限、缺陷认定的有关程序、组织听证及发布风险预警等有关内容做了规定。其中，明确规定与汽车产品缺陷有关的零部件生产者应当配合缺陷调查，提供调查需要的有关资料，首次将零部件生产者纳入召回管理范畴。生产者不按照缺陷汽车产品召回通知书实施召回，又不在规定时间内向总局提出异议的，或经组织论证、技术检测、鉴定，确认汽车产品存在缺陷的，国家市场监督管理总局应当责令召回。

4. 第四章　召回实施与管理

对实施召回的有关程序、召回计划的主要内容、召回信息发布的有关要求、召回总结报告等有关内容做了规定。其中，明确规定车主应当积极配合生产者实施召回，消除缺陷；生产者完成召回计划后，仍有未召回的缺陷汽车产品的，应当继续实施召回；国家市场监督管理总局或其委托省级市场监督管理部门对生产者召回实施情况进行监督，并对召回效果进行评估；国家市场监督管理总局通过召回实施情况监督和评估发现生产者的召回范围不准确、召回措施无法有效消除缺陷或未能取得预期效果的，应当要求生产者再次实施召回或采取其他相应补救措施。

5. 第五章　法律责任

生产者违反本办法规定，未按规定更新备案信息的，或未按规定提交调查分析结果的，或未按规定保存汽车产品召回记录的，或未按规定发布缺陷汽车产品信息和召回信息的，责令限期改正；逾期未改正的，处以 1 万元以上 3 万元以下罚款。同时，规定零部件生产者违反本办法规定不配合缺陷调查的，责令限期改正；逾期未改正的，处以 1 万元以上 3 万元以下罚款。

6. 第六章　附则

明确了汽车产品、生产者的概念，并明确了汽车产品出厂时未随车装备的轮胎的召回及其监督管理由国家市场监督管理总局另行规定。

（三）汽车召回流程

汽车消费者早已经意识到，包括汽车在内的产品由于新技术、新材料、新工艺的不断应用，即使经过科学严谨的试验，在使用中也可能暴露出产品的设计缺陷和质量隐患。汽车召回制度的颁布为缺陷汽车的处理提供了规则和程序，也明确了汽车生产企业与客户的权益和责任。汽车生产企业一旦发现自己生产的产品有缺陷，坦诚、负责地召回，向消费者展示企业对消费者负责的态度，是提升品牌形象的机会。汽车召回流程如图 8－2 所示。

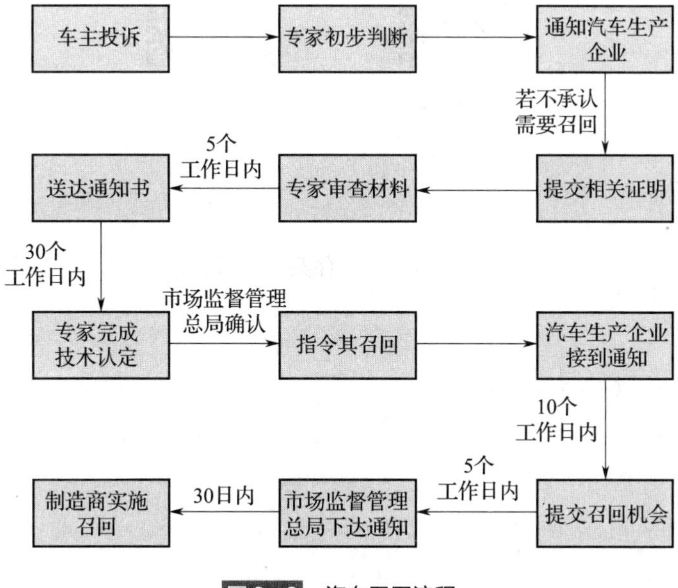

图 8－2　汽车召回流程

任务实施

1. 任务工单描述

车主赵女士于2023年3月购入某品牌轿车，洗车后发现前照灯灯罩内有水珠凝结。赵女士通过电话咨询4S店技术人员，了解到前照灯灯罩内凝结的水珠是由于洗车时进了水，只要打开大灯照射（加热），使灯罩内水雾蒸发就可以使灯罩内的水珠消失。赵女士按照4S店的指导解决了问题。由于南方阴雨天多，不久，赵女士在灯罩内又发现了凝结的水珠，心里十分郁闷。赵女士去4S店询问有没有彻底解决问题的办法，如果没有就要求更换前照灯。

2. 任务实施记录表

详见附录1“任务实施记录表。”

任务评价

（1）以学习小组为单位，将“任务实施记录表”上传课程平台（或智慧课堂），各小组互评和教师点评。

（2）评价分值包含各小组对重要知识点的掌握程度（40%），任务完成及创新情况（40%），团队合作及职业素养（20%），详见附录2“任务评价表”。

可扫描二维码查看在线测试和知识拓展的相关内容。

在线测试　　知识拓展

项目九
汽车服务企业配件进存销管理

任务1　汽车配件订货与采购

任务导读

汽车配件是构成汽车整体的各个单元且服务于汽车的一种产品。随着生活水平的提高，人们对汽车的消费越来越多，汽车配件的市场也变得越来越大。在汽车维修时，既要有充足的零件用于维修更换，又不能积压太多造成资金浪费，还要质优价廉满足客户的需求，为此需要找寻合适的配件供货商，完成汽车配件的订货与采购。

本任务通过案例、情境和任务工单等形式，帮助大家熟悉汽车配件订货及采购的相关原则和方法，完成相应种类零件的订货。

任务目标

学习目标	能力目标	素质目标
1. 熟悉汽车配件分类及订货管理的意义； 2. 掌握汽车配件订货管理的原则； 3. 掌握汽车配件订货程序	1. 能够确定库存配件品种和最低安全库存量； 2. 能够根据不同配件的类型，实施相应订货程序，完成配件的订货与采购	1. 培养分析问题和解决问题的能力； 2. 培养关注细节、追求质量的严谨精神

情境导入

一日，4S店在给客户维修车辆时发现需要更换的雨刮器无货，采购的雨刮器需要两天后才能到货。为杜绝此类情况再次发生，4S店王经理安排采购员小张对当前店里的汽车配件重新进行采购，保证每种配件都有货。结果年底盘点的时候，王经理发现有部分汽车配件一直未消耗，占用了资金10万元，影响了本年度整体利润。如果你是采购员小张，该怎样采购汽车配件才能既保证正常使用又不过多积压呢？

相关知识

一、汽车配件分类与特点

（一）汽车配件的分类

汽车配件是指能直接用于汽车的零部件制成品。通常按照价格将汽车配件分为以下几种。

（1）低价值易耗配件，指汽车维修中常用的运行消耗性材料，如汽车灯泡、垫子、火花塞等。

（2）汽车维修用一般零部件，指在汽车维修作业中必须更换的一般性零配件，例如汽车大修时需要更换的活塞、活塞环等。

（3）重要基础件及贵重总成。重要基础件是指气缸体、曲轴、凸轮轴、连杆总成、飞轮壳、变速器壳、工字梁及后桥壳、车架等；贵重总成是指发动机总成、喷油泵总成、分电器总成、散热器总成、变速器总成、差速器总成、主传动器总成、前后桥总成、车架总成、驾驶室总成、仪表板总成、转向机总成、制动主缸总成、轮胎总成、发电机总成、启动机总成、蓄电池总成、电控单元总成及汽车专用的大型特殊轴承等。

（二）汽车配件的特点

汽车配件作为商品来说，既具有普通商品的一般属性，也有一些独特的特点。

（1）品种繁多。只要是有一定规模的汽配厂家或维修企业，其经营活动涉及的配件都很多，一般有上万种，甚至达几十万种。

（2）代用性复杂。很多配件可以在一定范围内代用，不同配件的代用性是不一样的，例如轮胎、灯泡的代用性就很强，但是集成电路芯片、传感器等的代用性就不强。掌握汽车配件的代用性，也是管理好汽车配件的重要条件。

（3）识别体系复杂。一般汽车配件都有原厂图号（或称原厂编号），通常经营者还会自行为其配件编号。

（4）价格变动快。整车的价格经常随着市场变化而变动，汽车配件的价格变动比整车更加频繁。

二、汽车配件订货管理

（一）汽车配件订货管理的意义

汽车维修企业的配件订货主要有合同订货和市场紧急订货两种。汽车维修企业订货的渠道以与主机配套厂配件销售部门签订配件订货采购合同为主，也可与同类4S店配件部门相互拆借；而一般汽车服务企业的配件来源除主机配套厂外，也可向规模较大的配件生产企业购买。

对于汽车维修企业来说，汽车配件订货进行管理非常必要，而且意义重大，主要是因为以下几点。

（1）采购配件成本占生产总成本的比例很大。若无法以合理的价格获得配件，就会直接影响企业的经营。若采购价格过高，则维修成本也高，这样会影响企业的利润；如果采购成本过低，则很可能采购的配件品质很差，将影响维修质量和客户的满意度，使企业丧失市场竞争力。

（2）采购周转率高，可以提高资金的使用效率。合理的采购数量与适当的采购时机，既能避免停工待料，又能降低配件库存，减少资金积压。

（3）配件采购快慢、准确与否以及品质优劣直接关系着车辆的维修工期和客户满意度。

（4）采购部门可以在收集市场情报时，提供新的配件代替旧配件，以达到提高品质、降低成本的目的。

（5）采购部门经常与市场打交道，可以了解市场变化趋势，及时将市场信息反馈给企业决策层，促进企业经营业绩的增长。

由此可见，汽车配件订货管理得好坏直接关系着汽车维修企业能否得到发展，消费者需求能否得到满足，企业经营状况能否得到改善。

（二）汽车配件订货管理的原则

（1）勤进管理原则。勤进管理是加速资金周转、避免商品积压、提高经济效益的重要条件。勤进快销，就是采购次数要多一些，批量要少一些，采购间隔期要适当缩短。要在采购适销对路的前提下，选择能使采购费用、保管费用最省的采购批量和采购间隔期，以降低成本，降低商品价格，使客户买到价廉物美的商品。勤进快销还要随时掌握市场行情，密切注意销售去向，勤进、少进、进全、进对，以勤进促快销，以快销促勤进，不断适应消费需要，调整更新商品结构，力求加速商品周转。在销售上，供应要及时，方式要多样，方法要灵活，服务要周到，坚持薄利多销。进货量大、库存量大有很多弊病，如需要更多的仓储空间，需要更多的设备用于转运，需要更多的人力用于日常管理，如图 9－1～图 9－3 所示。

图9－1　仓储空间

图9－2　转运设备

图9－3　人力资源

(2) 以销定进原则。以销定进的原则，是按照销售状况决定采购。公式如下：

建议订货量 = 日平均销售量 ×（距下次定货量天数 + 下次交货天数 + 厂商交货前置期 + 商品安全天数 + 内部交货天数）− 已订货未交量 − 库存量

最小安全库存量 = 陈列量 + 日平均销售量 × 商品运送天数

订货量是一个动态的数据，根据销售状态的变化（季节性变化、促销活动变化、供货厂商生产状况变化、客观环境变化）决定订货量的多少，才能使商品适销对路，供应及时，库存合理。

(3) 以进促销原则。以进促销原则是与以销定进原则相联系的。单纯地讲，以销定进，进总是处于被动局面；而以进促销则是扩大采购来源，积极组织适销商品，通过少量采购试销，刺激消费，促进销售。

(4) 保管保销原则。销售企业要保持一定的合理库存，以保证商品流通连续不断。汽车零件的流通等级是根据汽车配件在流通过程中周转速度的快慢来划分的，根据汽车零件寿命长短可以把它们分为快流件、中流件、慢流件三大类。也有些公司分得更细一些，有五六类甚至十类之多。汽车制造商、汽车零配件经销商的统计结果表明，占零件总数仅 10% 的快流件的销售收入占销售总额的 70%，占零件总数 20% 的中流件的销售收入仅占销售总额的 20%，而占零件总数 70% 的慢流件的销售收入只占总销售额的 10%。

三、库存配件品种和最低安全库存量的确定

（一）库存配件品种的确定

如果按平均需求量进货，则将会出现如图 9－4 所示的问题。

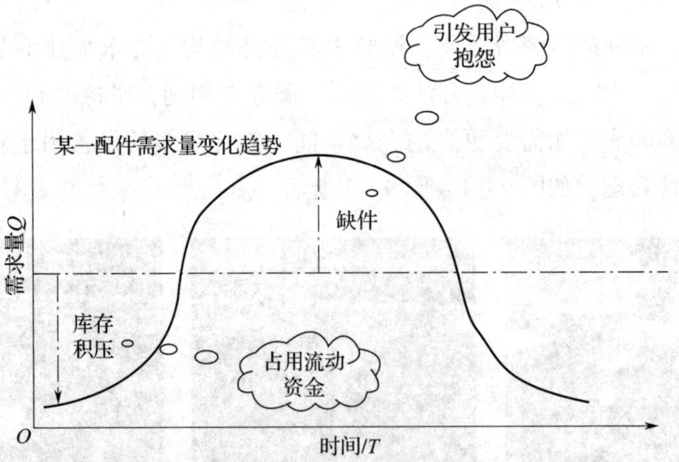

图 9－4 按平均需求量进货的

一般把易磨损和易失效的零件或材料作为快流件，如离合器片、制动器片、制动总泵或分泵、橡胶密封件、机油、轴承、油封、大小轴瓦、消声器、排气管、高压泵、柱塞、出油阀、前挡风玻璃、密封条、前后灯具、水箱、冷却散热网、万向节、十字轴、雨刮片、火花塞等。

有些零件经销商根据本公司配件销售量来区分快流件、中流件和慢流件，如把年销售量在25万~50万件的零件作为快流件，把年销售量在6万~24万件的零件作为中流件，而把年销售量在1万~5万件的零件作为慢流件。

也可根据汽车制造商推荐的零件流通级别来选择库存零件，表9-1所示是日本五十铃推荐的配件级别。

表9-1　日本五十铃推荐的配件级别

推荐级别	零件使用和更换情况	
A	需要定期更换的零件（在1年内更换），如“四芯”（即空气滤芯、机油滤芯、燃油滤芯、空调滤芯）	
B	需要定期更换的零件（在2年内更换），如制动蹄	
C	碰撞时最易损坏的零件	在2年内更换的零件，如保险杠
D		各种灯具、反光镜等零件
E		其他零件
F	易磨损件、易耗件	如油封、橡胶密封件
G		做高速相对运动的零件
H		表面接触应力很高的运动零件
J	不易磨损件	在汽车生命周期内不用更换的零件

零件的流通级别不是一成不变的，快流件可能会变成中流件，甚至变成慢流件，而中流件和慢流件在一定时期内也可能变成快流件。影响和决定零件流通级别的因素是多方面的。例如车辆投放市场的使用周期，一般车辆使用寿命为10年，前2~3年零件更换少，中间4~5年是零件更换高峰期，最后1~2年零件更换又逐渐减少，变化过程如图9-5所示，相应的库存应对方案如图9-6所示。

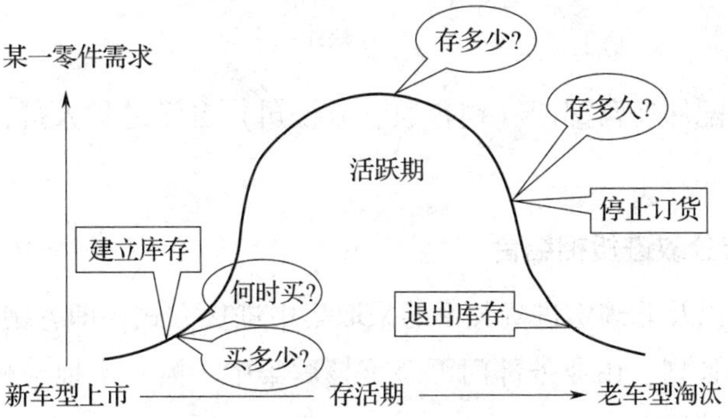

图9-5　汽车配件需求变化过程

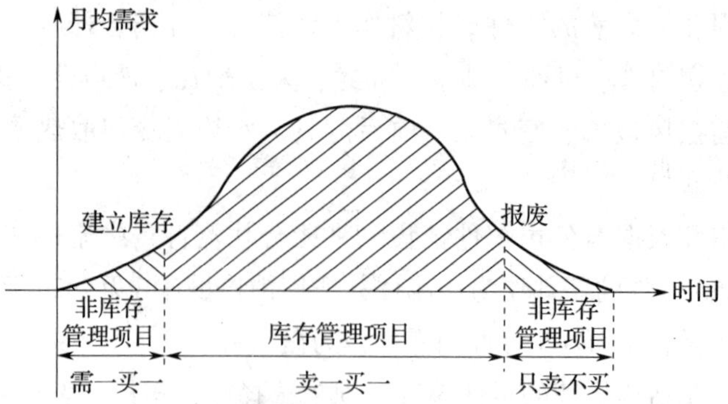

图9-6 库存应对方案

（二）最低安全库存量的确定

一个配件的最佳库存量是多少？库存量小了，不能保证及时供货，影响客户的使用和企业的信誉；库存量大了，资金占有量增加，资金周转慢，影响企业的经济效益。

因此，确定最低安全库存量很重要，而影响最低安全库存量的因素如下。

（1）订货周期。国外订货周期一般为 2～3 个月（船运期货 3 个月，空运订货 15 天左右），但空运件的价格是船运的两倍；国内订货周期则因地而异。

（2）月平均销量。必须掌握某种配件近 6 个月的销量情况。

（3）配件流通级别。快流件的最低安全库存量为前 6 个月销量，中流件和慢流件的最低安全库存量为前 3 个月销量。

四、汽车配件订货与采购

（一）汽车配件订货方式

1. 集中进货

企业设置专门机构或专职采购人员统一进货，然后分配给各销售部门（销售组、分公司）销售。集中进货既可以避免人力、财力、物力的分散，也可以加大进货量，根据批量差价降低进货价格，还可以节省其他进货费用。

2. 分散进货

由企业内部的配件经营部门（销售组、分公司）自设进货人员，在核定的资金范围内自行进货。

3. 集中进货与分散进货相结合

一般外埠采购以及非固定进货关系的采取集中进货方式，即各销售部门（销售组、分公司）提出采购计划，由业务部门汇总审核后集中采购；本地采购以及有固定进货关系的则采取分散进货方式。

4. 联购合销

由几个配件零售企业联合派出人员，统一向生产企业或批发企业进货，然后这些零售企业组织分销。此类型多适合中型零售企业与小型零售企业。这样能够相互协作，节省人力，拆整分销，也有利于组织运输，降低进货费用。

上述几种进货方式各有所长，汽车维修企业应根据实际情况扬长避短，选择适合自己的进货方式。

（二）汽车配件采购渠道

汽车配件销售企业大都从汽车配件生产厂家采购，在采购渠道的选择上，应立足于以优质名牌配件为主的采购渠道，但为适应不同消费者的需求，也可进一些非名牌厂家的产品，进货时可按 A 类厂、B 类厂、C 类厂顺序选择。

1. A 类厂

A 类厂是全国有名的主机配套厂，这些厂知名度高，产品质量优，多是名牌产品。这类厂应是采购的重点渠道。其合同签订形式可采取先订全年需要量的意向协议，以便于厂家安排生产，具体按每季度、每月签订供需合同，双方严格执行。

2. B 类厂

B 类厂虽生产规模、知名度不如 A 类厂，但配件质量有保证，配件价格也适中。订货方法与 A 类厂不同，可以只签订短期供需合同。

3. C 类厂

C 类厂是一般生产厂，配件质量尚可，价格较前两类厂低。这类厂的配件可作为采购中的补缺。订货方式也与 A、B 类厂有别，可以电话、电报要货，如签订供需合同，合同期应更短。

必须注意，绝对不能向那些没有进行工商注册、生产“三无”及假冒伪劣产品的厂家订货和采购。

（三）汽车配件采购原则

汽车配件采购除了要求采购的汽车配件适销对路，还要求保质、保量。生产企业实行质量三包——包修、包退、包换，经营企业要设专职检验部门或人员，负责购进汽车配件的检验工作，把住质量关。除此之外，汽车配件采购还应遵循以下原则。

（1）积极合理地组织货源，保证汽车配件适合用户的需要，全面考虑数量、质量、规格、型号、价格。

（2）采购汽车配件必须按质论价，优质优价，不抬价，不压价，合理确定汽车配件的采购价格；坚持按需采购、以销定进；坚持“钱出去、货进来、钱货两清”。

（3）采购的汽车配件必须加强质量的监督和检查，防止假冒伪劣汽车配件进入企业，流入市场。在汽车配件收购工作中，不能只重数量而忽视质量，只强调工厂三包而忽视产品质量的检查，应拒绝收购不符合质量标准的汽车配件。

（四）汽车配件订货程序

汽车配件订货程序如图9－7所示。此处主要介绍库存补充件和即购即销配件的订货程序。

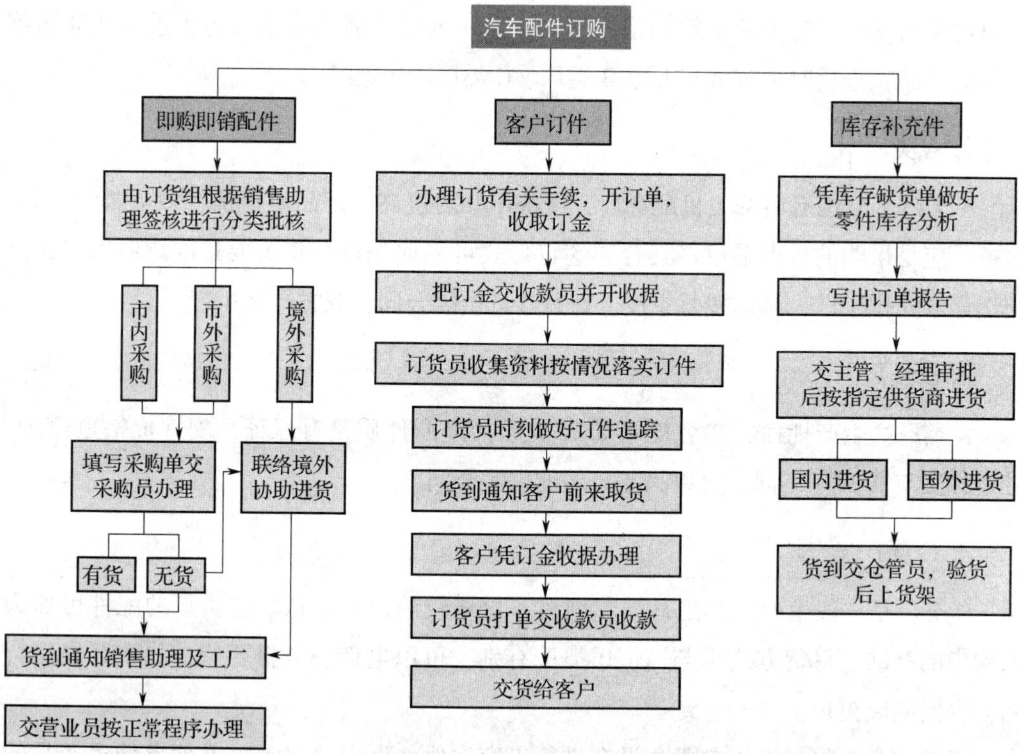

图9－7 汽车配件订货程序

1. 库存补充件订货程序

（1）拟订订货合同初稿。每个月根据配件实际库存量、半年内销售量及安全库存量等信息，计算出配件订货数量，再根据实际情况进行适当调整，形成订货合同初稿明细表，如表9－2所示。订货的原则是先市内后市外，先国内后国外。国内订货应向信誉好的大公司或向原汽车制造厂配套单位定购。

表9-2　订货合同初稿明细表

配件编号	配件名称	车型/发动机型号	参考订量	安全量	单价（元）	现存量	平均月销量
22401-40V05	火花塞	Y31/VG30（S）	340	345	126.00	5	45
92130-G5701	雪种杯	C22/Z20（S）	1	2	5 440.00	1	0.33
82342-G5103	窗扣	C22/Z20（S）	1	9	674.00	8	1.67

（2）向多家供货商发出询价单。根据订货合同初稿明细表，经订货部门主管审查并调整订货数量后，填写询价单，如表9-3所示。

表9-3　询价单

公司名称：__________　　编号：__________　　日期：__________
联系电话：__________　　总页数：__________

项目	数量	零件编号	零件名称	单价	金额

订货人：__________　　联系电话：__________　　FAX：__________

××××汽车服务有限公司

（3）确定最后正式订货单。根据各供货商反馈回来的报价单，调整订货数量后向其中一家发出正式订货单。

综上所述，库存配件补充订货程序包括：①每月由计算机根据配件实际库存量、销量和安全库存量等信息，计算并输出一份合同初稿明细表，再根据销售经验和市场情况做适当调整；②向邻近地区（如深圳、广州、香港等地）供货商发出询价单，一般先国内后国外；③根据各供货商反馈回来的报价单，再次调整订货数量，确认后发出正式订货单。

2. 即购即销（急需）配件订货程序

（1）填写缺件报购通知单或配件请购单。修理部门或客户所需配件如果库存缺货，由营业部开出缺件报购通知单（见表9-4）或配件请购单（见表9-5），交订货部门。

表 9－4　缺件报购通知单

单位：××××××			工卡	46911
车牌号	A·A4768	车型：RZH114	发动机型号	1Y

报购单号：981200534　　　　　　　　　　　　　　2005 年 7 月 21 日

配件名称	规格	配件编号	数量	备注
链条	双排	92600－G5700	1	公务车
凸轮齿轮	$z=36$	11828－V6501	1	公务车
曲轴齿轮	$z=18$	99810－14C26	1	公务车

表 9－5　配件请购单

××××汽车服务有限公司配件请购单

款接员		订件人			日期：2004－12－28	
工作卡号	4F056	底盘号码	VQ20			
车牌号码	B－F9945	车身编号	JNICAUA32110064484			
序号	零件编号	名称	数量	报价	期限	订件
1	BO552－5F700	左前门锁马达	1	750	2004 年 12 月 31 日	√
零部件签收		12 月 29 日 1 时 5 分	经办人		12 月 29 日 2 时 10 分	
备注			第一次到货签收		月　日　时　分	
			第二次到货签收		月　日　时　分	
			第三次到货签收		月　日　时　分	
			全部到货签收		月　日　时　分	

零部件经办人：________　修理工：________　报购员：________

（2）询价与报价。如果所在地区为深圳，订货部门可以先通过电话、电子邮件或传真与深圳市场联系，如果没有，再与邻近的广州市场联系，仍然没有的话，则与香港或国外有关公司联系，询问价格和供货时间。

（3）签订急需配件订购合同并收取订金。得到反馈信息后，应将价格和供货时间及时向客户通报，由客户确认价格和供货时间，并签订定购合同和缴纳订金后，才能正式下订单。

（4）跟踪并及时提货交货。订单发出后要注意跟踪询问，时刻掌握供货动态，货到后及时通知客户前来取货。

任务实施

1. 任务工单描述

某日，维修部门在对王先生的汽车进行修理时，发现需要更换的汽车左前门锁马达没货，无法完成修理，导致王先生当天无法提车。请根据你所学内容向王先生解释汽车配件订货程序，并向供货商发出汽车配件订单完成左前门锁马达的采购。

2. 任务实施记录表

详见附录 1“任务实施记录表”。

任务评价

（1）以学习小组为单位，将“任务实施记录表”上传至课程平台（或智慧课堂），各小组互评和教师点评。

（2）评价分值包含各小组对重要知识点的掌握程度（40%），任务完成及创新情况（40%），团队合作及职业素养（20%），详见附录 2“任务评价表”。

可扫描二维码查看在线测试和知识拓展的相关内容。

在线测试　　　知识拓展

任务2　汽车配件仓储管理

任务导读

汽车配件仓储管理是汽车配件管理的重要组成部分。一般而言，汽车配件仓储管理包括配件入库、配件保管和保养、配件出库、配件盘点以及配件仓库安全管理等内容。

本任务通过案例、情境和任务工单等形式，详细描述了汽车配件仓储管理各个环节的业务流程和管理方法，帮助大家熟悉汽车配件仓储管理。

任务目标

学习目标	能力目标	素质目标
1. 掌握汽车配件仓储管理的含义和任务； 2. 了解汽车配件仓库管理的业务流程； 3. 掌握仓库配件盘点的方法	1. 能够完成汽车配件的入库、出库等业务流程； 2. 能够对汽车配件进行盘点，以及处理盘点结果	1. 培养严谨意识、责任意识； 2. 培养安全意识、环保意识

情境导入

某日，4S店在给客户维修车辆时发现需要更换空调滤芯。维修技师去仓库领取配件时，仓库管理员李某从配件管理系统中看到有一个配件在仓库中，但是找了大半天也没有找到。因为维修等待时间太长，客户一直抱怨，4S店经理不得不临时从其他店调拨了一个配件进行更换。为什么配件管理系统中显示的配件情况与实际不一致呢？如果你是配件仓储管理的负责人，该怎样杜绝这种情况发生呢？

相关知识

一、汽车配件仓储管理概述

（一）汽车配件仓储管理的含义

仓储管理指的是对仓储货物的收发、结存等活动的有效控制，其目的是保证企业仓储货物的完好无损，确保生产经营活动的正常进行，并在此基础上对各类货物的活动状况进行分类记录，以明确的图表方式表明仓储货物在数量、品质方面的状况以及目前所在的地理位置、部门、订单归属和仓储分散程度等情况。

汽车配件销售企业的仓储管理，就是以汽车配件的入库、保管、保养和出库为中心而开展的一系列活动。具体包括汽车配件的入库验收、保管、维护、发货、账册、单据与统计管理等工作。另外，科学管理要渗透到仓储管理的各个方面，要以最少的劳动力、最快的速度、最省的费用取得最佳的经济效益，以达到保质、保量、安全、低耗地完成仓储管理的各项工作和任务的目的。

（二）汽车配件仓储管理的作用

汽车配件仓储管理是保持汽车配件使用价值的重要手段，汽车配件经营企业的仓库是服务于用户、为本企业创造经济效益的物资基地。仓储管理得好坏，是汽车配件能否保持使用价值的关键之一。如果严格地按照规定加强对配件的科学管理，就能保持其原有的使用价值；否则，可能造成配件的锈蚀、霉变或残损，使其部分甚至全部失去使用价值。所以，加强仓库的科学管理，提高保管质量，是保持所储存的汽车配件价值的重要手段。

（三）汽车配件仓储管理的任务

汽车配件仓储管理的基本任务，就是做好汽车配件的进库、保管和出库，在具体工作中要做到保质、保量、及时、低耗、安全地完成仓库工作的各项任务，并节省材料费用。

1. 保质

保质就是要保持库存配件原有的使用价值，为此必须加强仓库的科学管理。在配件入库和出库的过程中，要严格把关，凡有质量问题或包装不合规定的，一律不准入库和出库；对库存配件，要进行定期检查和抽查，凡是需要进行保养的配件，一定要及时进行保养，以保证库存配件的质量随时处于良好状态。

2. 保量

保量指仓库保管按照科学的储存原则，实现最大的库存量。在汽车配件保管过程中，变动因素较多，比如配件的型号、规格、品种繁多，批次不同，数量不一，长短不齐，包装有好有坏，进出频繁且不均衡，性能不同的配件的保管要求不一致等。要按不同的方法分类存放，既要保证配件方便进出库，又要保证仓库的储量，这就要求仓库管理员进行科学合理的规划，充分利用有限的空间，提高仓库容量的利用率。

同时，要加强对配件的动态管理，配件在入库和出库过程中，要严格执行交接点验制度，不但要保证其质量好，而且要保证其数量准确无误。对库存配件一定要坚持“有动必对，日清月结”的原则，定期盘存，认真查实，随时做到库存配件账、卡、物三相符。

3. 及时

在保证工作质量的前提下，汽车配件在入库和出库的各个环节中都要体现一个“快”字。入库验收过程中，要加快接货、验收、入库的速度；保管过程中，要安排好便于配件进出库的场地和空间，规划好货位和垛型，为快进快出提供便利条件；出库过程中，组织足够的备货力量，安排好转运装卸设备，为出库创造有利条件。对一切烦琐的、可要可不要的手续要尽量简化，要千方百计压缩配件和单据在库的停留时间，加快资金周转，提高经济效益。

4. 低耗

低耗指配件在保管期间的损耗降到最低限度。配件在入库前，由于制造或运输、中转单位的原因，可能会发生损耗或短缺，所以应严格进行入库验收把关，剔除残次品，发现数量短缺，并做好验收记录，明确损耗或短缺责任，为降低保管期间的配件损耗或短缺创造条件。配件入库后，要采取有效措施，如装卸搬运作业时，要防止野蛮装卸，爱护包装，包装损坏了要尽量维修或者更换；正确堆码苫垫，合理选择垛型及堆码高度，防止压力不均倒垛或挤（压）坏产品及包装。对上架产品，要正确选择货架及货位。散失产品能回收尽量回收，以减小损失，千方百计降低库存损耗。同时，要制定各种产品保管损耗定额，限制超定额损耗，把保管期间的损耗降到最低限度。

5. 安全

安全指做好防火、防盗、防霉变残损、防工伤事故、防自然灾害等工作，确保配件、设备和人身安全。

6. 节省材料

节省材料指节省配件的进库费、保管费、出库费等成本。为达到这些目的，必须加强仓库的科学管理，挖掘现有仓库和设备的潜力，提高劳动生产率，把仓库的一切费用成本降到最低水平。

二、汽车配件入库管理

汽车配件入库管理主要指汽车配件的入库验收，它是配件入库保管的准备阶段和物资存储活动的开始阶段，也是仓库业务管理的重要阶段。配件一经验收入库，就划清了入库和未入库之间的责任界限。入库的配件情况比较复杂，有的在出厂之前就不合格，如包装含量不准确、包装本身不符合保管和运输的要求；有的在出厂时虽然是合格的，但是经过几次装卸、搬运和运输，包装损坏、数量短缺、质量受损，已经失去了部分使用价值，有的甚至完全失去使用价值。这些问题都要在入库之前弄清楚，划清责任界限。入库主要包括接运、验收和办理入库手续三个程序。

（一）接运

接运是配件仓库收到到货通知，从承运部门或供货地点提取配件的工作。配件接运与配件验收入库紧密衔接，是仓库业务工作的首要环节。接运工作粗心大意，会将配件在产地或运输途中发生的损坏、差错带入仓库，增加验收、保管的困难，甚至造成一系列问题，使到货配件不能及时投入运营，影响配件的供应。因此，在接运时，要对照货物清单认真检查，做到交接手续清楚、证件资料齐全，避免将已存在问题的配件带入仓库。

配件接运根据到货地点的不同分为几种方式，常见的有专线接运、供货单位提货和车站、码头提货等。

1. 专线接运

专线接运是指在建有铁路专用线的仓库内，当整车的货物到达时，在专用线上进行卸车。专用线内应有足够的装卸车能力，设有专人值班，做到随到随卸，随到随装。专用线货位要专用化，不得随意变更和挪用。

车站按照企业用车要求分配状态完好的货车。车站在送车前，按协议规定时间，向专用线发出预/确报。内容包括空重车数、车种、货物品名、收货人、去向、编组顺序、送车时间。专用线接到预报后，应立即确定装卸车地点，并做好接车准备。专用线运输员接到确报后，应及时打开门栏，提前到线路旁准备接车。货车送进后向调车人员指定停车位置，调车人员按指定股道、货位停车。

货车送到后，企业应对货车上部设备进行检查。检查门、窗、底板、端侧板是否完好，门鼻、门搭扣是否齐全，车内是否干净，有无异味及回送洗刷、消毒标志等，确定是否适合所装货物；如不适用，应采取改善措施，必要时可向车站提出调换。

卸车前应进行仔细检查，通过检查可以防止误卸和划清配件运输事故的责任。卸车后应检查车内是否卸净，然后关好车门、车窗，通知车主取车。做好卸车记录，连同有关证件和资料尽快交由保管人员办理内部交接手续。

卸车后，企业负责将车辆清扫干净。需要洗刷、消毒、除污的，应按规定及时处理。关好车门、窗、盖、阀，拆除车辆上的支柱、挡板、三角木、铁线等，恢复车辆原来状态。检查货物堆码状态及与线路的安全距离；卸下的篷布应检查是否完整良好，需要晾晒的要晾晒，并按规定将铁路货车篷布送回车站指定地点。企业运输员要正确填写卸车登记簿，通知车站卸车完成的时间。

2. 供货单位提货

当仓库与供货单位在同一地点时采用自提方式进货，订货合同规定自提的配件，应由仓库自备运输工具直接到供货单位提取。自提时付款手续一般与提货手续同时办理，所以应严格检查外观质量，点清数量。若情况允许，保管员最好随同前往，以便提货与入库验收同步进行。

3. 车站、码头提货

车站、码头是配件仓库提货的主要地点。仓库接到车站、码头的到货通知后，仓库提货人应了解所到配件的件数、质量和特点，并做好运输装卸器具和人力的准备。到库后一般卸在库房装卸平台上，以便就近入库，或者直接入库卸货。

提货时，应认真核对配件运号、名称、收货单位和件数是否与运单相符，仔细检查包装等外观质量，如发现包装破损、少件、受潮、油污、锈蚀、损坏等情况，应同承运部门一起查清，并开具文字记录，以便将货提回。

货到库后，运输人员应及时将运单连同提回的配件向保管员点交清楚，然后由保管员在仓库到货登记簿上签字，表示已负责任。

（二）验收

1. 入库验收的依据

（1）根据入库凭证（含产品入库单、收料单、调拨单、退货通知单）规定的型号、品名、规格、产地、数量等各项内容进行验收。

（2）参照技术检验开箱的比例，结合实际情况，确定开箱验收的数量。

（3）根据国家对产品质量要求的标准进行验收。

2. 入库验收的要求

（1）及时。验收要及时，以便尽快建卡、立账、销售，这样就可以减少配件在库停留时间，缩短流转周期，加快资金周转，提高企业经济效益。

（2）准确。配件入库应根据入库单所列内容与实物逐项核对，对配件外观和包装认真检查，以保证入库配件数量准确，防止以少报多或张冠李戴的配件混进仓库。如发现有霉变、腐败、渗漏、虫蛀、鼠咬、变色、沾污和包装潮湿等异状的汽车配件，要查清原因，做好记录，及时处理，以免损失扩大；要严格实行一货一单制，按单收货，单货同行，防止无单进仓。

（三）办理入库手续

数量验收是整个入库验收工作中的重要组成部分，是搞好保管工作的前提。库存配件的数量是否准确，在一定程度上是与入库验收的准确程度分不开的。配件在流转的各个环节都存在质量验收问题。入库的质量验收，就是保管员利用自己掌握的技术和在实践中总结出来的经验，对入库配件的质量进行检查验收。

（1）点收大件。仓库保管员接到进货员、技术检验人员或工厂送货人员送来的配件后，根据入库单所列的收货单位、品名、规格、型号、等级、产地、单价、数量等，逐项进行认真查对、验收，并根据入库配件的数量、性能、特点、形状、体积，安排适当货位，确定堆码方式。在验收大件时，发现少件或者多出件，应及时与有关负责部门和人员联系，在得到他们同意后，方可按实收数签收入库。

（2）核对包装。在点清大件的基础上，将包装物上的商品标志与入库单进行核对。只有在实物、标志与入库凭证相符时，方能入库。同时，对包装物是否合乎保管、运输的要求进行检查验收，通过核对检查，如果发现票物不符或包装破损、异状，应将其单独存放，并协助有关人员查明情况，妥善处理。

（3）开箱点验。出厂原包装的产品，一般开箱点验的数量为5%～10%。如果发现包装含量不符或外观质量有明显问题，可以不受上述比例的限制，适当提高开箱检验的比例，直至全部开箱。新产品入库亦不受比例限制。对数量不多而且价值很高的汽车配件、非生产厂原包装的或拼箱的汽车配件、国外进口汽车配件、包装损坏或异状的汽车配件等，必须全部开箱点验，并按入库单所列内容进行核对验收，同时要查验合格证。经全部查验无误后，才能入库。

（4）过磅称重。凡是需要称重的物资，一律过磅称重，并要记好质量，以便计算、核对。

（5）登记入账。仓库对不同品种、规格及级别的物资都必须建立收、发、存明细账，它是及时、准确地反映物资储存动态的基础资料。这种明细账本一般称为进销存明细本，就是仓库保管账，是企业仓库管理人员登记并保管的，相当于库存流水账，据此核查企业实际库存数量，要与实际库存及企业的库存商品明细账本相符。要求每一种配件登记一张，仓库保管账可不用反映商品金额，故可以使用数量式账页。

（6）设立标签。汽车配件物料卡是一种活动的实物标签，反映库存配件的名称、规格、型号、级别、储备定额和实存数量，一般直接挂在货位上。

（7）建立档案。每一年的技术资料及出入库有关资料都应存放档案，以便查阅和积累配件保管经验。此档案保存可以使用账单，也可以使用计算机软件系统。建立档案时应一物一档，统一编号，以便日后查找。

三、汽车配件仓库管理

（一）汽车配件条理化管理

库房对汽车配件进行科学合理的管理和存放的最重要的方法就是对汽车配件实行分区分类和定位存放。

1. 分区分类

1）分区分类的方法

（1）按品种系列分类（见图9-8）。所有汽车配件，不分车型，一律按部、系、品种顺序，分系列集中存放。例如，储存发动机配件的库叫作发动机区；储存通用工具和通用电器的库叫作通用电器区。凡是品名相同的配件，不管是什么车型，都放在一个区内。这种管理方式的优点是仓容利用率高，而且比较美观，便于根据仓库的结构适当安排储存品种。缺点是客户提货不太方便，特别是零星用户提少量货，也要跑几个库；再就是保管员在收发货时，容易发生差错。

图9-8 按品种系列分类

（2）按车型系列分区（见图9-9）。按所属的不同车型分区存放配件，例如长城系列车型的配件，分别设精灵汽车配件区、炫丽汽车配件区、嘉誉汽车配件区、哈佛汽车配件区等。这样存放，客户提货比较方便，又可以减少保管员收发货的差错。缺点是仓容利用率较低，对保管员的业务技术水平要求较高。

图9-9 按车型系列分区

（3）按经营单位分区。在一个库区内同时储存属于两个以上经营单位的配件时，也可以按经营单位设专库储存。

以上几种配件分区分类的管理办法，采取哪一种办法为好，要视各个单位保管员的专业知识水平、仓库设备、库存配件流量等具体情况而定。但是，不管选择哪一种管理办法，仓库储存的物资和保管员的配备一经确定，就要相对稳定，不宜随意变更，以便仓库根据储存物资的性能、特点配备必要的专用设备（含专用货架、格架、开箱工具、吊装设备等），适应仓库生产作业的需要。

不论是按部、系、品种系列，车型系列，还是按单位设专库储存，都要建卡和立账，与存货单位的分类立账结合起来，这样便于工作联系和清仓盘存，也有利于提高工作效率。而且在建卡立账时，要和业务部门的商品账相结合，实行对口管理，以便核对、盘存和相互间沟通。

分库储存中，凡是大件重件（含驾驶室、车身、发动机、前后桥、大梁等）都要统一集中储存，以便充分发挥仓库各种专用设备特别是机械吊装设备的作用。

2）分区分类的注意事项

（1）按汽车配件类型存放，把相似的零件排放在一起。

（2）凡一个单位经营的汽车配件，只要性质相近或有消费连带关系的，要尽量安排在一起存储。

（3）互有影响、不宜混存的汽车配件，一定要隔离存放。

（4）按作业安全、方便分区分类。如出入库频繁的汽车配件，要放在靠近库门处；粗、重、长、大的汽车配件，不宜放在库房深处；易碎汽车配件避免与笨重汽车配件存放在一起，以免在搬运时损坏易碎汽车配件。

（5）消防灭火方法不同的汽车配件不得放在一起存储。

2. 货物编号

1）货位编号的方法

（1）整个仓库的编号。整个仓库的编号，根据仓库建筑、结构和布局，按库房、货棚、货场分别顺序编号。在数码后面分别加“库”“棚”“场”字样。

货场编号可以按进入仓库前进的方向，左单右双的顺序排列，或按进入仓库正门前进的方向，按货场的远近，自左向右的顺序排列，或按东西南北等方向编为东货场、西货场、南货场、北货场，或按储存汽车配件类别编为东风牌汽车配件库、大众牌汽车配件库等。

库房（货棚）编号可按进入仓库正门方向自左至右顺序编号，如1号库房、2号库房、3号库房，或按储存汽车配件类别编为发动机库、通用库等。

（2）库、棚、场内的货位编号。库房内的货位编号可根据库房面积大小、储存汽车配件的数量和种类，划分为若干货位。一般以中心走道为轴线，将货垛按左单右双或自左而右顺序排列编上号码，用油漆把货位号写在水泥地面、柱子上，或房梁、天花板上等。

货场的货位编号有两种方法：一种是按照货位的排列编成排号，再在排内顺序编货位号，如323场货位，即3号货场第2排第3货位；另一种是不编排号，只编每一货场的货位号，如34场货位，即3号货场第4货位。编号标志一般利用水泥块或石块制作，标号后斜埋在相应的地点，以便对号进出货。

（3）货架编号。货架编号的方法很多，常见的有以下两种。

与货位大小相等的2层或3层货架，即用砖木或钢材制作的货架，堆放整件的汽车配件用。这种货架的编号，一般从属于段位编号，只要在段位号末加注“上”“中”“下”字样即可。如5号库6货位2段中层货架，可写为5－6－2中。

在配件仓库里，由于汽车配件零散，很多汽车配件需要分类放在货架的格眼里，以便发货。一个仓库有许多货架，为了管理方便，必须按业务需要进行货架编号，其形式多种多样。一般以排为单位进行编号，如库房内，有16排4层货架，每排有16个格眼，编号时可按1排1～16号、2排1～16号，依此类推，逐排逐号按顺序编列号码，以便存取。如5号仓库第9排货架第4号格眼可以写成5（4/9），以示与货位标号的区别。

2）货位编号的使用

货位编号是汽车配件的在库“住址”，标志必须明显、清楚。保管员、记账员必须使用仓库统编的货位号，对号收发货。仓库货位号的书写方法，在一个仓库内必须一致。如把各个号码用短线连接起来就组成一个货位编号，写成5－1－3，即5号库房1货位3段。

汽车配件入库时，保管员根据汽车配件堆码位置，把货位号注明在入库凭证上，以便在记账时附注货位号；汽车配件出库时，要把货位号注明在出库凭证上，以便按号找货。

在库汽车配件由于整理货垛变动了存放位置，保管员应立即填制内部汽车配件变架通知单，将汽车配件变架后所在的位置通知记账房一同变更，以防发生差错。

3）用条形码管理汽车配件

要维持一个仓库的正常功能，就要处理物料入库、出库、统计、盘点、收集订单、交货、验货、填写发货单、签发收据等事宜。这些工作反复涉及库存货物、进货货物的品名、规格型号、产地、单价、批发价等参数。如果货物上都标注上条形码标签，则可避免仓库管理人员反复抄写上述项目。进货、发货时，工作人员只需利用便携式条形码阅读器读入货物包装上的条形码信息，然后通过条形码命令数据卡输入相应数值和进货或发货命令，计算机就可打印出相应单据。通过与主计算机联系，主计算机即可自动结算货款、自动盘货。

（1）条形码结构。条形代码由黑色条幅和白色条幅根据特定的规则组成，如图9－10所示。黑白条幅排列方法不同构成不同的图案，从而代表不同的字母、数字和其他人们熟悉的各种符号。一个完整的条形码信息由多个条形代码组成。

图9－10 条形码结构

整条信息中的黑白条幅交替整齐地排列成栅栏状，人的眼睛不易区别其中单一字符的条形代码，因此要利用电子技术来识别。

（2）条形码信息阅读。在仓库汽车配件条形码管理中，一般采用便携式条形码阅读器阅读汽车配件条形码信息。便携式条形码阅读器一般配接光笔式或轻便的枪形条形码扫描器。便携式条形码阅读器本身就是一台专用计算机。这种阅读器本身具有对条形码扫描信号的译解能力，条形码内容译解后，可直接存入机器内存或机内磁带存储器的磁带中。阅读器本身具有与计算机主机通信的能力。通常，它本身带有显示屏、键盘、条形码识别结果声响指示及用户编程功能。使用时，这种阅读器可与计算机主机分别安装在两个地点，通过线路连成网络，也可脱机使用，利用电池供电，特别适用于流动性数据采集环境。收集到的数据可定时送到主机内存储。有些场合，标有条形码信息或代号的载体体积大、较笨重，不适合搬运到同一数据采集中心处理，这种情况下，使用便携式条形码阅读处理器十分方便。

（二）汽车配件安全合理堆垛

1. 堆垛的基本原则

仓库里的配件堆码必须贯彻“安全第一”的原则，在任何情况下，都要保证仓库、配件和人身的安全，还要做到文明生产，配件的陈列堆码一定要讲究美观整齐，具体要做到以下几点。

（1）分类存放。不同类别的物品分类存放，甚至需要分区分库存放；不同规格、不同批次的物品也要分位、分堆存放；残损物品要与原货分开；对于需要分拣的物品，在分拣之后，应分位存放，以免混串。此外，分类存放还包括不同流向物品、不同经营方式物品的分类分存。、

（2）选择适当的搬运活性。

（3）面向通道，不围不堵。

（4）商品堆码操作要求：牢固、合理、整齐、定量、节约。

1）货垛“五距”要求

安全“五距”：货垛的“五距”指的是垛距、墙距、柱距、顶距和灯距，如图 9－11 所示。库内货垛与内墙的距离不得小于0.3 m，货垛与柱子之间不得小于0.2 m，货垛相互之间一般为0.5 m，货架相互之间一般为0.7 m；库外存放时，货垛与外墙的距离不得小于0.5 m，这样既可以避免配件受潮，又可以减轻墙脚负荷，保证了库房建筑的安全。

图9－11　货垛“五距”

2）货垛设计

货垛的设计内容包括垛基、垛型、货垛参数、堆码方式、货垛苫盖、货垛加固等。

（1）垛基。将整垛货物的质量均匀地传递给地坪；保证良好的防潮和通风；保证垛基上存放的物品不发生变形。

（2）垛型。各种不同货垛的形状，有矩形、正方形、三角形、梯形等。

（3）货垛参数。货垛参数是指货垛的长、宽、高，即货垛的外形尺寸。

3）实行定额管理

对于库房的储存量指标应有明确规定，实行定额管理，质量不得超过设计标准的90%，以保证库房建筑安全达到设计标准，同时也要保证每立方米空间的存放，确保库存物资和人员的安全。

4）堆码美观整齐

堆垛要稳，不偏不斜，不歪不侧，货垛、货架排列有序，上下左右中摆放整齐，做到横看成行、竖看成线。有些零件，如车门、排气管等扁平或细长件宜竖直存放，平放会导致下面的零件损坏且浪费空间。包装上有产品标志的，堆码时标志应一律朝外，不得倒置。如发现包装破损，应及时调换。

5）质量小、体积较大的配件应单独存放

堆码时要注意两点：第一，要适当控制堆码高度；第二，不要以重压轻，以防倾倒。对易碎变形的配件，更不可重压，以保证其安全。

某些配件需露天存放时，也要保持美观整齐，并且要上盖下垫，顶不漏雨，下不浸水，四周要通风，排水要良好。

6）清理现场

每次发货后要及时清理现场，该拼堆的拼堆，该上架的上架，最后清扫干净。这样一方面腾出了货位，以便再次进货，另一方面保持了仓库的整洁美观。

2. 堆垛的方法

（1）重叠法。按入库汽车配件批量，根据地坪负荷能力与可利用高度，确定堆高层数，摆定底层汽车配件的件数，然后逐层重叠加高。上一层汽车配件直接置于下一层汽车配件之上并对齐，如图 9－12 所示。硬质整齐的汽车配件包装、长方形的包装和占用面积较大的钢板等采用此法，垛体整齐、稳固，操作比较容易。但不能堆太高，尤其是孤立货垛以单件为底，如直叠过高易倒。

（2）压缝法。针对长方形汽车配件包装的长度与宽度成一定比例的，如图 9－13 所示，汽车配件每层压缝堆码，即上一层汽车配件跨压下一层两件以上的汽车配件，下纵上横或上纵下横，货垛四边对齐逐层堆高。用此法每层汽车配件互相压缝，堆身稳固，整齐美观，又可按小组出货，操作方便，易于腾出整块可用空仓。每层和每小组等量，便于层批标量，易于核点数量。

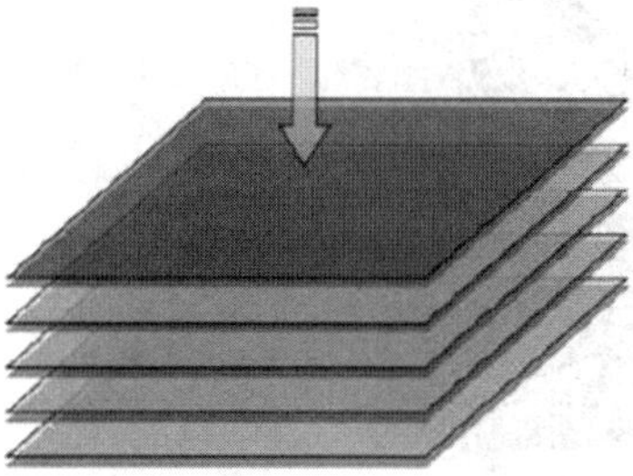

图9－12　重叠法堆码

图9－13　压缝法堆码

（3）牵制法。汽车配件包装不够平整，高低不一，堆码不整齐，如图9－14所示，可在上下层汽车配件间加垫，并加放木板条，使层层持平有牵引，防止倒垛。此法可与重叠法、压缝法配合使用。

（4）通风法。为便于汽车配件通风散潮，有的汽车配件件与件之间不能紧靠，要前后左右都留一点空隙，宜采用堆通风垛的方法。其堆码方法多种多样，常见的有“井”字形、“非”字形、“示”字形、旋涡形等。需要通风散热、散潮，必须防霉及怕霉的汽车配件，常用此法，如图9－15所示。

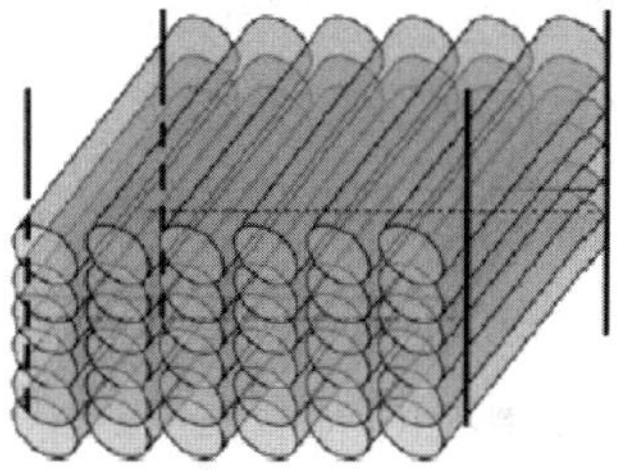

图9－14　牵制法堆码

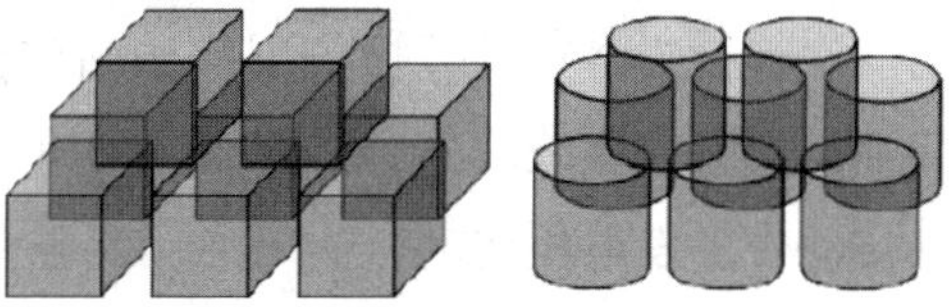

图9－15　通风法堆码

桶装、听装包装的汽车消耗液体，排列成前后两行，行与行、桶与桶之间都留空隙；堆高上层对下层可压缝，即上一件跨压在下两件“肩”部，以便检查有无渗漏。

（5）行列法。零散小批量汽车配件，不能混进堆垛，要按行排列，不同汽车配件背靠背成两行，前后都面对走道，形成行列式堆码，可以避免堆死垛（堆放垛中无通道，存取不便）。

（三）特殊汽车配件的分类存放

1. 玻璃制品配件存放

玻璃制品配件自重小，属轻泡物资，不能碰撞和重压，故应设立专用仓库储存，而且在堆垛时应十分注意配件的安全，如图 9－16 所示。

图 9－16　玻璃制品配件存放

2. 塑料油箱

为减小整车装备质量，越来越多的车型采用塑料油箱。塑料油箱在存放过程中有两个方面值得注意：一是塑料易变形，所以应将有塑料螺纹的安装孔（例如燃油浮子的安装孔）盖子盖上并拧好，防止长时间储存变形后盖子拧不上，或者拧上后密封不好而发生燃油泄漏事故；二是所有的孔都应盖上防尘盖以防灰尘杂质进入油箱。塑料油箱上没有放油螺塞，一旦带有灰尘杂质的油箱装上车，要想将杂质排出来，就只有将油箱拆下来才能清洗。

3. 不能沾油的汽车配件

1）橡胶制品配件

轮胎、水管接头、V 带等橡胶制品怕沾汽油、柴油、润滑脂，尤其怕沾汽油，若常与这些油类接触，橡胶配件容易膨胀，加速老化，很快损坏报废。

风扇传动带、发电机传动带沾上油，就会引起打滑，影响冷却和发电。

干式离合器的各个摩擦片应保持清洁干燥，因为沾上油就会打滑。同样，制动器的制动蹄片如沾上油，也会影响制动效果。

此外，对于橡胶制品，特别是火补胶，应在能保持环境温度不超过 25 ℃的专用仓库内储存，以防老化，保证安全。

另外，为防止轮胎受压变形，也需要专门的货架保管，这种货架有固定的，也有可以拆装的。

2）其他不能沾油的配件

干式纸质空气滤清器滤芯不能沾油，否则灰尘、砂土黏附在上面，会将滤芯糊住，这样会增大气缸进气阻力，使气缸充气不足，影响发动机功率的发挥。

发电机、启动机的炭刷和转子沾上润滑脂、机油，会造成电路断路，使工作不正常，甚至导致汽车不能启动。

散热器沾上机油、润滑脂后，尘砂黏附其上，不易脱落，会影响散热效果。

4. 减振器

减振器在车上承受垂直载荷。长时间水平旋转会使减振器失效，因此存放减震器时要将其竖直放置。水平放置的减振器在装上汽车之前，要在垂直方向上进行几次手动抽吸。

5. 爆震传感器

爆震传感器受到重击或从高处跌落会损坏。为防止取放配件时失手跌落而损坏，爆震传感器不应放在货架或货柜的上层，而应放在底层，且应分格存放，每格一个，下面还要铺上海绵等软物。

6. 预防霉变的配件

对于软木纸、毛毡制油封及丝绒或呢制门窗嵌条一类储存期超过半年的配件，除应保持储场地干燥外，在毛毡油封或呢槽包装箱内应放置樟脑丸，以防止霉变及虫蛀。

7. 蓄电池的储存

对于蓄电池的储存，应防止重叠过多和碰撞，防止电极及盖因重压而受损，而且应注意加注电液的密封，防止潮湿空气进入。至于极板的储存，则应保持仓间干燥，储存期一般规定为 6 个月，必须严格控制。

（四）汽车配件的养护

在长期储存中，由于温度、湿度以及污染气体的作用，超期储备，包装、储存及保管不善等因素，汽车配件会发生锈蚀、霉变、变形、破损等，因此必须对储存保管的配件进行定期检查，及时发现问题，及时采取相应的保养措施，以挽回损失。如果有些配件发生了质的变化（如锈死或变形），无法补救的，就只有作报废处理。

1. 创造良好的储存条件

汽车配件品种繁多，使用的材料和制造方法各异，有的怕潮，有的怕热，有的怕阳光照射，有的怕压等，在储存中受自然因素的影响会发生变化，因此需要采取防尘、防潮、防高温、防照射等措施，为配件的存放创造适宜的条件，以免影响这些配件的质量。

1）安排适当的库房和货位

各种配件的性能不同，对储存保管的要求也不一样。因此，在安排库房和配件进库后具体货位时，应根据不同类型、不同性质的配件对储存条件的要求，分别为其安排适当的库房和货位。

绝大部分的汽车配件都是金属制品，对于忌湿的金属配件，一般应在底部加垫，并且集中放在通风、向阳的位置以防锈蚀。对于忌高温的配件，应该放在无阳光照射的位置。对于防尘、防潮、防高温要求高的配件，应设专柜储存、专人保管。对于高档的或已开箱的配件，像收发机、仪器仪表、轴承等，在条件具备的情况下，可设密封室或专用储存柜储存。

2）加强库内温湿度控制

为了加强仓库内温度及湿度的控制，可采取自然通风、机械通风或使用干燥剂等措施。具体来说，就是根据不同季节、不同的自然条件，采取必要的通风、除湿、降温措施。当库区湿度大于库外湿度时，可将门窗适当打开。当库区湿度降到与库外湿度基本平衡时，就将门窗关闭。库外湿度大于库内湿度时，窗户不要打开。收货、发货必须开门时，在作业完毕后一定要及时关门。有条件的仓库，除了自然通风，还可以采取机械通风办法，在库房的上部装置排风扇，下部装置送风扇，这样可以加速库内空气流通，起降温、除湿作用。

除此之外，为减少库内空气湿度，可以在库内放置一定数量的干燥剂，有利于吸收空气中的水汽。干燥剂一般有生石灰、氯化钙、氯化锂，一般汽车配件采用氯化钙为宜。在使用干燥剂吸湿时，只有关闭门窗和通风孔洞，才能保证吸湿效果。

2. 汽车配件的维护

汽车配件绝大多数系金属制品，大量的储存质量问题表现为生锈和磕碰伤，少数表现为破损；橡胶制品则表现为老化和变形（失圆、翘曲）；铸件和玻璃制品表现为破损；毡尼制品表现为发霉、虫蛀；电气配件表现为技术性能失准或失效等。其维护方法如下。

1）生锈和磕碰伤的维护

大量的事例见于各种连接销和齿轮及轴类配件，如活塞销、转向节主销、气门、气门挺杆、推杆、摇臂轴、曲轴、凸轮轴等。这些配件都有经过精加工的磨光配合工作面，如发生生锈、磕碰伤，轻微的可以采用机械抛光或用“00”号砂纸轻轻打磨的方法予以去除，然后重新涂油防护。对于情况严重而影响使用质量的，若有加大尺寸余量的，可磨小一级予以修正；若已经是标准尺寸或最小维修尺寸，则只能报废。有的则需要进行修复并降价处理，例如曲轴和其他一般轴类可喷焊或镀铬后再磨光。但在加工成本过高、货源又较充沛的情况下，这类配件不受用户欢迎，往往只得报废。又如变速齿轮及具有花键的轴，如啮合工作面锈蚀严重，虽经除锈，仍容易造成应力集中，在一定程度上削弱其使用质量和寿命，故生锈轻者可降价销售，重者则报废，具体处理视锈蚀程度及需求情况而定。

2）配件铸锻毛坯的清洁与维护

配件的铸锻毛坯面往往由于清砂或清洗不净，残留氧化皮或热处理残渣，虽然经过涂漆或蜡封，但在储存中仍旧极易生锈而且发展得更为严重（大块剥蚀）。这种情况下，必须将配件的铸锻毛坯面彻底加以清除和清洗，然后重新涂漆或蜡封，且需视其外观质量及影响使用质量的程度，按质论价。

3）电器与仪表配件的维护

电器与仪表配件往往由于振动、受潮而使绝缘介质介电强度遭到破坏，出现触点氧化、气隙变动、接触电阻增大等故障，致使工作性能失控或失准，此时必须将其烘干、擦洗（接触件）调整并进行重新校验，以恢复其工作性能。某些电器、仪表的锌合金构件，往往因氧化变质而造成早期损坏，必须进行修理、校准，严重时只得报废。

4）蓄电池和蓄电池阴阳极板的维护

蓄电池和蓄电池阴阳极板往往由于包装不善或未注意防潮，短期内便造成极板的氧化发黄，较长一段时间后则会造成极板的硫酸铅化，使其电化学性能明显下降，甚至无法挽回，故在储存中必须注意防护。

5）铸铁或球铁配件的维护

由铸铁或球铁制成的配件，如制动毂、缸体、缸盖、气缸套筒、启动机、发电机端盖等，易在搬运中发生磕碰而造成破裂或缺损，一旦损坏，除端盖可以更换外，其他则无法修复，只能报废。在储存中应注意防护，防止磕碰。

6）玻璃制品、橡胶配件及石棉制品的维护

玻璃制品的破损，橡胶配件的老化，石棉制品的损伤裂缺，都无法进行修补，在储存中应注意防护。

3. 汽车配件的防锈

1）汽车配件的防锈工艺类型

汽车配件中金属制品所占比例较大，而不同金属配件的材料（分黑色金属和有色金属）、体形结构、单件质量、制造精度、工作性能等又有很大的差异，故必须根据不同配件的具体情况选择不同的防锈材料和工艺，其防锈工艺大致可以分为以下几种。

（1）涂防锈油。应用这种防锈方式的为制造精度和工作质量要求较高、结构复杂或工件表面粗糙度（R_a）要求在 1.6 μm 以下，并要求易于清洗的配件，如气缸盖、气缸体、气缸套、连杆、活塞、活塞销、十字节、转向主销等。

（2）涂防锈脂。应用这种防锈方式的为结构虽较单一，但体形较大或较重的配件，如曲轴、凸轮轴、变速齿轮及轴、传动或变速连接凸缘叉、轴头等。

（3）可剥性塑料胶囊。应用这种防锈方式的为精密配件，如喷油泵柱塞副和喷油嘴等。

（4）涂漆或喷漆。应用这种防锈方式的为要求外观光洁的配件，如灯具、机油滤清器及空气滤清器、钢板弹簧、减振器等。

（5）镀锌、镀锡及阳极氧化。应用这种防锈方式的为电器零件、水泵轴、轮胎螺钉等。

2）金属配件的防锈油脂

金属配件的防锈油脂是以矿物油等为基材，加入防锈剂及辅助添加剂配制成的具有一定防锈效果的油脂状防锈材料。由于涂刷、清洗都较方便，价格低廉，来源比较充足，在配件生产工序及储存中大量被采用。根据配件的不同特性和储存要求，需采用不同类型的防锈油脂。

4. 汽车配件的清洗

1）汽车配件的清洗方法

（1）金属零件。金属零件的清洗方法包括冷洗法和热洗法，冷洗法是将零件放入盛有煤油或汽油的盆里清洗干净并吹干；热洗法是将苛性钠（即氢氧化钠）溶液加热至70～90 ℃后，将零件放入煮10～15 min，取出后用清水冲净并吹干。铝合金零件不能用苛性钠溶液清洗，应选用碳酸钠溶液。

（2）非金属零件。橡胶零件应用酒精或制动液清洗，皮质零件（如油封的皮圈）用干布擦拭。

（3）电器零件。电器零件只能用汽油擦拭，不能用煤油、柴油或金属清洗剂清洗。

2）常用清洗液

产品表面的污物分水溶性和非水溶性两类。前者包括冷却液、手汗、酸碱盐等；后者包括切削油、研磨膏、油脂等。水溶性污物可用碱性溶液清洗，非水溶性污物一般可用石油溶剂清洗。

四、汽车配件出库管理

对于配件的发放和出库，一定要做到迅速和准确，必须根据合法的出库凭证，贯彻合理的发放和出库的原则，防止长期积压、生锈；通过不同的出库核算方法对库存进行核算；出库凭证不全的不得出库，在出库后要做好配件出库的登记。

（一）出库程序与要求

1. 出库程序

（1）核对单据。业务部门开出的供应单据（包括供应发票，转仓单，商品更正通知单，补发、调换、退货通知单等）是仓库发货、换货的合法依据。保管员接到取货单或换货单后先核对单据内容、收款印戳，然后备货或换货。如发现问题，应及时与有关部门联系解决，在问题未弄清前，不能发货。

（2）备货。备货前应将供应单据与卡片、实物核对，核对无误，方可备货。

（3）复核、装箱。备货后一定要认真复核，复核无误后，用户自提的可以当面点交，属于外运的可以装箱发运。在复核中，要按照单据内容逐项核对，然后将单据的随货同行联和配件一起装箱。如果是拼箱发运，则应在单据的仓库联上注明，如果编有箱号，则应注明拼在几号箱内，以备查考。无论是整箱还是拼箱，都要在箱外写上运输标志，以防在运输途中发错到站。

（4）报运。配件经过复核、装箱、查号码后，要及时过磅称重，然后按照装箱单的内容逐项填写清楚，报送运输部门，向承运单位申请准运手续。

（5）点交和清理。运输部门凭装箱单到仓库提货时，保管员先审查单据内容、印章及经手人签字等，然后按单据内容如数点交。点交完毕后，随即清理现场，整理货位，腾出空位，以备再用。用户自提的一般不需备货，随到随发，按提货内容当面点交，并随时结清，做到卡物相符。

（6）单据建档。发货完毕后，应及时将提货单据（盖有提货印章的装箱单）归档，并按照其时间顺序分月装订，妥善保管，以备查考。

2. 出库要求

（1）凭单发货法。仓库保管员要凭业务部门的供应单据发货，但如果单据内容有误，填写不合规定，手续不完备，保管员可以拒绝发货。

（2）先进先出法。先进先出法指根据先购进的存货先发出的成本流转假设对存货的发出和结存进行计价的方法。先按存货的期初余额的单价计算发出的存货的成本，领发完毕后，再按第一批入库的存货的单价计算，依此从前向后类推，计算发出存货和结存货的成本。

例：假设库存为零，1 日购入 A 产品 100 个单价 2 元；3 日购入 A 产品 50 个单价 3 元；5 日销售发出 A 产品 50 个，发出单价为 2 元，成本为 100 元。

先进先出法假设先入库的材料先耗用，期末库存材料就是最近入库的材料，因此发出材料按先入库的材料的单位成本计算。

先进先出法是以先购入的存货先发出这样一种存货实物流转假设为前提，对发出存货进行计价的一种方法。先购入的存货成本在后购入的存货成本之前转出，据此确定发出存货和期末存货的成本。

（3）及时准确。一般大批量发货不超过 2 天。少量货物，随到随发。凡是注明发快件的，要在装箱单上注明“快件”字样。发出的配件车型、品种、规格、数量、产地、单价等，都要符合单据内容。因此，出库前的复核一定要细致，过磅称重也要准确，以免因超重发生事故。

（4）包装完好。配件从仓库到用户，中间要经过数次装卸、运输，因此一定要保证包装完好，避免在运输途中受损。

（二）仓库配件盘点

为了及时掌握库存配件的变化情况，避免配件的短缺丢失或过储积压，必须对配件进行定期或不定期的盘点。汽车配件的盘点是指仓库定期对库存汽车配件的数量进行核对，清点实存数，核对账目。盘查的内容主要是数量、质量、保质期等，并做好相应记录。盘点时不仅要清查库存账与实存数是否相符，有无溢缺或规格互串，还要查明在库汽车配件有无变质、失效、残损和销售停滞等情况。

通过盘点，彻底查清已有或隐蔽、潜在的库存数量差错，发现在库汽车配件的异状，及时抢救，减少和避免损失。

1. 盘点前提及要求

（1）盘点的目的是整理仓库货品、检查历史单据及库存错误、校准软件系统库存数量及财务记账。

（2）盘点的前提是得到公司总经理办公室通知，仓库要提前得到通知，相关各部门一并得到通知及确认。

（3）做好盘点计划并按计划进行，准备时间足够。

（4）要求准确、完整、高效；各步骤做好相应的记录，以便查询。

（5）周期控制在每季度一次。

（6）盘点范围以各个仓库为单位，对应软件系统的仓库名称，各仓库盘点顺序可以按需要调整。

（7）盘点方式可以是手工抄写也可以用盘点机扫描输入，如需使用，要提前准备好盘点机。

（8）各负责人要到位协助和监督，所有参与人要认真负责。

（9）确定好单据截止日期和盘点日期。

（10）提前把库存数量控制在适当范围内，清理仓库中的长期积压库存。

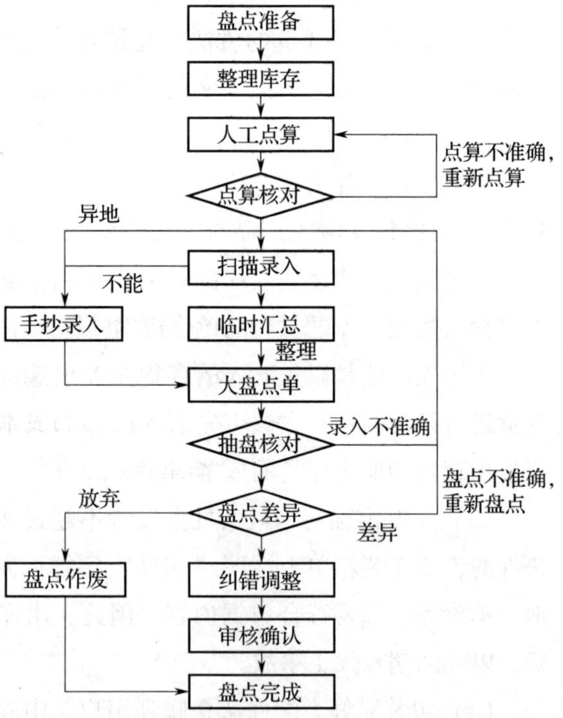

图 9－17 盘点流程

2. 盘点流程

如图 9－17 所示，盘点主要步骤为盘点准备、整理库存、人工点算、点算核对、扫描录入、大盘点单、盘点差异、盘点完成。

3. 盘点流程明细

1）盘点准备

（1）分析库存量，估算盘点时间。

（2）做好“盘点计划表”，明确时间和人员计划。

（3）完成相关收货和发货工作，把库存控制在适当的数量。

（4）完成货品出入库的单据确认，删除不相关单据，更新检查库存数量。

（5）相关负责人不能缺勤。

（6）软件环境（前后台数据同步，库存更新，开启数据库日志以备异常查找和处理），开启无线网络及准备盘点机。

2）整理库存

（1）按条码存放。

（2）货品全部箱内存放，各箱内数量尽量有规律或者为整数，避免点数错误。

（3）各款号堆放有序可循。

（4）货架堆放尽量均匀，避免太挤。

（5）货品堆放高度不超过4箱或者6盒，每箱或者盒内只放一层。

（6）无法整理或者待报废处理的货品另外堆放。

（7）不参与盘点的货品另外堆放。

3）人工点算

（1）进行点算工作时，按计划安排足够人员分组展开。

（2）预先对仓库进行分区，对货架进行编号，划分点算负责人。

（3）计数以单盒或者箱为单位，认真点算箱内数量，并仔细查看款号、颜色和条码。

（4）将点算的款号、颜色和数量写在箱面，要求书写工整清楚，无误解可能。

（5）点算过程不允许移动货品到别的箱和架，分离货品即分开点算。

（6）点算完成后本组的其他人员进行复盘，即对箱内货品再次点算。

（7）复盘人员对箱内货品重新点算并核对，发现错误及时纠正。

4）点算核对

（1）为检查点算的准确性，对点算结果进行抽检核对。

（2）核对工作由非仓库人员完成，要求态度认真仔细。

（3）核对工作要有记录，形成“点算核对表”。

（4）如果核对差异大于可接受范围，则要求整架重新点算或者点算不准确一组重新点算。

（5）核对的范围要求包括各组及仓库各架货品。

（6）所有核对结果满足要求后可以结束点算工作，所有人员不得再对仓库内货品进行操作。

5）扫描录入

（1）扫描录入是一种把点算结果直接录到软件系统中的盘点录入办法，对应系统中的“临时汇总单”。

（2）安排足够人员分组进行，参考点算过程要对仓库分区和对货架编号。

（3）每组两人或者三人配合进行，一人拿出箱内货品并报数，一人扫描及录入数量。

（4）扫描结果要与点算结果核对，如果不符合要检查纠正，不能扫描的条码盘点机支持手工录入，如果无法输入则另外存放等待。

（5）扫描过程要按照堆放的顺序依次进行，如果中途停下要做好标记，严格区分扫描和未扫描货品。扫描完成后的货品要封箱，整齐堆放。

（6）扫描最小以架为单位，每货架均有相应组负责，整架扫描完成后可以贴上扫描人名字。

（7）扫描是直接保存到“临时汇总单”的，因此要求每次开始时盘点新增汇总单（备注扫描人名字、日期、货架号），完成后（包括午休）保存汇总单，并且把汇总单单号、数量和扫描人记录到“盘点表记录”表中。

（8）扫描人员要认真负责，发现问题要及时提出。

6）大盘点单

（1）按“盘点表记录”表检查核对全部汇总单，并把全部汇总单导入一个合计汇总单内（一个汇总单可以对应一个箱号）。

（2）把手抄录入的汇总单也导入合计汇总单内，其他处理的款号、数量也加入合计汇总单内，核对各单数量及汇总数量，确保没有错误。

（3）随机抽取合计汇总单的部分明细，记录条码和数量，安排人员对这部分条码进行再次盘点检查，抽取的条码不少于 10 个，包含全部大分类，盘点数量不小于 1 000，形成“抽盘记录表”。

（4）核对盘点数量和抽盘结果，如果结果差异数不满足要求（无原因差异条码超过 1%，或者条码总数超过 10 个），则要求重新盘点录入。

（5）如果核对结果符合要求，则新建仓库整仓大盘点单（盘点日期修改为财务确定的日期，备注开单人名字、开单日期、盘点仓库和数量），把合计汇总单的全部明细导入大盘点单中保存。

7）盘点差异

（1）打开整仓大盘点单明细，选择菜单栏“单据打印”，打开“查询差异”可以查询本次盘点的盈亏明细。

(2) 仓库负责人要首先对盈亏进行审核，排序筛选盈亏明细，查看盈亏情况，分析盘点结果。

(3) 如果要查看盈亏明细的款号等其他信息，可以先把盈亏明细的条码和数量导入销售单中再导出销售单进行查看。

(4) 如果盘点差异很明显，则需要对差异进行分析和确认，对可能的原因进行排查，包括串款、串色、漏盘错盘、业务单据错误和汇总处理错误等。

(5) 差异数量超过千分之三的可以要求重盘，如果重新盘点两次以上或者超过计划时间仍达不到要求，则本次应该废弃。

(6) 对盘点差异分析检查中发现的问题要做好记录，如果盘点有效，则在整仓大盘点单做修改（最好是新增箱号的修改）。

(7) 无法分析和排查的差异需要附在盘点流程表上报财务和总经办查看并得到确认，盘点单不允许修改。

8) 盘点完成

(1) 由仓库负责人把盘点流程表完成，提交给财务，如果盘点失败，则需注明原因。

(2) 财务部负责盈亏的第二次审查，应当在收到流程表当天完成盘点单和差异的检查，并在一天内对盘点结果进行确认，如果确认盘点有效，则确认完成盘点单。

(3) 盘点单确认完成后系统会自动生成损益单，记录盈亏情况，完成流程表和盘点报告，提交总经理办公室审核。

(4) 总经理办公室确认盘点后发出完成通知到各部门，盘点流程结束，系统可以开启正常业务。

(5) 盘点过程中出现的事故及问题，涉及的奖惩由行政部后续完成。

4. 盘点结果的验收、总结及处理

对于盘点后出现的盈亏、损耗、规格串混、丢失等情况，应组织复查落实，分析产生的原因，及时处理。

1) 储耗

对易挥发、潮解、溶化、散失、风化等物资（例如油漆、涂料、天那水等），允许有一定的储耗。凡在储耗标准以内的，由保管员填报“合理储耗单”，经批准后，即可转财务部核销。

储耗的计算，一般一个季度进行一次。

有关储耗的计算公式如下：

合理储耗量 = 保管期平均库存量 × 合理储耗率（历年来平均实际储耗）

$$实际储耗量 = 账存数量 - 实存数量$$

$$储耗率 = \frac{保管期内实际储耗量}{保管期内平均库存量} \times 100\%$$

2）盈亏和调整

在盘点中发生盘盈或盘亏时，应反复落实，查明原因，明确责任。由仓管员填制“库存物资盘盈盘亏报告单”，经仓库负责人审签后，按规定报经上级审批。

3）报废和削价

由于保管不善，发生霉烂、变质、锈蚀等的，在收发、保管过程中已损坏并已失去部分或全部使用价值的，因技术淘汰需要报废的，经有关方面鉴定确认不能使用的配件，由仓管员填制“物资报废单”报经上级审批。由于上述原因需要削价处理者，经技术鉴定，由仓管员填制“物资削价报告单”，按规定报上级审批。

4）事故

被盗、火灾、水灾、地震及仓库有关人员失职引起的配件数量和质量受到的损失，应向有关部门报告。

在盘点过程中，还应清查有无本企业多余或暂时不需用的配件，以便及时调剂给其他需用单位。

五、汽车配件经济管理

ABC 分类法是在经济活动中应用的一种基本方法，是一种从错综复杂、名目繁多的事物中找主要矛盾，抓住重点，兼顾一般的管理方法。ABC 分析法又被称为重点管理法或分类管理法，广泛应用于商品的销售、采购、储备、库存控制等各个环节，目的在于提高资金利用率和经济效益。

（一）ABC 分类法

1. ABC 分类法的定义

ABC 分类法，全称应为 ABC 分类库存控制法，其基本原理是根据库存物资中存在着少数物资占用大部分资金，而大多数物资却占用很少资金，利用库存与资金占用之间的这种规律，对库存物资按其消耗数量、价值大小进行分类排队，将数量少、价值大的一类称为 A 类，将数量特大、价值小的一类称为 C 类，介于 A 与 C 类中间的为 B 类，然后分别采用不同的管理方法对其控制。

2. A、B、C 三类配件的控制方法

对 A 类物资，应将其列为物资管理的重点对象，实行定期订购的控制方式，对库

存盘点、来料期限、领料、发料等要严格要求。对 B 类物资，企业可根据自己物资管理的能力和水平，选择综合或连续、定期的控制方法。对 C 类物资，则将其定为物资管理的一般对象，采用比较粗放的管理方法即定量订购的控制方式，可以适当加大保险储备量。最后根据车型车系、环境地域以及季节因素合理地调控汽车配件 ABC 类库存所占百分比，以及细化设计每个配件安全库存的周期及库存量。

3. ABC 分类法的操作

汽车配件按品种规格及占用资金的大小进行排队，分为 A、B、C 三类。

A 类配件品种少，只占总品种的 20% 左右，但其占用资金大，占总资金的 70% 左右。

B 类配件品种比 A 类多，占总品种的 30% 左右，其占用资金也大，占总资金的 20% 左右。

C 类配件品种多，占总品种的 50% 左右，但其占用资金只占总资金的 10% 左右。

【案例 9－1】

某小型企业拥有 10 种库存品，各种库存品的年需求量、单价如表 9－6 所示。为了加强库存品的管理，企业计划采用 ABC 分类法。假如企业决定按 20% 的 A 类物品、30% 的 B 类物品、50% 的 C 类物品来建立 ABC 库存分析系统。问该企业应如何进行分类？

表 9－6　库存商品信息表

库存品名称	年需求量（kg）	单价（元）	金额（元）
a	9 000	8	72 000
b	95 000	8	760 000
c	4 000	4	16 000
d	50 000	4	200 000
e	1 000	10	10 000
f	125 000	5	625 000
g	20 000	5	100 000
h	20 000	8	160 000
i	5 000	5	25 000
j	2 500	7	17 500
合计			1 985 500

步骤 1：根据表 9－6 列出各种存货品的金额，并按大小排列，计算各种库存品的金额百分比和数量百分比，然后进行分类，如表 9－7 所示。

表9-7 ABC 分类表

库存品名称	金额（元）	累计金额（元）	累计百分比	类别
b	760 000	760 000	38. 2%	A
f	625 000	1 385 000	69. 7%	A
d	200 000	1 585 000	79. 8%	B
h	160 000	1 745 000	87. 9%	B
g	100 000	1 845 000	92. 9%	B
a	72 000	1 917 000	96. 5%	C
i	25 000	1 942 000	97. 8%	C
j	17 500	1 959 500	98. 7%	C
c	16 000	1 975 500	99. 5%	C
e	10 000	1 985 500	100%	C

步骤 2：根据 ABC 分类表，进一步编制 ABC 分析表，如表 9－8 所示。

表9-8 ABC 分析法

类别	品种数	该类库存品占全部库存品的百分比	每一类的金额（元）	该类库存品金额占全部库存品金额的百分比
A	2	20%	1 385 000	69. 7%
B	3	30%	460 000	23. 2%
C	5	50%	140 500	7. 1%
合计	10	100%	1 985 000	100%

ABC 分类法一般是以库存资金价值为基础进行分类的，所以不能反映库存品种、利润贡献、紧迫性等方面的程度和指标，而在某些情况下 C 类库存所造成的缺货也可能十分严重。对此管理者应在实际运用 ABC 分类法的过程中予以充分注意。一般可以在根据价值比例分类的基础上，根据缺货损失、采购的难易程度等因素加以调整。

（二）呆滞件控制与处理

一般在配件仓库运作一年以上且没有流动的配件称为呆滞件。呆滞件是每个配件仓库正常运作一年以上都会产生的，如何将呆滞件合理地控制在最小范围之内是每个配件工作人员应该探讨和努力的。通过以下做法对呆滞件进行控制，结合上季度或年度流量及流向（事故、索赔等）为每种配件设定相应的安全库存；对订单配件（非索赔类及安全库存类）建议服务经理适当收取定金；单一配件的增加、单一配件库存的增加、单一配件安全周期的增加需报备配件经理审批；事故车非常用件缺件备料，需由配件经理以报价单形式，通知车间主任或技术主管签名确认，并要求服务经理或服务顾问签名。

对于已经产生的呆滞件，可以采取以下办法来处理。

（1）在事故车报料时，尽可能添加进去。在普通小修时，亦可实时关注客户车辆。

（2）针对可以打包或促销的配件，予以打包或降价促销。对服务顾问给予相应的激励政策，加大对呆滞件的销售力度。

（3）与自己的供应商沟通，让他们帮助消化，或以货换货。

（4）与同品牌其他服务企业沟通，尽可能让自己的呆滞件库存信息共享。对有需要的其他服务站，给予成本价销售。

任务实施

1. 任务工单描述

海昌集团现有 24 种库存汽车配件，各配件编号及其资金占有额情况如表 9－9 所示，请你尝试用 ABC 分类法对其分类。

表 9－9　海昌集团库存汽车配件信息

配件编号	P1	P2	P3	P4	P5	P6	P7	P8	P9	P10	P11	P12
资金占有额（万元）	8.7	3.4	33.5	0.8	12.4	0.75	2.5	5.9	4.1	0.6	26.5	0.85
配件编号	P13	P14	P15	P16	P17	P18	P19	P20	P21	P22	P23	P24
资金占有额（万元）	8	35	3.5	0.22	15.1	6.8	2.3	13.2	15.5	14	19.5	9.6

2. 任务实施记录表

详见附录 1 “任务实施记录表”。

任务评价

1. 以学习小组为单位，将“任务实施记录表”上传至课程平台（或智慧课堂），各小组互评和教师点评。

2. 评价分值包含各小组对重要知识点的掌握程度（40%），任务完成及创新情况（40%），团队合作及职业素养（20%），详见教材附录 2 “任务评价表”。

可扫描二维码查看在线测试和知识拓展的相关内容。

在线测试　　知识拓展

任务3 汽车配件销售管理

任务导读

汽车配件的销售作为连接汽车配件生产厂家和消费者的桥梁，地位越来越重要，发挥的作用越来越大，特别是在售后市场。相关统计数据表明，汽车销售的利润占整个汽车行业利润的20%，汽车配件销售的利润占比为20%，另外60%的利润在售后服务中产生。因此，做好汽车配件的销售管理对于汽车服务企业来说至关重要。

本任务通过案例、情境和任务工单等形式，帮助大家熟悉汽车配件销售流程，掌握汽车配件销售基本技能。

任务目标

学习目标	能力目标	素质目标
1. 了解汽车配件销售特点、销售规律、销售价格等； 2. 熟悉汽车配件销售流程	1. 掌握汽车配件销售基本技能； 2. 具备销售人员基本素质	1. 培养灵活处理问题的能力及客户至上的服务意识； 2. 具有必备的职业礼仪素养

情境导入

月底召开总结表彰大会的时候，小王又是汽车配件的月度销售冠军。小李平时也非常努力去和客户沟通交流，却总是拿不到销售冠军，他决定去找小王请教学习。小王却拒绝了小李，表示这是商业秘密不能传授。小李心想这下完了，以后也不能获得月度销售冠军了。如果你是小李，该如何做好汽车配件的销售取得月度销售冠军呢？

相关知识

一、汽车配件销售特点

汽车配件销售与一般商品货物销售是有很大差别的，这些差别主要体现在以下几个方面。

（一）较强的专业技术性

现代汽车是多种高新技术的产物，具有复杂的机械、液压、电子控制技术，每一个零部件都具有严格的型号、规格、工况标准。要在不同型号汽车的成千上万个零件品种中为客户精确、快速地查找出所需的配件，就必须有高度专业化的人才，并有计算机管理系统作为保障。从业人员既要掌握商品营销知识，又要掌握各种汽车配件专业技术和知识，学会识别各种汽车配件的车型、规格、性能、用途以及配件质量。

（二）经营品种多样化

汽车在整个运行周期中，约有3 000种零部件存在损坏和更换的可能，所以经营某一个车型的零配件就要涉及许多品种、规格的配件。即使同一品种、规格的配件，由于国内有许多厂在生产，其质量、价格差别也很大，甚至存在假冒伪劣产品，因此要为用户推荐货真价实的配件，不是一件容易的事。

（三）较大的库存支撑

由于汽车配件经营品种繁多，以及汽车故障发生具有随机性，经营者要将大部分资金用于库存储备和商品在途资金储备。

（四）季节性

汽车配件销售跟汽车销售一样，也具有季节性。一年春夏秋冬四季变化这一自然规律，给汽车配件销售市场带来了不同季节的需求。

在春雨绵绵的季节里，为适应车辆在雨季行驶，需要各种车上的遮雨帆布、风窗玻璃、车窗升降器、电动刮水器、刮水臂及刮水片、挡泥板等。

炎热的夏季，因为气温高，发动机机件磨损大，所以火花塞、气缸床、进排气门、风扇带及冷却系统部件等的需求量大，特别是空调系统由于长时间工作在高温环境下，压缩机的磨损及发热量特别大，空调控制电路部件容易出现故障而需要更换。

寒冷的冬季，由于气温比较低，北方更明显，发动机启动困难，需要的蓄电池预热塞、启动机齿轮、飞轮齿环、防冻液、百叶窗、各种密封件等配件就增多。由此可见，自然规律给汽车配件市场带来了非常明显的季节性需求。

（五）地域性

我国土地辽阔，地形多样，海拔悬殊。这种地理环境，给汽车配件销售市场带来不同的地域性需求。

在城镇，特别是大、中城市，因人口稠密、物资较多、运输繁忙，汽车启动和停车制动次数较频繁，机件磨损较大，其所需启动、离合、制动、电气设备及机械部件的数量就较多，如一般省会城市的公共汽车公司、客运及货运汽车公司的车辆，所需离合器摩擦片、离合器分离杠杆、前后制动片、起动机齿轮、飞轮齿环等部件一般就占上述各系品种总销售额的一半。

在山地、高原，因山路多、弯道急、坡度大、颠簸频繁，汽车钢板弹簧易断、易失去弹性，减震器部件也易损坏，变速部件、传动部件易损耗，需要更换总成件也较多。由此可见，地理环境因素给汽车配件销售市场带来了显著的影响。

二、汽车配件销售规律

（一）汽车配件消耗的规律性

汽车配件的消耗是有一定规律的。汽车按照行驶里程，有各级维护和修理的规定，各种类型的维修需要调换若干种配件。例如，汽车在正常使用寿命期中，零配件的损坏是随机的、偶发性的，如果其设计和制造质量较好，损坏率一般很低。

（二）汽车配件消耗规律的变化

近年来配件消耗的规律发生了一些变化，主要如下。

1. 辅助总成换件增加

维修中经常更换的辅助总成件有分电器、空气压缩机、发电机、启动机、水泵、汽油泵、制动蹄片、离合器摩擦片等。遇到辅助总成故障，用户大多要求换上新总成，旧件换下维修后作备件用，相应组成这些辅助总成的零配件消耗就急剧减少。

2. 组合件、成套件的大量使用

活塞带环带销并且带连杆，精加工成各级修理尺寸，装上就用的曲轴轴瓦等越来越受到用户和修理工的青睐，相应地这类单件或未经加工的品种就遭受冷遇。

3. 密封件越来越多做成修理包

车辆保养中必换的密封件，如离合器、制动总泵和制动分泵的皮碗、皮圈、油封，以及气缸垫、油底壳垫等密封垫片，一般都集中包装制成各种修理包，尤其受到用户和修理工的欢迎。

4. 加注液体越来越小型化

小规格容器包装的润滑油（脂）、特种液，因其具有携带加注方便、较少废弃的优点，尤其适合单台车辆使用，随着个人用车的增加，其销量逐渐增加。以上产品即使价格高一点，用户也乐意购买。

（三）适应汽车配件消耗规律变化的措施

（1）认真研究汽车维修配件消耗规律的变化，及时组织适销对路的品种供应市场。不再批量组织滞销品种，防止产生新的积压。

（2）尽量利用库存的零散件，装配成质量合格的小总成件供应市场。

（3）委托工厂将单件加工组合成配套件或尺寸精确的装配件供应市场。

（4）将零散密封件分门别类制成修理包供应市场，如总泵、分泵维修包、发动机修理包等。

（5）按车辆规格的容器封装车辆保养必换的润滑油（脂）、特种液供应市场。

三、汽车配件销售价格

价格是影响交易成败的重要因素，又是最难以确定的因素。企业定价既要考虑成本的补偿，又要考虑客户对价格的接受能力。价格是市场营销组合中最灵活的因素，价格能直接产生收入，其他因素表现为成本。

（一）汽车配件贸易企业的定价依据

1. 商品的真实进货成本

准确计算进货成本，公式为：进货成本＝进货价格＋运输费用＋仓储费用＋人工费用。

2. 商品的合理利润

考虑商品的合理利润时，要适当考虑当期利润、销售额增长、市场份额扩大、企业形象、长期利润等几个问题。

3. 其他商家售价

其他商家制定的价格也是本企业定价时需考虑的问题。要认真分析竞争者的产品和价格，然后对本企业同类产品进行定价。

（二）汽车配件的定价方法

1. 确定每种商品的进价

可以采用移动平均法、先进先出法、计划价加成本差异法等不同方法计算进价成本。

2. 确定每种商品的摊销费用

运输费、广告费、仓储费、管理费、保险费、人工费等都要分摊到每种商品上，可以采用不同分摊方法，如权数分摊法、重量分摊法、体积分摊法等。

3. 确定商品的价格组和标准加价率

将商品分成价格组，为每组商品制定加价率。进价高的商品加价率低，进价低的商品加价率高。

4. 计算销售售价

其公式为：标准售价＝(进价＋分摊费用)×(1＋标准加价率)。

5. 参考市场价，确定批发售价

在汽车配件管理软件中存储配件报价，自动生成批发价，经过调整，形成实际批发价。

6. 确定零售价等

在批发价的基础上生成零售价、优惠价、促销价等。

7. 分类制定客户适用价格

根据客户每月、每年的销售额和重要程度，将客户分类，制定每类客户的适用价格种类和加价率。

8. 确定折扣组和折扣率

为特殊客户或按购买批量实施价格折扣。

四、汽车配件销售流程

汽车配件销售流程按面向对象不同分为对外零售、维修部取件、批发三种。

(一) 对外零售工作流程

汽车配件对外零售工作流程如图 9－18 所示。

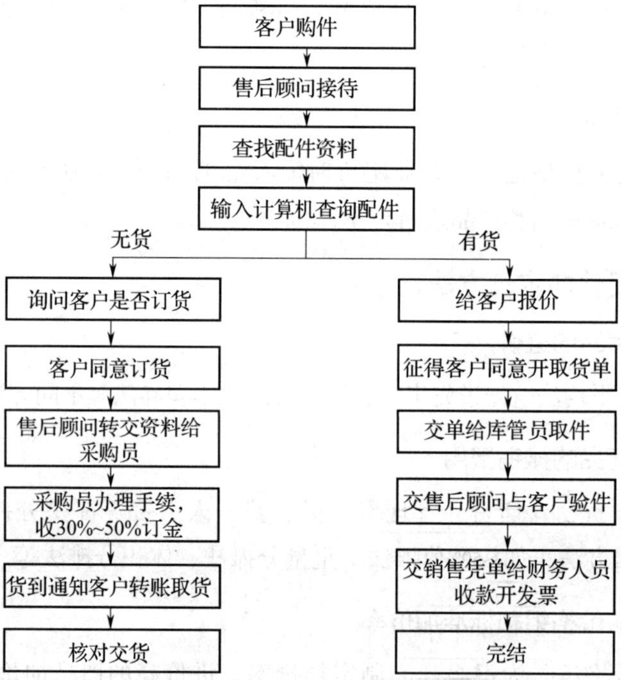

图 9－18 对外零售工作流程

(二) 维修部取件工作流程

维修部取件工作流程如图 9－19 所示。

(三) 汽车配件批发工作流程

汽车配件批发工作流程如图 9－20 所示。

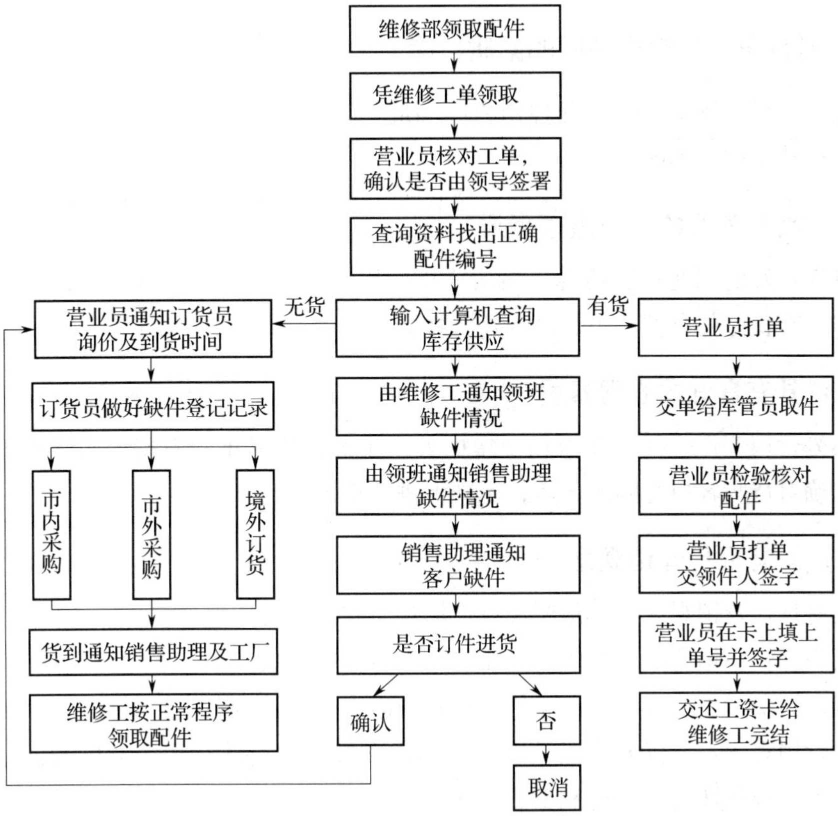

图9-19　维修部取件工作流程

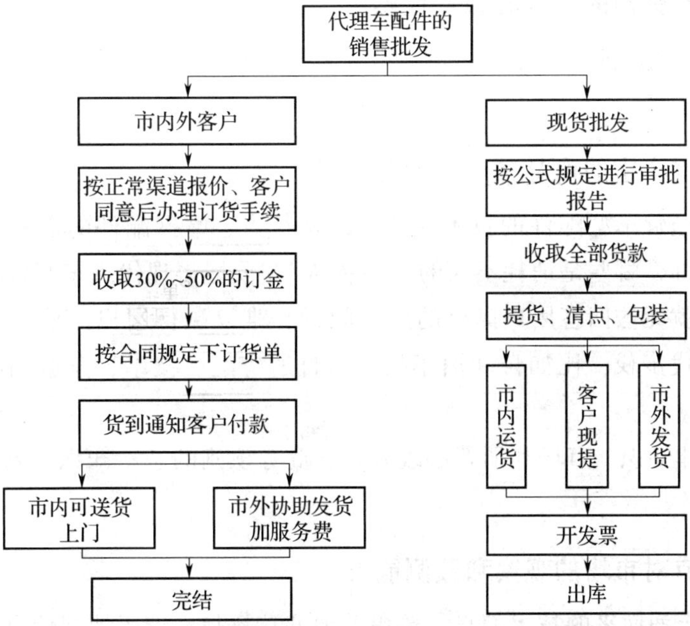

图9-20　汽车配件批发工作流程

五、对汽车配件销售顾问的素质、能力要求

在当前市场大潮中，汽车配件销售顾问应具备以下几方面的业务素质和能力，才能在激烈商战中立于不败之地。

（一）具有良好的职业道德素质

应具有良好的职业道德修养、诚实守信的服务态度。严格遵守国家政策、法规和企业纪律，有良好的自控能力，不为违背社会公德的非法利益所诱惑。

（二）具有良好的心理素质

应热爱营销工作，善于在市场逆境中处变不惊，能够正确看待失败，把困难当作挑战，正确对待与客户之间的矛盾，不断促进营销工作。

（三）具有现代营销观念

要具有现代营销观念，就是要具有市场观念和社会营销观念。

市场观念：在销售活动中要把企业利益和客户的利益协调起来，企业的一切计划、策划都应以消费者需求为中心，满足消费者的需求与愿望是企业的职责。

社会营销观念：不仅要满足消费者的需求和欲望，由此获得企业的利润，而且要符合消费者自身和社会的长远利益，正确处理消费者的欲望、消费者的利益和社会长远利益的矛盾。

（四）具有强烈的事业心和责任感

应热爱自己的职业，忠于自己的企业，具有自尊、自强、自信的品质，具有强烈的事业心和责任感。

（五）具有丰富的商品知识和业务知识

要熟悉所经营车型配件的技术性能、结构特点，掌握配件的消耗规律，哪些是常消耗的易损件，哪些是消耗不大的“冷备货”。要懂得现代汽车配件横向产品及相关知识，否则就无法回答用户提出的疑难问题，难以赢得用户的信赖。要了解高新技术，跟上时代步伐，比如自动泊车技术、自适应巡航技术、车道偏离预警系统技术等等。

要了解法律知识、市场和消费心理知识、商务谈判的基本知识、风俗文化知识及企业知识等。

（六）具有对市场的观察和预测能力

面对市场奔涌而来的技术信息，要勇敢地迎接挑战，善于捕捉信息，不断推陈出新，如汽车产品更新换代，零部件的改进，节能产品在汽车上的应用，配件的产、供、

销形势；还要掌握市场价格行情的涨落以及国家对汽车产品制定的相关政策等信息并从中摄取有用的信息，以指导业务。

（七）具有良好个性和习惯

应具有严谨又幽默、坚定又灵活、豪爽又随和的个性和良好的习惯，有端庄的仪容、文雅的谈吐等，才能在与客户的交谈中游刃有余。

（八）具有良好控制能力

在面对突发事件时，要处乱不惊，能够把自己的情感、言论和行为控制在合适的范围内，以自己的冷静和果断将失误降到最小。

（九）具有创新精神

要勇于创新、善于创新，才能在市场疲软、销售滑坡等不利局面下，提出扭转局面的良方，使企业走出低谷，充满生机与活力。

任务实施

1. 任务工单描述

客户王先生来到店里想购买宝马四门轿车的两种配件，分别是机油泵和机油滤清器，销售人员小李接待了王先生，准备进行配件介绍工作。请设计出小李和王先生沟通的完整话术。

2. 任务实施记录表

详见附录 1“任务实施记录表”。

任务评价

评价分值包含各小组对重要知识点的掌握程度（40%），任务完成及创新情况（40%），团队合作及职业素养（20%），详见附录 2“任务评价表”。

可扫描二维码查看在线测试和知识拓展的相关内容。

在线测试　　知识拓展

项目十
汽车服务企业文化建设和形象建设

任务1　汽车服务企业文化建设

任务导读

企业文化又称公司文化、组织文化和管理文化。文化给企业带来的有形效益和无形效益，给社会带来的冲击和震撼是不可估量的。

学习企业文化，首先必须了解企业文化的构成要素，其次熟悉现代企业文化的特征，掌握企业文化建设的因素，通过讲授及案例分析，培养学习者能够严格按照企业文化建设的要求，参与企业文化建设的能力。

本任务通过案例、情境和任务工单等形式，帮助大家掌握企业文化基本理论，理解企业文化的功能与价值。

任务目标

学习目标	能力目标	素质目标
1. 了解企业文化的概念； 2. 了解企业文化的层次结构、构成要素； 3. 了解企业精神的内容； 4. 了解企业文化的特征及功能； 5. 了解企业文化的价值	能够根据企业特点进行企业文化建设和企业形象设计	1. 培养对传统文化、优秀企业文化的传承、发展和创新能力； 2. 培养良好价值观念、信仰态度等

情境导入

王同学毕业后，进入了一家汽车行业国企单位。实习期间，王同学惊奇地发现企业的员工都表现出一种共性的气质，在工作上面对问题都十分谨慎认真，对待客户和产品的反馈也特别重视，这让初入职场的王同学十分不解，是什么让不同的人具备了相同的状态和认识？

此外，王同学发现单位办公楼里很多地方都挂有企业的标语口号，其内容与员工所表现出的精神状态和工作态度高度一致。王同学不理解，这些标语口号是如何走入人心的？王同学也很好奇，这些标语和口号是如何而来的呢？

相关知识

一、企业文化的概念

人们在企业中从事着物质或精神产品的生产经营管理活动，必然会逐步形成某种共同的职业习惯、思维方式和精神状态。企业文化又称公司文化、组织文化和管理文化。关于企业文化的定义，国内外大约有 400 种，但基本含义是一致的，企业文化即企业职工在一定价值体系指导下，在长期生产经营管理活动中形成的，共同拥有的企业理想、信念、价值观和行为模式的总和。

企业文化是企业的精神财富和灵魂，是企业凝聚力和向心力的来源，是企业职工的精神支柱。

二、企业文化的层次结构

企业文化的层次结构应该有以下三个层面。

（1）核心层。核心层是指企业的精神文化，包括企业道德、企业目标、企业精神、企业价值观等。

（2）中间层。中间层是指企业的制度文化，包括企业规章制度、管理方法、组织机构等。

（3）外围层。外围层是指企业的物质文化，包括企业员工的作风、精神风貌、人际交往方式、厂区环境、厂服等。

以上三个层面中外围的物质文化是基础，中间的制度文化是关键，核心的精神文化是灵魂。

【案例 10 - 1】

比亚迪成功原因分析之企业文化

比亚迪股份有限公司成立于 1995 年，总部位于中国深圳。起初，比亚迪主要从事电池和电子元器件的生产和销售。随着公司的发展，比亚迪逐渐涉足汽车行业，并于 2003 年推出第一款自主品牌轿车——比亚迪 F3。

随后，比亚迪加快了在汽车领域的布局，推出了 S6、G3、F0 等一系列自主品牌轿车，开创了中国自主品牌汽车的新时代。2015 年，比亚迪发布的“唐”插电式混合动力 SUV 成为全球第一款量产百公里油耗低于 2 L 的 SUV。

除了在汽车领域的发展，比亚迪还积极拓展新能源产业，包括电池、光伏、LED等领域。2010 年，比亚迪公司开始生产电动公交车，成为全球最大的电动公交车生产商之一。2017 年，比亚迪发布了全球首款纯电动重型卡车——比亚迪 T5，标志着比亚迪在商用车领域迈出了重要一步。

目前，比亚迪已成为中国最大的新能源汽车制造商，拥有多家上市公司和技术研发中心，产品涵盖新能源汽车、传统汽车、电动工具、照明设备、手机及配件等多个领域。未来，比亚迪将继续致力于新能源产业的发展，推动全球能源结构向清洁可再生方向转型。比亚迪的成功离不开企业文化，可概括如下。

(1) 创新精神：比亚迪始终注重创新，不断推出具有领先水平的新产品和新技术，例如推出的“唐”插电式混合动力 SUV 和纯电动重型卡车等。这一创新精神贯穿比亚迪公司的产品开发、制造和市场推广等各个方面。

(2) 客户导向：比亚迪一直关注客户需求，以客户为中心进行产品研发和创新，力求打造符合市场需要的产品。比亚迪公司积极与客户沟通互动，保持与客户紧密联系，不断改进产品和服务，实现客户满意度的最大化。

(3) 诚信文化：比亚迪强调诚信和遵守法律法规，建立了完善的企业管控体系。比亚迪秉承“做有信仰的人、做有担当的人、做有情怀的人”的价值观，坚守高标准的职业道德和行为准则，为社会创造价值。

(4) 团队精神：比亚迪注重团队协作和合作精神，鼓励员工相互帮助和支持。比亚迪充分发挥每位员工的才能和智慧，营造和谐的工作氛围，让团队中的个体相互理解、相互尊重并有机会实现个人发展和价值。

综上所述，比亚迪企业文化深受员工和客户的喜爱与认可，并不断激发员工的工作热情和创造力，帮助公司不断保持在新能源汽车行业的领先地位。

三、企业文化的构成要素

(一) 企业文化的构成

按照美国学者特伦斯 · 狄尔与艾伦 · 肯尼迪合著的《企业文化》中的观点，企业文化包括以下五个要素。

(1) 企业环境。企业环境是影响企业文化形成和发展的环境因素。

(2) 企业价值观。企业价值观是指企业管理的基本思想和信仰，也是企业文化的核心。

(3) 模范人物。模范人物是企业文化的人格化，用以为全体企业员工提供具体的楷模形象。

(4) 企业礼仪。企业礼仪是企业在日常生产经营管理活动中作为惯例和常规的通常行为方式。

（5）文化网络。文化网络是指企业管理组织中用以沟通思想的方式和手段。企业价值观是企业文化中的关键因素；企业环境会影响企业价值观的形成；模范人物和企业礼仪用以引发、维护和强化企业价值观；企业文化网络则在企业中起群体沟通的作用。若从企业管理的特定概念来研究企业文化，企业文化包括企业形象和企业精神。其中，企业形象是企业文化的一种外在表现形式，而企业精神则是企业文化的核心。

（二）企业精神

企业之间的竞争实质上是企业家和企业文化之间的竞争，归根结底是人的竞争。企业精神是企业的灵魂，体现了企业的精神面貌，是企业宗旨、观念、目标和行为的总和。企业精神是指规范化和信念化的企业价值观念，包括企业道德、企业基本信仰、企业的经营目的和经营动机以及企业的经营管理指导思想等。

企业精神是企业赖以生存和发展的精神支柱，它决定着企业的成败兴衰。

企业精神不是一句口号、标语，也不是鼓舞人心的几句话。它是对企业使命、宗旨、目标凝结成的一种信念、一种情感、一种意志的表达。企业在形成自己文化的过程中，必须形成自己的企业精神。而企业是否形成了自己的精神，要看它是否具有个性，是否对员工的行为具有推动作用、鼓舞作用和支撑作用。图 10－1 所示为某汽车服务企业的核心价值观。

图 10－1　某汽车服务企业的核心价值观

企业精神不可能抽象形成，必须把企业精神的形成和强烈的经营愿望相结合，在经营愿望的不断实现中，形成和强化企业精神。首先，企业精神和经营愿望相结合，会使经营愿望变得十分强烈。其次，企业精神与经营愿望相结合，会产生巨大的经营热情。最后，企业精神和经营愿望相结合，会产生深刻的经营智慧。如潍柴动力集团的企业远景为：以整车、整机为龙头，以动力系统为核心技术支撑，成为全球领先、受人尊敬、可持续发展的智能化工业装备跨国集团。

同一企业在不同的环境、条件和背景下所形成的企业精神也不同，然而，作为一种优秀的企业文化，不论一个企业的具体精神气质和文化倾向如何，都应包括创新进取精神、独创与协作精神、顽强拼搏精神与主人翁精神。如一汽大众汽车有限公司的企业精神是学习、进取、合作、创新；深圳大兴行汽车服务有限公司确立的企业精神是真诚、团结、务实、进取。

企业形象取决于企业精神，而企业精神反过来促进企业形象。一个企业能否具有良好的企业形象，关键取决于企业员工是否有企业精神。

四、企业文化的特征

（一）企业文化强调企业共识

企业文化十分强调企业内部全体员工的共同价值观念，强调群体意识和团队精神，追求企业职工意识的一体化。

（二）企业文化强调自觉意识

企业文化是企业中全体员工的共同意识，因此它不再强制人们去遵守各种硬性的规章制度和企业纪律，而是通过启发来达到企业的自控或自律，强调人的自觉意识和主动意识，自觉和主动地遵守各种硬性的规章制度和企业纪律。显然，这种自控或自律的企业文化，不仅有利于改善现代企业中的人际关系，而且有利于发挥每个员工的主观能动性，提高企业管理的整体效率。

（三）企业文化强调有特色的企业形象

尽管在不同国家或区域的企业文化具有很多的共同特征，但每个企业在不同的国家或区域中受到不同民族文化的影响，而且每个企业都具有不同的管理思想和管理模式，因此不同的企业必然会形成不同的企业文化。

（四）企业文化有着模糊而相对稳定的企业目标

企业文化只是一种理念，不可能像企业计划、产品标准和规章制度那样明确而具体。企业文化不是企业管理制度，因而不可能明确规定或告诉企业员工在处理每个问题时的具体方式方法，它只可能给企业员工的生产经营管理活动提供一种指导思想和行为准则。因此，优秀企业文化的目标既清晰又模糊。现代企业文化是企业领导者经过长期的精心倡导，通过持久的努力培育逐渐形成的，它具有相对稳定的企业目标。

五、企业文化的功能

（一）凝聚功能与激励功能

现代企业之所以要倡导企业文化，是因为现代企业文化体现着企业全体员工强烈的群体意识，而这种群体意识乃是企业利益，也是全体职工共荣共存的根本利益和共同利益。因此，既是为企业，也是为自己，大家都自觉和主动地用企业利益来替代个人利益，通过企业文化，将分散的个体力量凝聚成整体力量，同舟共济。

（二）导向功能与约束功能

企业文化讲的是企业共同利益，企业全体员工有着共同的价值观念和价值目标，因此在企业文化凝聚力和感召力的精神作用下，能统一企业全体员工的观念和行动，而每个员工也会根据企业大多数人的共识和需要，自觉和主动地调整自己的言论和行为。少数未取得共识的人，由于企业文化精神意识的强制性，再加上企业精神与良好风气的激励作用，以及企业管理规章制度的约束等，将被迫按照企业大多数人的共识和需要去纠正自己的言行偏差。这种可以规范企业整体价值观和员工整体言行的作用，就是企业文化的导向作用。企业文化对于现代企业中每个员工的言行都具有无形的约束力。虽然不是明文硬性规定，却是以潜移默化的方式规范着企业群体的道德规范和行为准则，从而使企业全体员工不仅规范着企业的整体价值观和员工的整体言行，而且能使企业全体生出自控意识，达到自我约束。

（三）协调功能

现代企业文化可以协调员工思维认识，继而为创造和谐的工作环境提供有力保障，增进员工与员工、员工与客户之间的互信、互谅，有利于人际关系的协调和改善，从而有利于提高工作效率，改善服务业务的效率和质量。

（四）塑造形象功能

企业文化集中地概括了企业的服务宗旨、经营哲学和行为准则。因此，优秀的企业文化可以通过每项业务往来，向社会展现出企业的管理风格、经营状态和精神风貌，从而树立起良好的企业形象。这种企业形象会对社会公众产生巨大的亲和力，因此，良好的企业形象和企业文化是现代企业巨大的无形资产。

【案例 10－2】

吉利企业文化

企业核心价值观：快乐人生，吉利相伴。

吉利的“六脉神剑”包括：团队精神、学习精神、创新精神、拼搏精神、实事求是精神、精益求精精神。

“团队精神”是吉利人的基本素养，通过沟通、协调、合作，营造“公平、公开、公正”的良好企业环境，形成上下齐心、步调一致的局面。

“学习精神”是吉利人的成功关键，要敢于学习、善于学习，要在变化中学习与适应，在适应中生存与发展；把主动学习、善于学习视作一种工作能力，长期坚持，毕生实践。“人人是老师，人人是学生”是所有吉利人的基本学习观、人生观。

“创新精神”是吉利人的生存之道，通过开展广泛的科技活动和员工合理化建议，实现全员创新；通过管理观念和手段的现代化、信息化及规范化，实现管理创新；通过全球广泛合作，全社会的广泛参与，实现新技术的合作共赢。

“拼搏精神”体现在工作的高效率和快节奏上；体现在完成任务时“不到长城非好汉”的豪迈情怀中；体现在“不低头，不认输，擦干泪，坚持住”的英雄气概上。

“实事求是精神”是吉利人的人格素养，是吉利事业永葆长青的重要保证。尊重客观事实，研究客观规律是实事求是精神最重要的内涵；因地制宜，寻求正确的解决方案是实事求是精神的灵魂。

“精益求精精神”是吉利事业可持续发展的根本要求。精益求精精神的核心在于吉利产品的高质量、低成本以及外协配套体系的精细化管理，体现为研发、采购、生产、销售和售后服务环节，以及人才培训培养、管理制度不断完善，成本控制水平不断提升。

六、企业文化的价值

（一）企业文化的经济价值

优秀企业文化的表现形态虽然只是一种企业形象和企业精神（包括价值观念、信仰态度、行为准则、道德规范及传统习惯等），却是企业巨大的无形资产。其经济价值表现在以下两个方面。

（1）优秀的企业文化应该是可以较好地适应市场经济规律的文化，应该使企业具有独特而成功的生产经营管理特色。例如，企业对客户的诚信，可以使企业形成良好的商誉，而良好的商誉又可以使企业得到消费者的信赖与支持，增强企业的竞争力，从而给企业带来丰厚的利润等。

（2）优秀的企业文化不仅能使企业的全体员工达成共识，从而凝聚、引导、激励和约束企业全体员工的心理意识及其行为，还体现着“以人为本”的思想，从而促进企业深化改革并充分发挥企业全体员工的聪明才智和劳动积极性，积极参与企业管理，提高企业的经营管理效率和生产劳动效率，最终给企业带来良好的经济效益。

（二）企业文化的社会价值

企业文化不仅能够提高企业的经济效益，还能够提高人的思想觉悟和政治思想品德，从而开创企业文明和社会文明，继承和发展社会文化，创造企业文化的社会价值。其社会价值表现在以下两个方面。

（1）企业文化必然体现国家的民族传统文化，如日本的企业文化体现着家族主义和集体精神的传统文化，美国的企业文化体现着个人能力和创新精神的传统文化，因此我国的企业文化也必然会继承和弘扬中华民族的传统文化。

（2）企业精神和企业道德风尚等可以通过企业对内部员工进行培养而形成，可使企业员工由此得到全面的发展，也会通过企业的对外服务和信息交流，把本企业的文化传播给社会，从而为整个社会的精神文明建设做出贡献。

七、汽车维修企业的文化创建

汽车维修企业属于服务型企业，无论是从技术角度还是从经济角度来看，汽车维修企业都具有时代色彩。如今汽车维修企业的竞争不仅仅是在维修技术和质量方面的竞争，更重要的是在企业的形象、企业品牌、知名度、服务水平等方面的竞争，是全方位、广角度、宽领域、高层次的综合实力的竞争。这就要求每一个维修企业的管理者都重视企业文化的建设。建立企业文化需要从以下几个方面入手。

（一）提炼精神文化

在实际工作中，作为企业管理者，最重要的是为企业建立一整套成功的价值观念，并且让每个员工都知道企业把维修、服务、为社会创造价值看成最有价值的。让每个员工都认同、维护、爱护并身体力行这一价值观念，为企业的进一步发展和提高经济效益奠定坚实的基础。

（二）创新制度文化

要改变落后的管理制度和管理方式，从规则上进行创新，为企业文化建设打下基础。

（三）创造一种优秀的行为文化

在生产行为、管理行为等方面树立榜样，榜样起着引导作用、骨干作用和示范作用，如总经理、骨干技术人员、劳动模范等，他们的个人风格融入企业之后，形成了企业文化的一部分。企业中的榜样是企业文化的生动体现，他们为全体员工提供了角色模式，建立了行为标准。在建设企业文化的过程中，要特别注意发现、培养、宣传企业自己的榜样人物。如大国工匠、全国劳动模范、全国技术能手、最美职工、全国大赛获奖者等，图 10－2 为 2022 年大国工匠年度人物——潍柴动力有限公司王树军和国网山东省电力公司冯新岩。

（四）构建物质文化

企业在硬件上要具备建立、推动企业文化建设的基础，如企业发展史展厅、高端产品展厅、荣誉展厅。

图 10－2　2022 年大国工匠年度人物——潍柴动力有限公司王树军和国网山东省电力公司冯新岩

（五）强化仪式，注重形象文化的塑造

仪式是价值观的载体，使价值观外在化。如我国某些商场早晨的“迎宾仪式”从某个方面展示了本企业的文化。另外，要注意树立良好的企业形象，让形象说明内涵。

任务实施

1. 任务工单描述

任务工单：比亚迪汽车成功原因分析。

从企业发展史、目前取得的成绩、企业模范人物（王传福）、企业核心价值观、企业发展理念、企业愿景等方面进行分析。

要求：2 000 ~ 3 000 字，包括标题、概述、正文、结论与建议、附件等。以小组为单位，根据前面学习的知识点分小组进行，通过支持、分工、协作完成工作任务，用 Word 或 PPT 展示。

2. 任务实施记录表

详见附录 1“任务实施记录表”。

任务评价

1. 企业文化建设调查报告过程评价

（1）内容全面，主要包括：①企业文化的层次结构；②企业文化的构成要素及特征；③企业精神；④企业文化的经济价值、社会价值。

（2）文字表达正确，逻辑合理。

（3）以小组为单位阐述该企业文化的构成优势及弊端，提出自己的见解。

2. 以学习小组为单位，按照项目任务的评价内容与评价标准进行评价（任务评价表详见附录2）

（1）评价项目：知识掌握占40%，任务完成情况占40%，职业素养占20%。
（2）评价方式：组内自评占30%，组间互评占30%，教师评价占40%。

可扫描二维码查看在线测试和知识拓展的相关内容。

在线测试　　知识拓展

任务2　汽车服务企业形象建设

任务导读

企业形象建设作为市场竞争条件下的战略手段——企业形象塑造已成为众多企业制胜的法宝。首先了解企业文化和企业形象是两个相互包含的概念和范畴，掌握构成企业的精神资源的重要性，通过案例及实践调查，根据企业文化具体反映和表现出的企业理念，能够进行企业形象建设。

本任务通过案例、情境和任务工单等形式，帮助大家掌握企业形象基本理论及企业形象策略（CIS）的内容和使用原则。

任务目标

学习目标	能力目标	素质目标
1. 熟悉并掌握企业形象的概念、构成要素与功能； 2. 掌握企业形象策略（CIS）的内容	具备根据企业形象特点完成企业形象建设和管理能力	1. 培养对传统文化、优秀企业文化的传承、发展和创新能力； 2. 树立正确健康的职业价值观念、信仰态度等

情境导入

王同学在工作几年后，准备购置一辆汽车用于工作通勤。根据自己的物质基础和功能需要，王同学大体有了一些购车的想法，但是苦于对汽车了解不够多，便想咨询下汽车相关专业的同学。

经过沟通，王同学惊奇地发现，很多朋友不约而同地向他推荐了国内某知名汽车品牌的几款车型。王同学很疑惑，过去的这几年，国产汽车品牌的崛起似乎一下就实现了，而这个品牌似乎也是深入人心的。他特别好奇，这个品牌是如何得到国人认可的？大家为什么如此推崇这个品牌？仅仅是出于国产品牌的原因吗？

王同学很想了解品牌的塑造对企业发展有大的意义。

相关知识

一、企业形象概述

（一）企业形象的概念

企业形象是指企业通过产品包装、建筑装饰等各种物品和自身行为等表现出来的，在社会上和消费者中形成的对企业整体的看法和最终印象，以及产品质量在感觉上的综合形象，主要指企业的外部形象与行为特征。

（二）企业的外部形象

企业的外部形象也可以称为外部表现。它包括企业的名称、商标、产品的质量及包装、建筑及装饰等物质形象，企业高层管理者及窗口员工向社会展示的人为形象，以及知名度、美誉度的总和等心理形象。

1. 知名度和美誉度

知名度、美誉度是企业外部形象的中心，是某一社会组织在公众心目中的地位与形象的评价尺度。俗话说“形象好，赛珍宝”。良好的形象与企业在目标市场的市场占有率、市场销售额正相关。良好的形象会引导公众继续购买该企业的产品。

2. 企业外部形象的载体

（1）企业的名称是构成企业形象的一个重要因素。它不仅是注册和对外称呼的需要，还反映了企业人特有的期望和目标。

（2）企业的商标是企业外部形象的重要内容。对有声望的企业来说，商标是非常宝贵的财富。

（3）建筑式样和装饰、产品包装体现着一定的思想内涵。

（4）产品的质量和包装对一个企业及其产品的形象有重大影响。

（5）优质服务塑造企业外部形象。

（6）广告宣传让人们对企业及其产品产生良好、长久的印象。

（7）企业人员（特别是企业高层管理人员和窗口服务员工）的言谈举止和装束直

接展示企业形象。

总之，企业的外部形象是企业实力、技术能力、文化魅力、经营风格和企业商誉的最佳特征，是社会公众和消费者判断一个企业形象优劣的重要标尺。从一定意义上讲，企业外部形象好坏标志着一个企业市场竞争能力的高低。

【案例分析 10－3】

最美企业形象　一汽-大众

一汽-大众汽车有限公司（以下简称“一汽-大众”）于1991年2月6日成立，是由中国第一汽车集团有限公司、德国大众汽车股份公司、奥迪汽车股份公司和大众汽车（中国）投资有限公司合资经营的大型乘用车生产企业，是我国第一家按经济规模起步建设的现代化乘用车生产企业。

经过30多年的发展，一汽-大众产能布局已覆盖东北长春、西南成都、华南佛山、华东青岛以及华北天津。从建厂初期的一个品牌一款产品，发展到现在的奥迪、大众、捷达三大品牌30余款产品，一汽-大众已成为国内成熟的覆盖A、B、C级全系列乘用车型的生产企业。累计产销汽车超过2 500万辆，销量规模位列中国乘用车行业第一阵营。

一汽-大众的企业形象包括如下。

（1）全面的产品序列。

（2）先进的制造工艺。

（3）卓越的研发能力。

（4）严苛的质量把控。

（5）精英选拔与“草根文化”。

（6）做社会责任典范，“促人、车、社会和谐”。

二、企业形象的构成要素

企业形象的构成要素见表10－1。

表10－1　企业形象的构成要素

企业形象	构成要素
产品形象	质量、款式、包装、商标、服务
组织形象	体制、制度、方针、政策、程序、流程、效率、效益、信用、承诺、服务、保障、规模
人员形象	领导层、管理群、员工
文化形象	历史传统、价值观念、企业精神、英雄人物、群体风格、职业道德、言行规范、公司礼仪
环境形象	企业门面、建筑物、标志物、布局装修、展示系统、环保绿化
社区形象	社区关系、公众舆论

三、企业形象的功能

（一）规范与导向功能

企业形象为企业自身的生存和发展树立了一面旗帜，向全体员工发出了一种号召。这种号召一经广大员工的认可、接受和拥护，就会产生巨大的规范与导向作用。美国IBM（国际商业机器）公司提出的“IBM 意味着最佳服务”，日产公司强调的“品不良在于心不正”，美国德尔塔航空公司倡导的“亲和一家”等，都是在教育、引导、规范着员工的言行、态度，让他们在尽善尽美的工作中注意把自己的形象与企业的形象联系起来，使本企业成为世界一流的企业。

（二）资产增值功能

良好的企业形象是企业的无形资产，有助于扩大企业的销售量，使企业在与竞争者相同的条件下，获得超额利润。企业形象的良好与否可以从商标价值中看出。如人们常说的德国三大豪华汽车宝马、奔驰、奥迪，因其高品质的产品形象，在国内市场受到广泛认可。

（三）关系构建功能

企业形象确立的共同价值观和信念，就像一种高强度的理性黏合剂，将企业全体员工紧紧地凝聚在一起，形成“命运共同体”，产生集体安全感，使企业内部上、下、左、右各方面“心往一处想，劲往一处使”，成为一个协调和谐、配合默契的高效率集体。从企业外部来说，只有塑造好企业的形象，才能为企业构建良好的公众关系打下基础，从根本上留住客户，构建起自己的公众关系网。

（四）激励功能

一般而言，企业具有良好的形象，会使企业员工产生荣誉感、成功感和前途感，觉得能够在企业里工作是值得骄傲的事情，由此就会形成强烈的归属意识和奉献意识，从而增强企业的向心力和凝聚力。从这个意义来讲，好的企业形象是一个激励员工的重要因素。

（五）辐射功能

企业形象的建立，不仅对内有着极大的凝聚、规范、号召、激励作用，而且对外辐射、扩散，在一定范围内对其他企业乃至整个社会产生重大影响。像我国 20 世纪 60 年代的“铁人精神”，以及格力电器的董明珠、福耀玻璃的曹德旺等名人都是企业形象对外辐射的典型范例。

（六）促销功能

企业形象的最终确立是以赢得公众信赖为目的的。只有在信赖的基础上，公众才有可能进一步购买企业的商品或服务。这一机制是企业形象能够产生市场促销的根源。在相同的质量水平下，好的企业形象可以使企业的产品成为公众购买时的首选商品。企业形象的促销功能是通过商标得以实现的。形象是公众对于某种商品的一种心理印象，看不见，摸不着。公众对于商标的认同，就是对企业形象的认同。

（七）扩张功能

良好的企业形象可以为企业赢得良好的市场信誉，使企业能够在短时间内实现扩张，赢得大批经营资金，吸引更多的合作者，从而扩大自己的市场影响力。企业形象具有特殊效用，所以现代企业都十分重视形象战略。对于企业来说，塑造企业形象的过程，其实就是品牌成长曲线的修正与调控过程。

四、汽车维修企业的 CIS 策略

（一）企业形象策略的概念

企业形象策略（Corporate Identity System，CIS）是一个用以塑造企业形象的企业形象识别系统。在现代企业管理学中，CIS 被推崇为塑造和传播现代企业形象的最有效战略，其目的就是向社会公众有效地传达企业的品牌形象，从而提高社会公众（用户和投资者等）对企业及其产品的信任感和满意度，最终促进销售，促进企业的发展；也可以改善企业经营管理的内部环境，树立起良好的企业精神，从而提高企业职工的凝聚力，改善企业职工的精神面貌（如敬业精神与奉献精神等）。CIS 不仅可以保证企业的产品质量和服务质量，而且能使企业克服任何的艰难险阻，从而使企业真正地做到“人和”“财旺”。

（二）企业形象策略的内容

企业形象策略的内容包括企业的软件和硬件两部分。企业软件主要是指企业精神（如企业效率、企业信誉、营销策划、公共关系、广告宣传等）；企业硬件包括企业拥有的设备与设施、技术与产品、人才与资金、商标与服务以及已经规范化和标准化的完整系统等。为此，企业除了在硬件上要引进先进的检测设备与专用设备，改造落后的生产工艺和生产技术，还要在软件上加强职工的思想政治工作，搞好企业的精神文明建设。

（三）企业形象识别系统

企业形象主要包括企业理念识别（Mind Identity，MI）系统、企业行为识别（Behavior Identity，BI）系统和企业视觉识别（Visual Identity，VI）系统三大部分，如图 10－3 所示。

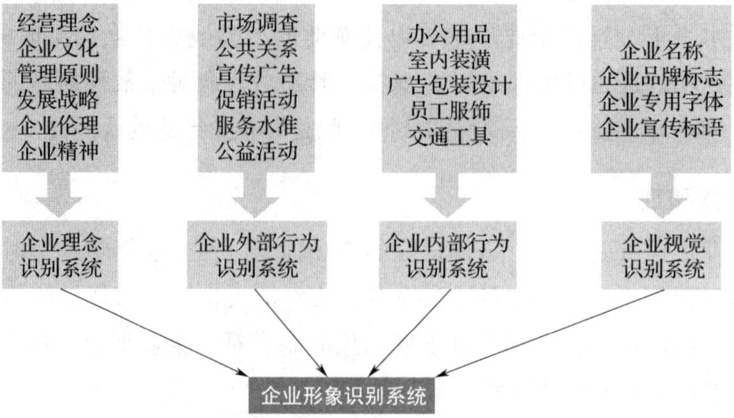

图10-3 企业形象识别系统

企业的经营理念是整个企业形象识别系统的基本精神所在，也是整个系统运作的原动力。经营理念统驭企业的行为、经营方向以及企业与外界的联系，是企业的外显文化，典礼、仪式、企业英雄、管理仪式、工作仪式都是企业理念的外化、直观的感觉形象。

1. 企业理念识别系统

（1）经营理念。经营理念包括企业存在的意义、经营宗旨、经营方向、企业盈利及企业对社会承担的责任。

（2）企业文化。企业文化包括企业精神、企业价值观的确立，企业物质文化、精神文化、制度文化建设。

（3）管理原则。管理原则包括在人事、生产等管理中都要体现人本管理的原则。

（4）发展战略。发展战略包括人才资源战略、市场战略、竞争战略、产品质量战略、企业成长战略、科技战略、经营战略。

（5）企业伦理。企业伦理指企业伦理准则的制定和执行情况，反不正当竞争和反腐败的执行情况。

（6）企业精神口号。企业精神口号即企业精神的浓缩，应具有战斗力，应全面体现企业的个性。

2. 企业行为识别系统

企业的行为识别是指动态识别企业的行为模式。企业行为识别系统能够直接作用于公众，为公众所感知且留下深刻印象，因而又体现着企业的经营理念。

企业行为识别系统可以分为企业外部行为识别系统（即BI（外））系统和企业内部行为识别系统（即BI（内）系统）。

（1）BI（外）系统包含市场调查、公共关系、宣传广告、促销活动、服务水准、公益活动等。

（2）BI（内）系统包含产品设计、建筑物外观、办公用品、室内装潢、广告包装设计、员工服饰、交通工具等。如企业主体建筑设计应体现建筑美学的原则，它也是企业实力、企业外部形象的展示；企业文具用品、账票类、专用信封、信笺应有统一的规格、标识；员工应着统一服饰和岗位服饰；企业专用车、运货车、客车、班车等都应有统一的企业标记。

3. 企业视觉识别系统

企业视觉识别系统是一种表达企业经营特征的静态识别符，包括基本要素与应用要素两类。其中的基本要素，如企业名称与企业品牌标志、企业专用字体和专用色彩、企业象征图案和企业造型、企业宣传标语等。企业视觉识别是塑造企业形象最快速、最直接的方式。

为了塑造个性鲜明的企业形象，获得社会公众的广泛认同，从而使企业的整体生产经营管理纳入一条充满生机与活力的发展轨道，必须应用企业形象识别系统（CIS）的基本理论，系统革新和统一传播企业的经营理念、行为模式和视觉要素等，同时应做到以下几点。

（1）善于创造个性差别。

（2）坚持统一标准。

（3）坚持系统性和连续性。

（4）实施有效的传播。

任务实施

1. 任务工单描述

通过网络等媒体深入了解企业形象策划在企业管理中的价值，巩固课本理论知识，能够从企业形象识别系统的某一要素对企业形象进行策划，分组讨论共同完成并做出一份企业形象策划书。

2. 任务实施记录表

详见附录1“任务实施记录表”。

任务评价

1. 作业过程质量评价

（1）企业简介全面详细。

（2）企业目标定位准确。

（3）企业形象策划内容明确、全面。

（4）企业标识、广告语设计形象突出，新颖别致。

（5）所用数据丰富且有说服力。

（6）重点考核学生策划书的创新能力。

2. 以学习小组为单位，按照项目任务的评价内容与评价标准进行评价（任务评价表详见附录2）

（1）评价项目：知识掌握占40%，任务完成情况占40%，职业素养占20%。

（2）评价方式：组内自评占30%，组间互评占30%，教师评价占40%。

可扫描二维码查看在线测试和知识拓展的相关内容。

在线测试　　知识拓展

附录 1

任务实施记录表

工作任务：

时间	姓名	组号	学号	成绩	备注

1. 任务方案执行（可行性、工作效率、经济性分析等）

2. 任务资讯搜集

3. 任务论证过程

4. 结论

参考文献

附录 2

任务评价表

姓名		任务名称				
评价项目	分值	评价内容、评价标准	自评 30%	互评 30%	教师 40%	得分
专业知识	40 分					
任务完成情况	40 分					
职业素养	20 分					
评语总分	总分：　　教师：　　年　月　日					